平安時代の男の日記

倉本一宏

角川選書
672

平安時代の男の日記　目次

はじめに

はじめに夏目漱石《なつめそうせき》『吾輩は猫である』の一節を引いておこう。

人間の心理ほど解《げ》し難いものはない。この主人の今の心は怒っているのだか、浮かれているのだか、または哲人の遺書に一道《いちどう》の慰安を求めつつあるのか、ちっとも分らない。世の中を冷笑しているのか、世の中へ交りたいのだか、くだらぬ事に肝癪《かんしゃく》を起しているのか、物外《ぶつがい》に超然《ちょうぜん》としているのだか薩張《さっぱ》り見当が付かぬ。猫などはそこへ行くと単純なものだ。食いたければ食い、寝たければ寝る、怒るときは一生懸命に怒り、泣くときは絶体絶命に泣く。第一日記などという無用のものは決してつけない。つける必要がないからである。主人のように裏表のある人間は日記でも書いて世間に出されない自己の面目《めんぼく》を暗室内に発揮する必要があるかも知れないが、我等猫属に至ると行住坐臥《ぎょうじゅうざが》、行屎送尿《こうしそうにょう》悉《ことごと》く真正《しんせい》の日記であるから、別段そんな面倒な手数《てかず》をして、己《おの》れの真面目《しんめんもく》を保存するには及ばぬと思う。日記をつけるひまがあるなら椽側《えんがわ》に寝ているまでの事さ。

猫の目を借りての記述ではあるが、ここには漱石の考える日記の本質が表わされている。

「日記でも書いて世間に出されない自己の面目（世間や周囲に対する体面・立場・名誉。また世間からの評価）を暗室内に発揮する」という側面と、「面倒な手数をして、己れの真面目（そのものの本来のありさまやすがた）を保存する」という部分である。

日本人は、天皇や皇族、公卿《くぎょう》以下の官人をはじめ、武家、僧侶、神官、学者、文人《ぶんじん》から庶民に至るまで、各層の人々によって日記を記録してきた。これは世界的に見ても日本独特の特異な文化なのである。

何故に日本では多くの人が日記を書いたかという問題とともに、何故に日本では古い時代の日記が今日まで残されてきたかという問題も存在する。これは先祖の日記を保存し続けた「家」の存在と、記録＝文化＝権力であるという、日本文化や日本国家の根幹に通じる問題に関わっている。

これはもちろん、王朝が交替《こうたい》することなく、王権と朝廷《ちょうてい》、それを構成する天皇家と貴族の家が一つの都城としての京都に存在し続けたことが、日記が残った大きな要因となったのである。日本に生まれて日本に住んでいると当たり前のように思えることも、世界史的に見ると、きわめて特殊な現象なのである。

この本では、一般的に平安時代の日記であると考えられている、主に女房《にょうぼう》によって仮名で記されて「日記」と題された文学作品としての「日記文学」と、男性貴族（皇族も含む）によって和風の漢文（変体漢文《へんたいかんぶん》）で記録された日記、これを歴史学界では「日記文学」と区別するために「古記録《こきろく》」と称しているが、その古記録について、それぞれ代表的なもののいくつかを選び、各日記を解説するとともに、面白い箇所を選んで、それをわかりやすく解読していく。

「日記文学」は一般に「王朝文化」と称される時期の五つの日記、「古記録」は一般に「摂関《せっかん》期」と称される時期、九世紀末から十一世紀中葉までの十一の日記（古記録）を取りあげることとする。

「日記文学」「日記（古記録）」とも、原文と現代語訳を掲げ、それぞれ系図や写真版、故地の写真などの図版を入れることとしたい。

序　女の日記と男の古記録

「平安時代の日記」と聞いて、ほとんどの方がまず思い浮かべるのは、『蜻蛉日記《かげろうにっき》』や『紫式《むらさきしき》部日記《ぶにっき》』など、いわゆる「女房《にょうぼう》文学」としての仮名の日記であろう。

しかしながら、これら仮名の日記が、本当の意味での日記の名にふさわしいかといえば、すこぶる心許《こころもと》ない。はじめに少し、そのことについて述べることにしよう。

なお、鈴木貞美氏の調査によれば、東京帝国大学文学部国文学科の芳賀矢一教授の講義の第五講「中古文学の二」では、『源氏物語《げんじものがたり》』『枕草子《まくらのそうし》』『紫式部日記』『和泉式部日記《いずみしきぶにっき》』『蜻蛉日記』を同一のカテゴリーとして併記している（芳賀矢一『国文学史十講』）。「日記文学」という語がはじめて使われたのは昭和初年になってからのことで、書名に現れるものとしては、池田亀鑑『宮廷女流日記文学』（一九二八年）が始まりであるという（鈴木貞美「「日記」および「日記文学」概念をめぐる覚書」）。

平安時代以降、主に女性によって仮名で記されて「日記」と題された文学作品としては、『土佐日記《とさにっき》』や『十六夜日記《いざよいにっき》』などの紀行文、『蜻蛉日記』や『更級日記《さらしなにっき》』などの回想録、『紫式部日記』などの御産《ごさん》記録、さらに『和泉式部日記』などの歌日記などが残されている。

これらは「日記」の名を付して呼ばれてはいるが、はたしてこれらを厳密な意味での「日記」に分類してもよいものか、疑問なしとはしない。

そもそも、当時は女性（主に女官《にょうかん》や女房）と男性貴族の立ち入る世界は別のものであった。主に女房が書いた「日記」は、その見聞や体験に即したものであり、また仮名文学を書いた女性の多くは嫡妻《ちゃくさい》ではなく、当時の法令で言うと「妾《しょう》」であった。読み手の女房も同様、「妾」が多かったであろう。彼女たちが天皇や男性貴族の行なう政務や儀式の場に関わることはほとんどなく、それらを自己の文学世界に取り入れることもなかったであろう。「妾」にとっては、いつ訪れるともわからない男を待つことが日常だったのであり、彼女たちが記した「日記」も、そちらを主題にしていたはずである。

日記を厳密な意味で規定すると、「日付があって、その日付と同じ日か、それほど日をおかずに事実を記録した著作」ということになろう。なお、「日記」という語は、早くは後漢《ごかん》の王《おう》充《じゅう》の『論衡《ろんこう》』に見えるが、それは『春秋《しゅんじゅう》』や五経《ごきょう》（詩経《しきょう》・易経《えききょう》・書経《しょきょう》・春秋《しゅんじゅう》・礼記《らいき》）などの儒《じゅ》教《きょう》の経書《けいしょ》を指したものであった。中国では日付を伴わない考証・随筆・語録・家集などを「日記」と呼ぶことが多いのである。

しかし日本では、日付のある日《ひ》次記《なみき》のことを「日記」と称することが多い。日付の有無が日記の要件と考えられたために、逆に六国史《りっこくし》など編年体の史書や、『西宮記《さいきゅうき》』や『北山抄《ほくざんしょう》』など日記（古記録《こきろく》）を基にした儀《ぎ》式書《しきしょ》も、しばしば日付が入っていることから「日記」と呼ばれることがあった。

その他、太政官《だいじょうかん》の外記《げき》という官人がその日に朝廷《ちょうてい》で何があったかを書いた外記日記《げきにっき》、六位蔵《ろくいのくろ》人《うど》が朝廷で何があったかを記した殿上日記《てんじようにつき》、近衛府《このえふ》の官人が何を行なったかを記した近衛日記《このえにつき》などの官司の業務用の日記、検非違使《けびいし》が事件の起きたときに当事者たちの証言を集めた勘問調《かんもん》書としての勘問日記、事件の発生と経過を報告した報告書や注進状としての事発日記《じはつにつき》、行事記文や旅行記なども、「日記」と称することができよう。

そうなると、ずっと後になって叙述されたものや、本当に起こった事実を記したかどうかがわからないもの、日付順に叙述されていないものは、厳密に言えば日記とは呼べないことになる。はじめに「日記文学」が日記かどうかがわからないと言ったのは、こういうことなのである。

その意味では、かつて私が主宰していた共同研究で今西祐一郎氏が発表された視点は、大変に示唆に富むものである。それは女性に仮託《かたく》して紀貫之《きのつらゆき》が書いた『土佐日記』の各日の冒頭の日付は漢字で表記され、本文中の日付は原本では仮名で表記されていたというものである。それまで気づかなかったのだが、活字本の『土佐日記』では、たとえば冒頭の（十二月）二十二日という日付は、「二十二日」とルビを付していないが、その前の二十一日の本文には、「二十日《はつか》あまり一日《ひとひ》」と、「二十日」と「一日」に訓読みのルビを付している。これは活字本の底本となった写本（この場合は青谿書屋本《せいけいしよおく》〈東海大学付属図書館蔵〉）では、二十二日という日付は「二十二日」と漢字で書かれており、二十一日は写本では「はつかあまりひとひ」と仮名で書かれていたものを、活字本に翻刻する際にわかりやすく「二十日あまり一日」と漢字に直したことを示すためであるという。

つまり『土佐日記』の体裁は、各日の冒頭は日付を持つ本来の漢文の日次記であり、本文は仮名の文学であるということになる。「男もすなる日記といふもの」という「日記」とは、あくまで男性貴族が記録した漢文体の日次記のことなのであった。

先ほども述べたように、日本において日記の主流を占めるのは、あくまで日付を付して記録された日次記である。その最古のものは、『日本書紀《にほんしょき》』に引載されている「伊吉連博徳書《いきのむらじはかとこのふみ》」と、『釈日本紀《しゃくにほんぎ》』という『日本書紀』の注釈書の「私記《しき》」に引載されている「安斗宿禰智徳日記《あとのすくねちとこにっき》」「調連淡海日記《つきのむらじおうみにっき》」「和邇部臣君手記《わにべのおみきみてき》」とされる。前者は遣唐使《けんとうし》として渡唐した際の紀行日記であり、後者は壬申《じんしん》の乱に舎人《とねり》として従軍した際のものである。ただし、これらは遣唐使であった日々や壬申の乱の最中に記録したものではなく、おそらく『日本書紀』が編纂《へんさん》された七世紀末葉から八世紀初頭の段階で、メモや記憶を基にして書き直したものと思われる。

その日にその場で書いたものとして、現在残されている最古のものとしては、『正倉院文書《しょうそういんもんじょ》』のなかに、天平《てんぴょう》十八年（七四六）二月七日〜三月二十九日、天平二十一年（天平感宝《てんぴょうかんぽう》元年、七四九）二月六日〜四月十六日、天平勝宝《てんぴょうしょうほう》八歳（七五六）歳首〜正月二十六日・三月三日〜四月十八日の三種類、日付があって暦が付いており、干支《かんし》や日の吉凶《きっきょう》などを記した具注暦《ぐちゅうれき》の断簡《だんかん》が伝えられているが、このうちもっとも古い天平十八年の具注暦に、「官多心経写始」「大官参向塩賜已訖」「官召十人　又天下大赦」など九条に短い簡単な文章が書かれている。これが暦にその日の出来事を付した最古の遺例ということになる。

この具注暦であるが、現在のところ、日本最古の遺例は、奈良県明日香《あすか》村の石神《いしがみ》遺跡から出土した持統《じとう》三年（六八九）三月・四月の暦を記した木簡《もっかん》である。ただし、これは今後、全国各地の発掘事例の増加に伴って、書き替えられる可能性が高い。明日香村の飛鳥池遺跡北地区《あすかいけ》からも、年紀は不明ながら「血忌《ちいみ》」という暦注《れきちゅう》が記された木簡が出土している。

平安時代に入ると、宮廷や官司の公日記に加えて、諸家の私日記が、共に残されるようになる。特に私日記（古記録）は、天皇や皇族、公卿《くぎょう》以下の官人が日記を記録したものである。これは世界的に見ても日本独特の特異な現象である。特に君主が自ら日記を記すということは、日本王権の特性と言えよう。

ヨーロッパはもちろん、中国や朝鮮諸国にも、古い時代の日記は、ほとんど残っていない。中国では紀元前の漢簡《かんかん》などに記された出張記録などは存在するものの、それ以外では、唐《とう》代の編年体歴史書『大唐創業起居注《だいとうそうぎょうききょちゅう》』（隋《ずい》の大業《たいぎょう》十三年〈六一七〉から唐建国の武徳《ぶとく》元年〈六一八〉）のようなわずかな起居注《ききょちゅう》（皇帝や国家の重大事の日記体の記録）や日録《にちろく》を除いては清《しん》朝になるまで、朝鮮《ちょうせん》でも李《り》朝になるまで、まとまった日記は残っていないのである。

中国で日記が書かれなかった最大の理由は、『史記《しき》』以下の王朝による公式な歴史書である正史《せいし》が連綿と作られ続けてきたことである。中国では、先例を調べるには、本紀《ほんき》・列伝《れつでん》・志《し》・表《ひょう》などからなる紀伝体《きでんたい》で書かれた膨大な正史を参照すれば、おおよそのことはわかるようになっている。

先ほど述べた起居注も、後世にまで残すような性格のものではなく、皇帝が死去すると、史《し》官《かん》によって記録された起居注をまとめた実録《じつろく》が編纂され、王朝が滅んだ際に、次に正統を継いだ王朝が国家事業として、前王朝の皇帝毎の実録を基に正史を編纂した。起居注も実録の原史料としての役割を終えれば、後は廃棄されることが多かったものと思われる。

また、文人《ぶんじん》の日々の記録も、主に漢詩や小説などの原史料として使われ、作品が完成すれば廃棄されたのであろう。さらには、中国では王朝が頻繁に交替《こうたい》し、支配者層の顔ぶれも、それにつれて変わっていった。前の王朝の文化を根こそぎ滅ぼしてしまうことも珍しくなく、個人の日記が時を超えて残ることは起こらなかった。

これに対し、日本で平安時代以来、宮廷貴族の公家日記が数多く記録されているのは、『日本書紀』から始まる正史としての六国史《りっこくし》の編纂が延喜《えんぎ》元年（九〇一）に撰上《せんじょう》された『日本三代《にほんさんだい》実録《じつろく》』で廃絶してしまったことに起因している。正史が絶えてしまったために、貴族たちが当時の政治の根幹である政務や儀式などの公事《くじ》（政務や儀式）の式次第の遂行を確かめたくても、正史を調べることができなくなってしまった。

それに加えて、単行法令集としての格《きゃく》、施行細則としての式《しき》、『内裏式《だいりしき》』『貞観儀式《じょうがんぎしき》』など勅撰《ちょくせん》の儀式書も編纂されなくなっていた。正史や格式、儀式書を参照することができない以上、それに代わる先例の準拠として、日記の蓄積が求められたのである。六国史や三代格式、三代儀式が作られていた九世紀以前の日記が、円仁《えんにん》の旅行記である『入唐求法巡礼行記《にっとうぐほうじゅんれいこうき》』（承和《じょうわ》五年〈八三八〉～承和十四年〈八四七〉）を除いてはほとんど残されていないことからも、それが裏付けられよう。

次に掲げたのは、十二世紀初頭までの、現在自筆本や写本や逸文《いつぶん》（他の史料に引載されたもの）で残っている古記録の一覧である。

摂関期古記録一覧

古記録名	記主	記録年代（現存）	主な活字版・写真版
八条式部卿私記	本康親王	八八二〜八八四	九暦・西宮記
宇多天皇御記	宇多天皇	八八七〜八九七	三代御記逸文集成・史料大成
醍醐天皇御記	醍醐天皇	八九七〜九二九	三代御記逸文集成・史料大成
貞信公記	藤原忠平	九〇七〜九四八	大日本古記録・天理図書館善本叢書
清慎公記	藤原実頼	九〇九〜九七〇	西宮記・北山抄・小右記
吏部王記	重明親王	九二〇〜九五三	史料纂集
御産部類記		九二三	図書寮叢刊
御産部類記		九二六	図書寮叢刊
太后御記	藤原穏子	九二六〜九三四	河海抄・西宮記・図書寮叢刊
九暦	藤原師輔	九三〇〜九六〇	大日本古記録・天理図書館善本叢書
小一条左大臣記	藤原師尹	九四二〜九六九	西宮記
村上天皇御記	村上天皇	九四六〜九六七	三代御記逸文集成・史料大成
沙門仲増記	仲増	九四八	歴代残闕日記
元方卿記	藤原元方	年月日不明	西宮記
御産部類記		九五〇	図書寮叢刊

御産部類記		九五九	図書寮叢刊
延光記	源　延光	九六〇～九七四	西宮記・東宮御元服部類・東宮冠礼部類
忠義公記	藤原兼通	九六三	東宮御元服部類・東宮冠礼部類
御産部類記		九六八～九六九	図書寮叢刊
済時記	藤原済時	九七二	書陵部紀要
親信卿記	平　親信	九七二～九七四	大日本古記録・陽明叢書・歴代残闕日記
御産部類記		九七六	図書寮叢刊
小右記	藤原実資	九七七～一〇四〇	大日本古記録・尊経閣善本影印集成
御産部類記		九八〇	図書寮叢刊
藤原宣孝記	藤原宣孝	九八二～一〇〇〇	西宮記・祈雨日記
法住寺相国記	藤原為光	九九一	大饗部類
権記	藤原行成	九九一～一〇二六	史料纂集・史料大成・改元部類記
信経記	藤原信経	九九五～一〇〇〇	枕草子傍注・中右記・局中宝
宗河記	惟宗允亮	九九六～一〇〇八	西宮記
御堂御記抄		九九五～一〇二〇	大日本古記録・陽明叢書
御堂関白記	藤原道長	九九五～一〇二一	大日本古記録・陽明叢書・日本古典全集
御産部類記		一〇〇八	図書寮叢刊
御産部類記		一〇〇九～一〇一〇	図書寮叢刊
左経記	源　経頼	一〇〇九～一〇三九	史料大成・官奏抄・魚魯愚別録・台記

一条天皇御記	一条天皇	一〇一〇	史料大成
御産部類記		一〇二五	図書寮叢刊
春記	藤原資房	一〇二六〜一〇五四	史料大成・コロタイプ複製版
宇治殿御記	藤原頼通	一〇二六〜一〇六九	院号定部類記・改元部類・園太暦
土右記	源　師房	一〇三〇〜一〇七三	史料大成
二東記	藤原教通	一〇三一〜一〇七四	改元部類・玉葉・台記・後二条師通記
宗金記		一〇三一〜一〇四七	西宮記
御産部類記		一〇三四	図書寮叢刊
経任記	藤原経任	年月日不明	西宮記
後朱雀天皇御記	後朱雀天皇	一〇三六〜一〇四四	史料大成
範国記	平　範国	一〇三六〜一〇四八	大日本古記録・京都大学史料叢書
行親記	平　行親	一〇三七	大日本古記録・歴代残闕日記・陽明叢書
資平卿記	藤原資平	一〇四二	台記
宇治関白高野山御参詣記	平　範国	一〇四八	大日本古記録
大宮右相府記	藤原俊家	一〇四八〜一〇八〇	西宮記
定家朝臣記	平　定家	一〇五三〜一〇六二	大日本古記録・陽明叢書・歴代残闕日記
御産部類記		一〇五三	図書寮叢刊
但記	藤原隆方	一〇五七〜一〇七四	歴代残闕日記
師平記	中原師平	一〇五九〜一〇八八	群書類従・続群書類従・神今食行幸次第

資仲記	藤原資仲	一〇四四〜一〇七六	群書類従・続群書類従・神今食行幸次第
水左記	源　俊房	一〇六二〜一一〇八	史料大成・コロタイプ複製版
帥記	源　経信	一〇六五〜一〇八八	史料大成
京極関白記	藤原師実	一〇六八	歴代残闕日記
後三条天皇御記	後三条天皇	一〇六八〜一〇七二	史料大成
江記	大江匡房	一〇六八〜一一〇八	江記逸文集成
為房卿記	藤原為房	一〇七〇〜一一一四	史聚・コロタイプ複製版・陽明叢書
時範記	平　時範	一〇七五〜一一〇八	書陵部紀要・時範記逸文集成・歴代残闕日記
御産部類記		一〇七九	図書寮叢刊
後二条師通記	藤原師通	一〇八三〜一〇九九	大日本古記録
長秋記	源　師時	一〇八七〜一一三六	史料大成
中右記	藤原宗忠	一〇八七〜一一三八	大日本古記録・史料大成・陽明叢書
高野御幸記		一〇八八	扶桑略記
寛治二年記		一〇八八	群書類従・歴代残闕日記
季仲卿記	藤原季仲	一〇九〇	歴代残闕日記
殿暦	藤原忠実	一〇九八〜一一一八	大日本古記録
永昌記	藤原為隆	一〇九九〜一一二九	史料大成・陽明叢書
清原重憲記	清原重憲	一一〇三	歴代残闕日記
顕隆卿記	藤原顕隆	一一〇三	歴代残闕日記

高階仲章記	高階仲章	一一〇三	歴代残闕日記
御産部類記		一一〇三	図書寮叢刊
源雅実公記	源　雅実	一一〇五～一一〇七	歴代残闕日記

この時期だけでも、これだけの日記（古記録）が残っている日本という国が、いかに特異な国であったかがご理解いただけよう。これは中国や朝鮮諸国と違って、王朝の交替が起こらず、律令制成立以降は支配者層の顔ぶれもあまり変わらず、特に藤原氏と公家源氏がさまざまな家に分かれて近代まで存続したことによるものである。それに加えて、特に京都では記録＝文化が権力の源泉であるという発想が支配的であった点、都が一つの都市を千年以上も動かなかった点も、日記（古記録）が残された要因であった。

なお、私はこれらの日記（古記録）の訓読文（書き下し文）を作成し、「摂関期古記録データベース」として国際日本文化研究センターのウェブサイトで公開している。登録不要、もちろん無料で検索できるので、パソコンやタブレットやスマホでアクセスしていただきたい。先の表で太字になっているものは、二〇二四年六月時点ですでに公開済みのものである。

さて、貴族たちが日記（古記録）を書く目的や動機、それに日記そのものの有り様はさまざまである。個々の日記（古記録）については、「男の古記録」の章以降で説明していくこととするが、彼らが自分のために記録したのではなく、自己の子孫や貴族社会に儀式や政務の有り様を残すために記録したということは、ほぼすべての日記（古記録）に共通する目的であったと言えよう。

記録の仕方であるが、たとえば、鎌倉時代初期ごろに作られた『雑筆要集《ざっぴつようしゅう》』という文例集には、「日記には必ずしも式法は無い。ただ日の所に要事《ようじ》（必要なこと）を注記するものである」とある。日記を書き付けた料紙《りょうし》もさまざまなら、文字や書きぶりや文法も人によって異なるのである。

標準的な例としてよく挙げられるのが、藤原師輔《もろすけ》の『九条右丞相遺誡《くじょううしょうじょうゆいかい》』に見える「日中行事」である。そこでは、朝起きた時の行動を、次のような順序で記している。

1 属星《ぞくしょう》（生まれた年の干支によって決まる北斗七星の各星、および金輪星《こんりん》、妙見星《みょうけん》のいずれかの星）の名を称する。
2 鏡で顔を見る。
3 暦（具注暦）を見て日の吉兆を知る。
4 楊枝《ようじ》（歯の垢《あか》を除く道具。楊柳の材の先を房状にしたもの）を取って手を洗う。
5 仏名《ぶつみょう》を誦《しょう》し神社を念ず。
6 昨日の事を記す〈事が多い時は日々の中に記す。〉。
7 粥《かゆ》（米を蒸したものに対し、煮たものをいう。現在の御飯）を服す。
8 頭を梳《くしけず》る。
9 手足の爪を切る。

このうち、6「昨日の事を記す」というのが、彼らの記した日記（古記録）ということになるのである。彼らは食事をしたり身繕いをしたりする前に、昨日の儀式や政務を記録していたのである。彼らの多くは巻子本《かんす》の具注暦と称される暦の余白に日記を記したと思われることから、これが3「暦を見て日の吉兆を知る」と関連することは、言うまでもない。つまり、彼らが朝起きて最初に手にする物体というのは、鏡の次には、日記を記す具注暦なのである。『九条右丞相遺誡』の後文には、先に挙げた6「昨日の事を記す」について、詳しい説明がある。

年中の行事は、大体はその暦に書き記し、毎日それを見る毎に、まずそのことを知り、かねて用意せよ。

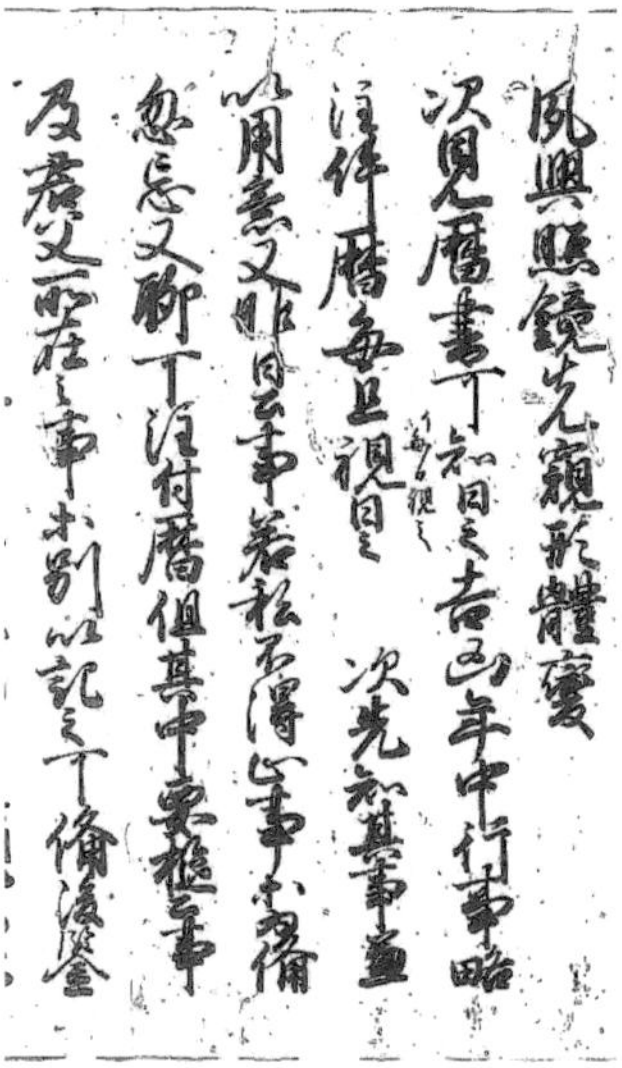
『九条殿日中行事』（『九条右丞相遺誡』宮内庁書陵部蔵）

また、昨日の公事、もしくは私的な内容でやむを得ざる事などは、忽忘《こつぼう》（すぐ忘れること）に備えるために、いささかその暦に書き記せ。

ただし、その中の要枢《ようすう》の公事と君《くん》父《ぶ》（天皇と父）所在の事などは、別に記して後に備えよ。

この具注暦の余白（間明《まあ》き）に記したものを暦記《れきき》、別の料紙に記したものを別記《べつき》という。彼らがこの暦記と別記をどのように使い分けていたかも、人によって異なる。それについては後に述べることにしよう。

記主《きしゅ》本人の記した自筆原本は、藤原道長《みちなが》の『御堂関白記《みどうかんぱくき》』（長徳《ちょうとく》元年〈九九五〉—治安《じあん》元年〈一〇二一〉）をはじめ、源俊房《としふさ》の『水左記《すいさき》』（康平《こうへい》五年〈一〇六二〉—天仁《てんにん》元年〈一一〇八〉）、吉田経《つね》俊《とし》の『経俊卿記《つねとしきょうき》』（嘉禎《かてい》三年〈一二三七〉—建治《けんじ》二年〈一二七六〉）、花園《はなぞの》天皇の『花園天皇宸記《はなぞのてんのうしんき》』（延慶《えんぎょう》三年〈一三一〇〉—元弘《げんこう》二年〈一三三二〉）などが残されているが、多くはさまざまな人によって書写された写本の形によって、後世に伝えられた。

その際、ただ単に自筆本を転写するのではなく、一定の意図をもって記文を選別して書写することが行なわれた。平信範《のぶのり》の『兵範記《へいはんき》』（長承《ちょうしょう》元年〈一一三二〉—承安《じょうあん》元年〈一一七一〉）や藤原定家《さだいえ》の『明月記《めいげつき》』（治承《じしょう》四年〈一一八〇〉—嘉禎元年〈一二三五〉）のように、記主が自ら記文を選別して清書した自筆本が残されている例もある。写本の作成というのは、単なる転写を意味するのではなく、それ自体が特別な目的と意味を持った営為であったのである。

なお、道長四世の直系の孫にあたる藤原忠実《ただざね》の言談を筆録した『中外抄《ちゅうがいしょう》』には、摂関《せっかん》の心得と、公事を学ぶための日記を記録する練習法が、大江匡房《まさふさ》の言葉として、次のように説かれている。

関白・摂政は詩を作っても無益である。朝廷の公事が大切である。公事の学び方は、紙三十枚を貼り継いで（巻子にして）、大江通国《みちくに》のような学者を傍らに据えて、「ただ今、馳《は》せ参る」などと書きなされよ。また、「今日は天気が晴れた。召しによって参内《さんだい》した」などと書きなされよ。知らない字があったならば、傍らの学者に問われよ。このような文を二巻も書けば、立派な学者である。四、五巻に及んだならば、文句の付けようのないことである。

当時の摂関に対する認識、日記に対する認識がよくわかる話である。別の箇所では、摂関は漢才《からざえ》（漢籍《かんせき》に通じ漢詩文を作るのが巧みな才能）がなくても「やまとだましひ（大和魂）」（「漢才」に対比される語。現実に即応して人心を掌握し、実務を処理できる能力）さえあれば天下を治められる、こちらでは日記を十から二十巻書けばいい、とも言っている。

また、忠実が、摂関家の日記の書き様を諭した祖父師実《もろざね》の仰せを引いた箇所もある。

日記はあまり詳しく書くのは無益である。故殿《こどの》（藤原師実）の仰せでは、「日記が多いと、個人的な感情が交じって礼を失する。『西宮記《さいきゆうき》』と『北山抄《ほくざんしょう》』ほど作法に優れたものはない。その他には家の先祖の日記を入れるべきである。この三つの日記さえあれば、おおよそ事に欠けることはない。他の家の日記はまったく無益である。そのわけは、『摂政関白が主上《しゆじよう》の御前で腹鼓《はらつづみ》を打つ』と書いてあっても、先例として用いるわけにはいかないからである。また、日記は詳しく書くべきではない。他人の失敗もまた、書くべきではない。

ただ宮廷行事の次第をきちんと記録すべきである。さて、日記を秘すべきではない。小野《おのの》宮関白《みやかんぱく》（藤原実頼《さねより》）は日記を隠したので子孫がいない。九条殿《くじようどの》（藤原師輔《もろすけ》）は隠さなかったので世に恵まれたのである。……」

天皇の前で腹鼓を打つ摂関がいるとは思えないが、日記（古記録）は、女性の書いた「日記文学」とは異なり、後世の子孫や貴族社会、さらには生前にも広く共有された貴族社会の文化現象であったのである。

最初の日記である伊吉連博徳書および壬申の乱従軍舎人日記と、平安時代の古記録との間には、おおよそ二百年にも及ぶ時間の間隔、木簡に記録するということと具注暦に記録するということの素材の差異、そして何より、毎日記録するという記録態度について、大きな断絶が存在する。

その間、律令国家の成立に伴う具注暦の班賜《はんし》（頒暦《はんれき》）の開始、紙の普及があり、律令官司や官人たちの中には、具注暦にその日の業務を日常的に記録する者も数多く現われたのであろう。しかし、それらはほとんど、今日まで残されていない。それらが後世にまで伝えなければならない史料であると認識されていなかったことによるものであろう。

十世紀前半に頒暦が行なわれなくなってから、逆に平安貴族による古記録が増加し、その多くが遺《のこ》されているというのも、古代国家の変遷と考え合わせると、これもまた興味深い現象である。

Ⅰ　女の日記

まずは男の記録した日記（古記録《こきろく》）と比較するために、いわゆる「日記文学」をいくつか紹介しよう。

事実の記録を旨とする漢文日記（古記録）とは異なり、筆者の心情の表出を主体として形成される仮名日記を総称して「日記文学」と称している。筆者が自己の半生を回顧し、あるいは人生の一断面を切り出して内省を加えるのであるが、心情の披瀝《ひれき》が作品の主題を形成するところに特徴があり、そこに文学性を積極的に見出《みいだ》せるという。漢文日記のごとく毎日筆をとって記す日次記《ひなみき》でないので、事象の意図的な取捨選択、感情の強弱の添加、叙述面での粉飾、あるいは記憶違いによる事実関係の齟齬《そご》などが介在する。これらは作品における虚構ともいうべきものであって、文学性の範疇《はんちゅう》に入ることである。したがって「日記文学」は、事実のありのままの記録という日記の本来的な性格に根差しながらも、人生のある到達地点において回想の営為の中に捉えられ形象づけられた事実にまさる真実の姿と位置づけてよい（『国史大辞典』による。宮崎荘平氏執筆）。

紀貫之《つらゆき》が女性に仮託《かたく》して記した『土佐日記《とさにっき》』はさておき、最初の「日記文学」は、藤原道綱母《みちつなのはは》による『蜻蛉日記《かげろうにっき》』であろう。『蜻蛉日記』の具体的な特徴は後に述べることとして、「日記文学」を記した女性について、系図を作ってみた。驚くべきことに、『蜻蛉日記』『枕草子《まくらのそうし》』『紫式部日記《むらさきしきぶにっき》』『更級日記《さらしなにっき》』の作者は、ほぼ同世代で、しかも血縁関係か姻戚《いんせき》関係を有している

(和泉式部《いずみしきぶ》も、ほぼ同世代である)。これらの「日記文学」を生みだした環境というのも、ここにヒントがありそうである。

それでは、五つの「日記文学」について、順に簡単に論じることとしよう。

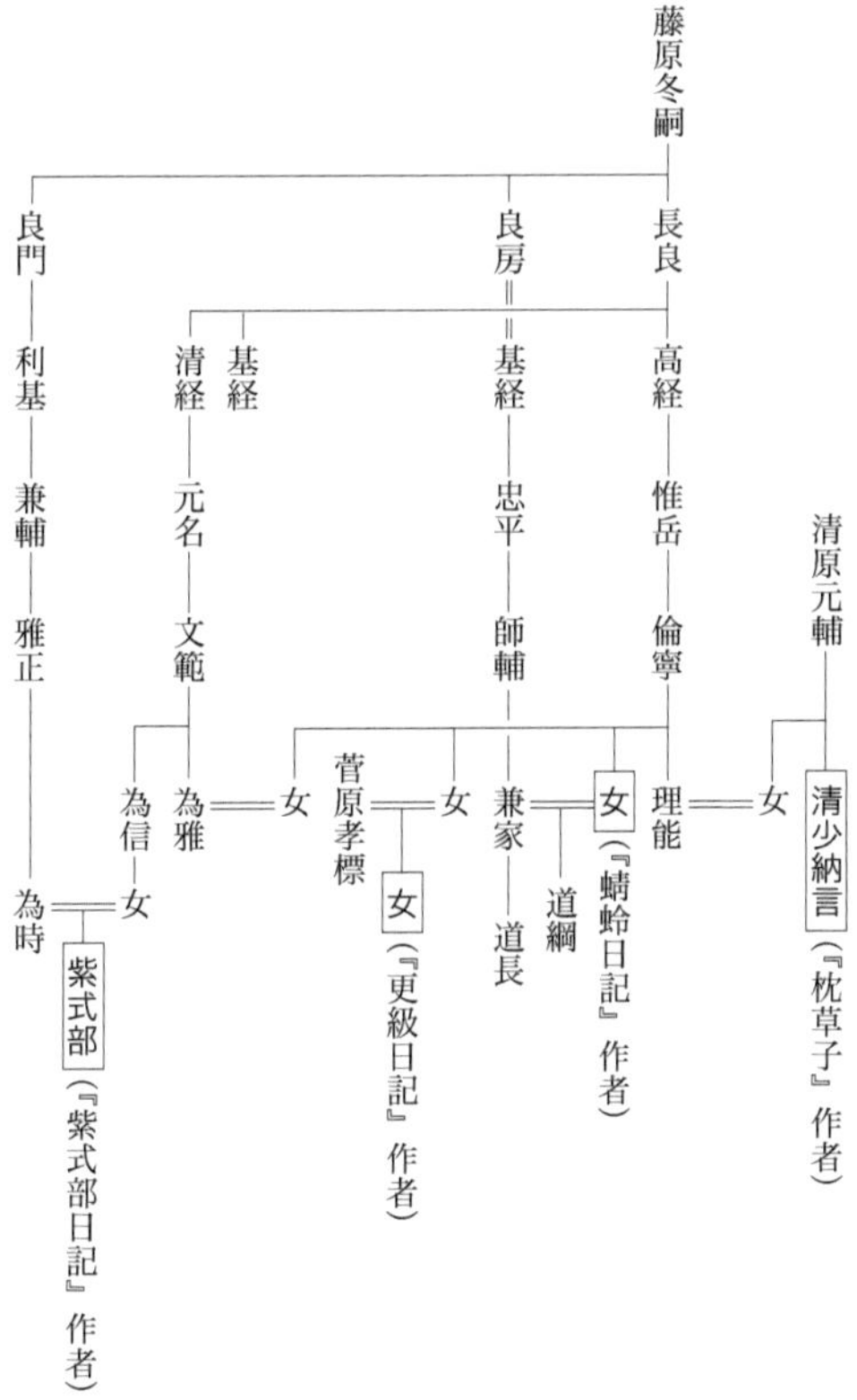

1 『蜻蛉日記』と藤原道綱母

『蜻蛉日記《かげろうにっき》』は、藤原道綱母《みちつなのはは》（藤原倫寧《ともやす》の女《むすめ》）が十世紀末に記した回想録的な日記である。藤原兼家《かねいえ》の妾《しょう》としての結婚生活の苦悩を、日記という形式で回想したものである。なお、作者は室町時代初期に編纂された系図集である『尊卑分脈《そんぴぶんみゃく》』に「歌人」「本朝第一美人三人の一なり」と注記されているが、『蜻蛉日記』の作者であることは書かれていない。『土佐日記《とさにっき》』のような事実の歪曲《わいきょく》や虚構は記されず、内容はほぼ事実とされているが、それでも作者の内面の葛藤を描いている点、文学的な修飾がまったくないというわけではない。

作者の父の倫寧は、藤原北家の傍流である長良流《ながら》に属する。冬嗣《ふゆつぐ》一男の長良は権中納言まで上ったものの、その四男の高経《たかつね》は右兵衛督《うひょうえのかみ》に終わった（なお、三男の基経《もとつね》が良房《よしふさ》の養子になり、摂政太政大臣に至った）。孫の惟岳《これたか》は左馬頭《さまのかみ》とその地位を低下させ、曾孫《そうそん》（作者の父）の倫寧は受領《ずりょう》を歴任（『蜻蛉日記』に「あがたありき（県歩き）」とある）して最終的には伊勢守《いせのかみ》に終わった。作者の生母は不明である。貴族としての地位は中流であるが、受領を歴任したということは、有能で裕福であったことがうかがえる。なお、作者の兄弟である理能《まさよし》と長能《ながよし》も、父と同じく受領を歴任している（長能は中古三十六歌仙に名を残す歌人ではある）。

『蜻蛉日記』は、作者が後に摂政に上る藤原兼家から求婚された天暦《てんりゃく》八年（九五四）から始ま

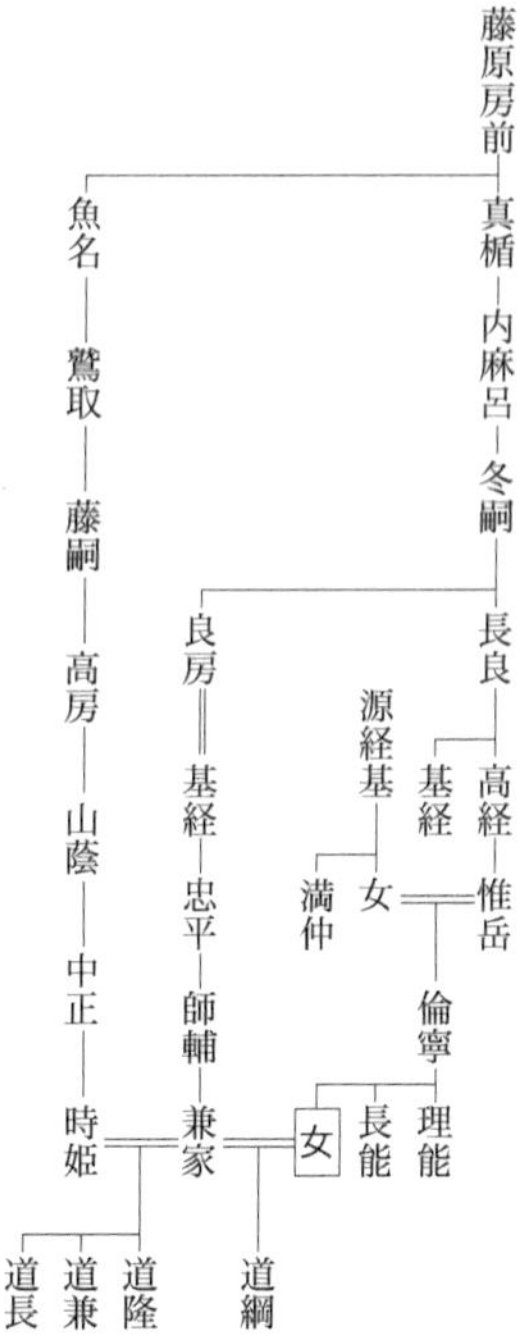

る。この年、作者は推定十九歳。兼家は二十五歳、いまだ従五位下右兵衛佐《うひょうえのすけ》に過ぎなかった。すでに前年に嫡妻《ちゃくさい》の魚名《うおな》流の摂津守《せっつのかみ》中正《なかまさ》の女である藤原時姫《ときひめ》（『蜻蛉日記』には「年ごろのところ」「子どもあまたありと聞くところ」「かのところ」とある）から嫡男の道隆《みちたか》が生まれていた。他にも兼家は皇太后宮権大夫《こうたいごうぐうごんのだいぶ》藤原国章《くにのり》の女（「近江《おうみ》」）、参議源兼忠《かねただ》の女、その他複数の配偶者（妾や召人《めしうど》）と関係を持つ。

作者が『蜻蛉日記』を終えたのは、兼家の訪れが絶えた天延《てんえん》二年（九七四）。足かけ二十一年に及ぶ日記である。その間、兼家とのやりとり、道綱の誕生と成長、各地への物詣、安和《あんな》の変など、さまざまな出来事が語られる。陳腐な「そらごと」の多かった「古物語」の伝奇性浪漫性に比べて、はじめて実生活の体験を写実的に生々しく表出したものとされている。

ただしそれは必ずしも作者の客観的な状況を表現しているわけではなく、作者の主観における真実、彼女の個体的な真情によって捉えられた現実であるという。上中下の三巻からなるが、それぞれが独自の世界を持っているとのことである（『新編日本古典文学全集 土佐日記 蜻蛉日記』「解説」木村正中氏執筆）。上巻は天暦八年からの十五年間、中巻は安和二年（九六九）からの三年間、下巻は天禄《てんろく》三年（九七二）からの二年間の日記である。全体がいつごろ成立したのかは、定かではない。なお、作者は長徳《ちょうとく》元年（九九五）の疫病《えきびょう》で死去している。推定六十歳。

それでは、いくつかの記事を見ていくことにしよう。本文および段分けは、江戸初期に書写された宮内庁書陵部《くないちょうしょりょうぶ》蔵本（御所本）を底本とする新編日本古典文学全集によるものとする。なお、『蜻蛉日記』は単純な計測だが、全文で九万九六四八字である。

年次	西暦	天皇	年齢	主な出来事
承平六	九三六	朱雀	一	誕生か
天暦八	九五四	村上	一九	日記上巻始まる／兼家と結婚
九	九五五		二〇	道綱を出産
一〇	九五六		二一	兼家、町の小路の女に通う
天徳元	九五七		二二	兼家、門前を素通り
三	九五九		二四	兼家と和解
応和二	九六二		二七	兼家、源兼忠女に通う
				兼家と山寺に籠る

康保元	九六四		二九	兼家、藤原忠幹女に通う
三	九六六		三一	兼家、作者邸で発病
四	九六七	冷泉	三二	兼家、蔵人頭
安和元	九六八		三三	初瀬詣
二	九六九	円融	三四	兼家、中納言／中巻始まる
天禄元	九七〇		三五	道綱、元服
二	九七一		三六	鳴滝の山寺に参籠／初瀬詣
三	九七二		三七	兼家、権大納言／下巻始まる
天延二	九七四		三九	道綱男道命、誕生／日記終わる
寛和二	九八六	一条	五一	兼家、摂政
正暦二	九九一		五六	道綱、参議
長徳元	九九五		六〇	死去

序文——はかない身の上を書いた日記

かくありし時過ぎて、世の中にいとものはかなく、とにもかくにもつかで、世に経《ふ》る人ありけり。かたちとても人にも似ず、心魂《こころだましひ》もあるにもあらで、かうものの要《えう》にもあらであるも、ことわりと思ひつつ、ただ臥《ふ》し起き明かし暮らすままに、世の中に多かる古物語《ふるものがたり》のはしなどを見れば、世に多かるそらごとだにあり、人にもあらぬ身の上まで書き日記《にき》して、めづらしきさまにもありなむ。天下《てんげ》の人の品高きやと問はむためしにもせよかし、とおぼゆるも、過ぎにし年月《としつき》ごろのこともおぼつかなかりければ、さてもありぬべきことなむ多かりける。

このように過ごしてきた時が過ぎて、世の中はたいそう頼りなく、どっちつかずのありさまで暮らしてきた女がいた。容貌といっても人並みでもなし、思慮分別もあるわけでもなく、こんな物の役にも立たないでいるのも道理だと思いながら、ただ寝て起きて毎日を暮らすままに、世間に多くある古物語の端々を見てみると、世の中に多い作り事でさえもてはやされるのだから、人並みでない身の上でも日記として書いてみたら、珍しいことになることだろう。天下一の高い身分の人との結婚の様子はどんなものかと尋ねられたら、その例にでもしてほしい、と思われるのだが、過ぎ去った年月のことは、はっきり覚えていないので、まあよかろうという程度のことも多くなってしまった。

序文では、この「日記」を記すにいたった事情を説明（弁明）している。「このように過ごしてきた時」とか「過ぎ去った年月のことは、はっきり覚えていないので」とか、兼家のことを「天下一の高い身分の人」とか記しているから、この序文、ひいては『蜻蛉日記』を書いたのが、かなり年齢を重ねた後であったことがうかがえる。ただし、この記述を信じれば、の話だが。

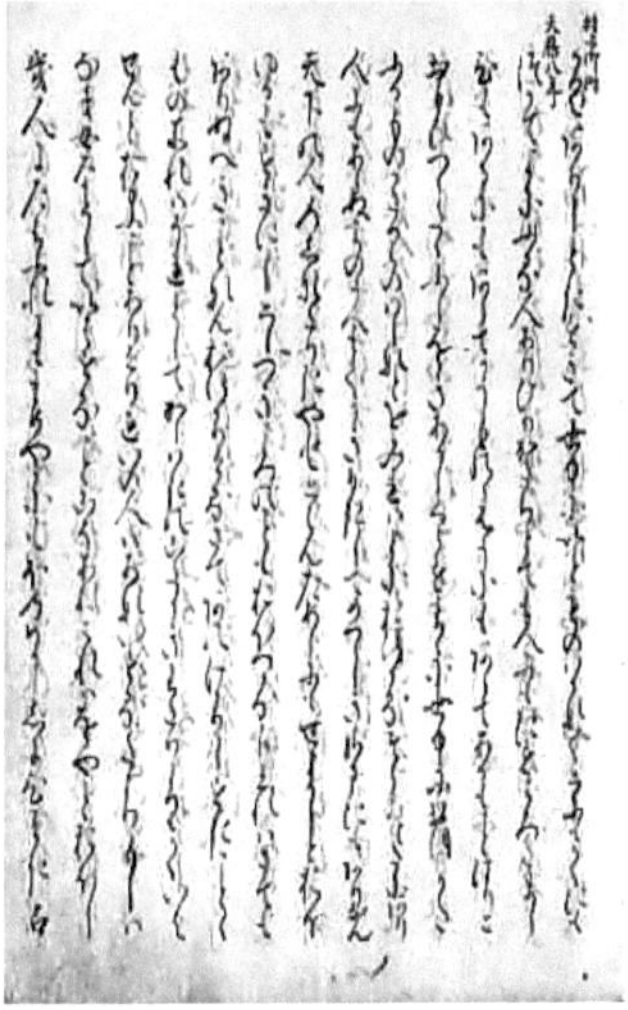
『蜻蛉日記』（宮内庁書陵部蔵御所本）

「容貌といっても人並みでもなし」などと「本朝第一美人三人の一」（『尊卑分脈』）とも称される作者に言われても困るのだが、まあ美人というのはそういうものなのであろう。それよりも、「世間に多くある古物語の端々を見てみると、世の中に多い作り事」を自己の「日記」と対比している点が重要である。それまでの陳腐な作り物語とは一線を画す、自己の真情を赤裸々に描きる新しい文学の創出を、高らかに宣言しているのである。この高揚感と内容が、やがて紫式《むらさきしき》部《ぶ》の『源氏物語《げんじものがたり》』に受け継がれることとなる。

なお、末尾に、「天下一の高い身分の人との結婚の真相」を知らせるものとの記述がある。自身は受領を歴任する中級貴族の出身ながら、当時の中下級貴族の女性の誰もが憧れたであろう上級貴族の男との結婚、そしてその苦悩について、皆に知らせたいという思いもあったのであろう。このテーマも、『源氏物語』に受け継がれる。

上巻九――町の小路の女、男子を出産

この時のところに子産《う》むべきほどになりて、よきかたえらびて、ひとつ車にはひ乗りて、一京《ひときやう》響きつづけて、いと聞きにくきまでののしりて、この門《かど》の前よりしも渡るものか。われはわれにもあらず、ものだに言はねば、見る人、使ふよりはじめて、「いと胸いたきわざかな。世に道しもこそはあれ」など、言ひののしるを聞くに、ただ死ぬるものにもがなと思へど、心にしかなはねば、いまよりのち、たけくはあらずとも、たえて見えずだにあらむ、いみじう心憂《こころう》しと思ひてあるに、三四日ばかりありて、文《ふみ》あり。あさましうつべたましと思ふ思ふ見れば、「このごろここにわづらはるることありて、えまゐらぬを、昨日《きのふ》なむ、たひらかにものせらるめる。穢《けが》らひもや忌《い》むとてなむ」とぞある。あさましうめづらかなることかぎりなし。ただ「給はりぬ」とて、やりつ。使ひに人問《と》ひければ、「男君《をとこぎみ》になむ」と言ふを聞くに、いと胸塞《むねふた》がる。三四日ばかりありて、みづからいともつれなく見えたり。なにか来たるとて見入《みい》れねば、いとはしたなくて帰ること、たびたびになりぬ。

あの時めく女の所で、子供を産むころになって、吉《よ》い方角を選んで、あの人も同じ車に乗り込んで、京中に響きわたるほど車を連ねて、たいそう聞くに堪えないほど騒ぎたてて、何とこの門の前を通って行くではないか。私はただ茫然《ぼうぜん》として、言葉さえ出さないので、それを見た人は、侍女をはじめ、「たいそう胸が痛くなることですね。世に道はほかにもあるのに」などと言い騒ぐのを聞くと、「ただ死んでしまいたい」と思うが、命は心のままに叶うものではないから、「今から後は、せめてのこととして、訪れが絶えて、姿を見せずにいてほしい。たいそう辛い」と思っていると、三、四日ほどして、書状がきた。「あきれた、気味が悪い」と思いながら見ると、「このごろこちらで患《わずら》っておられることがあって、参ることができなかったが、昨日、無事にお産されたようだ。その穢《けが》れを忌まれるかと思って」と書いてある。「あきれた、何てことだ」と思うことはこの上なかった。ただ、「御書状をいただきました」とだけ、言ってやった。その使いに家の者が尋ねると、「男君で」と答えるのを聞くと、いよいよ胸がつまってしまった。三、四日ほどして、本人が平然とやって来た。「何をしに来たのか」と、会いもしないものだから、たいそう不愉快そうに帰って行くことが、たびたびになった。

兼家と結婚したものの、すぐにその多情に苦しむことになった作者は、「町の小路の女」の出産について記述する。この前年、作者は兼家二男の道綱を出産しているが、それもあってか兼家の足が遠のき、新たな女性を求めたのであろう。

なお、当時の結婚形態については、研究者も含め誤解している人が多いので、一言触れておく。よく当時は一夫多妻制であったとか、通い婚といって男が夜に女性の許《もと》に通い、朝になると帰っていくといった言説が見られるが、それは主に女性による文学作品に描かれた結婚（か恋愛）形態を指しているに過ぎない。

当時は婿取り婚といって、男が女性の家に婿に入り、基本的にその邸第《ていだい》で生活するのが、貴族の結婚形態であった。つまり、女性の実家に養ってもらっていたのである。子供が生まれると、父方の姓を名のるが、養育は母方の家が行なった。男を婿として迎えた女性が「妻」なのである。歴史学では「嫡妻」という言い方をしている。

この男が他の女性と結婚した場合、その家に「通う」ことになるのである。その場合、その女性は妻とは見なされず、法律的には「妾」となる。文学作品に登場する男女は、ほぼすべてこういう「夫婦」なのである。なお、文学作品を書く女性はほとんどこの「妾」であり、「妾」としての視点でしか書けないという指摘もある（工藤重矩『源氏物語の結婚 平安朝の婚姻制度と恋愛譚』）。だいたい、夫と自邸で悠々自適に、あるいは家の経営に奮闘して暮らす嫡妻がその生活を書いたとしても、面白くも何ともないであろう。

また、男を婿取った女性が、その男が自分以外の女性の許に通うのを、快く送り出すはずはない（装束も車も嫡妻の家のものである）。当時の古記録《こきろく》を読んでいても、「妾」の存在をうかがわせる記事はほとんど見あたらない。

あれほどの権力を持った藤原道長《みちなが》でさえ、日常的には嫡妻（「女方《にょうぼう》」）の源倫子《りんし》の邸第で暮らし、「妾」の源明子《めいし》（「堀河《ほりかわ》辺り」）の許にはあまり通えなかったようであるし（倫子が留守の時に訪れた記事もある）、藤原実資《さねすけ》や藤原行成《ゆきなり》も、嫡妻の死亡後に新たな嫡妻と結婚している。ちなみに、『源氏物語』で光源氏《ひかるげんじ》の「妻」と言えるのは葵《あおい》の上と女三宮《おんなさんのみや》だけであり、紫《むらさき》の上を含む他の女性は「妾」ですらなかった。

ついでに、その裏返しで、多夫多妻制といって、女性も複数の男と関係を持つことが許されたなどと力説する方もいるが、まあ中にはそのような人もいたかもしれないが、基本的には

「妻」も「妾」も、相手の男は同時期には一人であったと思われる。多夫多妻制が主張された背景には、一九七〇年代のアメリカにおける女性解放運動（ウーマンリブ）とフリーセックスの影響（と願望）があったのではないかと、ひそかに考えている。

なお、女房《にょうぼう》のように日常的に男性と顔を合わせる職業の人の中には、複数の男と関係を持った人もいたであろう。逆に言えば、当時、娘を女房に出すことを嫌がる貴族が多かったのも、このような背景が存在したのかもしれない。

話を戻すと、この場面は、兼家の「妾」の一人であった作者が、新たな「妾」の出現と夫の素通り、そしてその女の男児出産に苦しむという場面である。「妾」と「妾」の関係ですらこうなのであるから、「妻」と「妾」ならなおさらであろう。出産に際して「小路の女」の家に行くために作者の家の前を大仰に素通りする兼家。その大音響が、作者の不安と怒りを増大させたのであろう。

出産後、兼家は産穢《さんえ》に触れたので会えないと言い訳をして、作者をいっそういらだたせる。穢が明けたころにやってきても、いつも作者は迎え入れようとせず、兼家は空しく帰っていくのであった。兼家としては、当時の常識どおりに行動しただけなのに、それがわかってもらえないことを、どう感じたであろうか。いやはやいつの時代も、男と女というのはわかり合えないものである。

なお、兼家が作者の許に長く滞在することがなかったことが、やがて道綱の将来に重大な影響をもたらすことになる。

中巻三――西の宮の左大臣の流謫《るたく》に心から同情

二十五六日ごろのほどに、西の宮の左大臣《ひだりのおとど》流されたまふ、見たてまつらむとて、天の下《あめのした》ゆすりて、西の宮へ、人走りまどふ。いといみじきことかなと聞くほどに、人にも見えたまはで、逃げ出《い》でたまひにけり。愛宕《あたご》になむ、清水《きよみづ》に、などゆすりて、つひに尋ね出でて、流したてまつると聞くに、あいなしと思ふまでいみじう悲しく、心もとなき身だに、かく思ひ知りたる人は、袖《そで》を濡《ぬ》らさぬといふたぐひなし。あまたの御子《みこ》どもも、あやしき国々の空になりつつ、ゆくへも知らず、ちりぢり別《わか》れたまふ、あるは、御髪《おぐし》おろしなど、すべて言へばおろかにいみじ。大臣《おとど》も法師《ほふし》になりたまひにけれど、しひて帥《そち》になしたてまつりて、追ひくだしたてまつる。そのころほひ、ただこのことにて過ぎぬ。

身の上をのみする日記には入《い》るまじきことなれども、悲しと思ひ入りしも誰《たれ》ならねば、記《しる》しおくなり。

（安和二年三月）二十五、六日のころに、西宮《にしのみや》の左大臣（源高明《たかあきら》）が流されなさった、それを拝見しようというので、世間がこぞって大騒ぎして、西宮へ、人々が慌てて走って行く。「たいそう大変なことだな」と思って聞いているうちに、左大臣は人にも姿をお見せにならないで、逃げ出してしまわれた。「愛宕山《あたごやま》におられる、清水寺《きよみずでら》だ」などと大騒ぎして、「ついに捜し出されて流され申しあげた」と聞くと、「何てこと」と思うほどたいそう悲しく、実情に疎い私でさえも悲しい。いかにも事情を知っている人ならば、袖を涙で濡らさぬ人はいなかった。たくさんのお子さまたちも、辺鄙《へんぴ》な国々に流される身になって、行方も知れず、ちりぢりにお別れになったり、あるいは出家《しゅつけ》なさりなどして、すべて言葉では言い尽くせぬほど痛ましかった。左大臣も法師におなりになったけれども、無理に大宰《だ》権帥《ざいのごんのそち》にお貶《おと》し申して、九州に追い下し申しあげた。そのころは、ただこの事件でもちきりで過ぎていった。

わが身の上のことだけを書くこの日記には入れてはならない事柄ではあるけれども、悲しいと感じ入ったのは、ほかならぬ私なのだから、書きとめておくのである。

ここでは安和二年（九六九）に起こった、いわゆる「安和の変」について触れている。「安和の変」は醍醐《だいご》天皇の第十皇子（母は更衣《こうい》源周子《しゅうし》）で源氏賜姓を受け左大臣にまで上っていた源高明が、東宮守平《もりひら》親王（後の円融《えんゆう》天皇）の同母兄為平《ためひら》親王を擁立して守平廃立をはかったとの源満仲《みつなか》の密告を受け、女を為平の室としていた高明にも累が及んで大宰権帥として左遷された事件である。高明は天禄三年（九七二）に京に召還《しょうかん》されたが、天元《てんげん》五年（九八二）に六十九歳で死去した（倉本一宏『公家源氏 王権を支えた名族』）。

『蜻蛉日記』作者は、「わが身の上のことだけを書くこの日記には入れるべき事柄ではないけれども、悲しいと感じ入ったのは、ほかならぬ私なのだから、書きとめておくのである」と記

西宮故地

しているが、このような政治事件を「日記」に記すというのは、『蜻蛉日記』を記した趣旨とは異なる。よほど世間の耳目を集めた事件だったのであろう。『日本紀略《にほんきりやく》』にも、「あたかも天慶《てんぎょう》の大乱のごとし」と記されているように、それはたしかに平和に慣れた都人にとっては、驚天動地の大事件だったのであろう。

ここで特徴的なのは、作者が摂関《せっかん》家に連なる兼家の妾でありながら（兼家が「安和の変」に関わった可能性も、まったく排除できない）、高明に同情的な文脈で記している点である。兼家からは何も聞かされていなかったのであろうか。この間、兼家の訪れがなかった可能性も高いが。

また、高明の子女の様子まで、わりと詳しく記しているのは、作者のこの事件に対する関心の高さの表われであろう。とにかくも、作者の人生のなかでも特異な大事件なのであった。

それにしても、野次馬が高明の邸第である西宮に押しかけ、高明の様子をあれこれ噂しあっているのは、後の「長徳の変」における伊周《これちか》や定子《ていし》への仕打ちと軌を一にするもので、いつに変わらぬ都人だなあと実感させられる。

下巻二――大納言に昇進した兼家の悠然たる風姿（この時点では中納言）

十四日ばかりに、古き袍《うへのきぬ》、「これいとようして」など言ひてあり。「着るべき日は」などあれど、急ぎも思はであるに、使ひの、つとめて、「おそし」とあるに、

久しとは おぼつかなしや 唐衣《からころも》 うち着てなれむ さておくらせよ

とあるに、たがひて、これより文《ふみ》もなくてものしたれば、「これはよろしかめり。まほならぬがわろさよ」とあり。ねたさにかくものしけり。

わびてまた とくと騒げど かひなくて ほどふるものは かくこそありけれ

とものしつ。それより後《のち》、「司召《つかさめし》にて」などて、おとなし。

（天禄三年正月）十四日ごろに、古い袍《ほう》を、「これをうまく仕立てて」などと言って寄こした。「着る予定の日は、いつ」などとあるけれども、急いで仕立てようとも思わないでいると、使いが翌朝、「遅い」と催促してきて、

「なかなかできないとは心もとないことだ。その袍を着慣れるまで着たい、いや、あなたの所へ通って馴染《なじ》みたいので、そのままで送らせてほしい」

と言って寄こしたが、くいちがって、こちらから書状も付けずに仕立てた袍を届けたところ、「これは悪くないようだ。受け渡しがまともなやり方でなかったのが悪いな」と言って寄こした。いまいましさに、こんな歌をおくってやった。

「急《せ》かされて困り、早く仕立てようと大騒ぎした甲斐《かい》もなく、古い袍の仕立て直しは、うまくゆきません。古びた私もまた、お気に召さないのでしょう」

と言ってやった。それから後、「県召除目《あがためしのじもく》で」などということで、音沙汰がない。

この天禄三年（九七二）正月二十四日、兼家は権大納言に任じられ、同母兄の兼通《かねみち》に大きく水をあけたのであるが、この記事はその直前に兼家から作者に、袍を仕立て直すよう寄こしてきた際の相変わらずのぎくしゃくした関係、そして歌のやりとりを描いている。

この年正月時点における伊尹《これまさ》・兼通・兼家兄弟を含む公卿《くぎょう》構成は、以下のとおりである。

摂政・太政大臣	正二位	藤原伊尹	四十九歳	十一月一日、死去
左大臣	従二位	源兼明	五十九歳	
右大臣	正三位	藤原頼忠	四十九歳	
大納言	従三位	橘好古	八十歳	正月十三日、死去

中納言	正三位	源雅信	五十三歳	正月二十四日大納言
中納言	正三位	藤原兼家	四十四歳	正月二十四日権大納言、閏二月二十九日大納言
中納言	従三位	藤原朝成	五十六歳	
権中納言	従三位	源延光	四十六歳	正月二十四日中納言
権中納言	従三位	藤原文範	六十四歳	正月二十四日中納言
参議	従三位	源重信	五十一歳	
参議	従三位	源重光	五十歳	
参議	従三位	藤原兼通	四十八歳	閏二月二十九日権中納言、十月二十七日内覧、十一月二十七日内大臣
参議	従三位	藤原済時	三十二歳	
参議	正四位下	藤原斉敏	四十五歳	
参議	従四位上	源保光	四十九歳	
参議	従四位上	藤原為光	三十一歳	

この時点では、兼家は完全に同母兄兼通よりも先行していたのである。そしてこの年正月二十四日の除目《じもく》において、兼家は中納言から権大納言に昇進し、参議のままの兼通を完全に引き離した。兼通は閏《うるう》二月二十九日に権中納言に昇進するが、その日は兼家も大納言に昇進し、差

はそれほど詰まっていない。

二月十五日には、石山寺《いしやまでら》に一昨年参詣した時に出会い、代わってお祈りしてくれるよう頼んでおいた法師の許から、作者が二つの手に月と日とを受け、月を足の下に踏み、日を胸に当てて抱いている夢を見たと言ってきたり、侍女《じじょ》が、邸第の門を四脚門《よつあしもん》にするという夢を見て、夢解きが、「これはこの家から大臣・公卿が出るに違いないという夢です。御令息の道綱殿の将来のことです」と言ったりして、兼家の政権獲得への期待と、それが道綱の将来に及ぼす影響への予測が、作者の邸内に充満していた（日月の登場する夢は中国の『漢書《かんじょ》』以来、王侯の出生する前兆とされてきた。四脚門は大臣以上の格の高い邸にのみ許された牛車《ぎっしゃ》が通ることのできる門）。

しかしながら、この年の十月二十二日に兼家と兼通は、円融の御前において、新執政就任をめぐって争論し、罵言に及んだ（『済時記《なりときき》』）。そして翌二十三日に長兄の伊尹が病により摂政を止められると（十一月一日に死去）、何と権中納言の兼通が二十七日に内覧《ないらん》宣旨を蒙《こうむ》って政権の座に就き、十一月二十七日に内大臣に任じられた。天延二年（九七四）には、兼通は太政大臣に任じられ、三月二十六日に関白となった（倉本一宏『摂関期古記録の研究』）。

これからしばらく、兼家は逼塞《ひっそく》することになるが、『蜻蛉日記』は天延二年十二月で記述を終えているので、兼家の雌伏《しふく》の様子や、貞元《じょうげん》二年（九七七）の治部卿左遷、天元《てんげん》元年（九七八）の右大臣昇進、寛和《かんな》二年（九八六）の兼家の女である詮子《せんし》が産んだ懐仁《やすひと》親王即位（一条《いちじょう》天皇）にともなう摂政任命についての作者の感慨はわからない。もちろん、正暦《しょうりゃく》元年（九九〇）に兼家が出家した後に死去した際の感慨も。

ただし、作者自身も長徳元年に疫病で死去してしまい、公卿社会でその無能を皆から侮《あなど》られ続け、ついに大臣に上れなかった道綱の将来（倉本一宏『摂関政治と王朝貴族』）については、見ないでもすんだのである。

以上、『蜻蛉日記』を飛び飛びに眺めてきた。挙げた部分を見ただけでも、男女の心というものは、いつの世にも通じ合えないものであることがわかろうというものである。『蜻蛉日記』は、その真実をはじめて書き記した作品であろう。

なお、この本ではあえて深く触れなかったが（私は和歌が苦手なもので）、『蜻蛉日記』は作者と兼家の和歌を集成したものであるという側面も、最近では強調されている。この点に留意して『蜻蛉日記』を読むのも面白いと思うが、そうなると、ますます本来の意味での日記からは距離を置くということになる。

2 『和泉式部日記』と和泉式部

『和泉式部《いずみしきぶ》日記《にっき》』は、大江雅致《まさむね》の女《むすめ》（女房《にょうぼう》名は江式部《ごうしきぶ》）が記したとされる回想記で、十一世紀初頭の自身の恋愛関係を題材としている。作者を和泉式部ではないと想定する考えもあるが、この本では一応、和泉式部が書いたものとして進めておく。

長保《ちょうほう》五年（一〇〇三）四月十余日、冷泉《れいぜい》天皇第三皇子為尊《ためたか》親王の死によって、恋愛がはかなく終わり、悲しみに沈んでいる和泉式部の許《もと》に、第四皇子敦道《あつみち》親王から求愛の歌が贈られた時に始まる。敦道との恋愛の経過を、贈答歌や書簡文などを直接的素材として取り入れて回想的に記し、同年十二月十八日に宮邸（東三条第南院《ひがしさんじょうていなんいん》か）に召人《めしうど》として迎え入れられ、翌寛弘《かんこう》元年（一〇〇四）正月、正妃である藤原済時《なりとき》の女が憤然として宮邸を去る場面で終わる。この女性は三条《さんじょう》天皇の皇后に立てられた娍子《せいし》の同母妹であり、敦道が有力な皇族であったことがわかる。

なお、為尊と敦道は、ともに藤原兼家《かねいえ》の女である超子《ちょうし》から生まれた。同母兄に居貞《おきさだ》親王（後の三条天皇）がおり、兼家の東三条第で育つなど、当時の天皇家嫡流であった冷泉皇統《こうとう》の有力な皇子であった。この二人がもっと後まで生きていれば、当然、東宮に立ったはずであり、冷泉皇統が後世まで続いたはずである（倉本一宏『三条天皇』）。ちなみに、敦道は寛弘四年（一〇〇七）十月に死去している。

『和泉式部日記』は、敦道の病没後まもないころに書かれたとされており、十ヵ月間の恋愛の経緯を、三人称形式で回想的に告白し、愛情を追求した作品であるという。敦道を追悼しての告白的日記と思われる。自分の手許に遺《のこ》された敦道の詠歌のすべてを含む全編で一四七首の和歌を日記に収め、最愛の人との記念碑としたものと考えられている。

この日記の式部は、当時の世評とはうらはらの、恋になやみ、苦しみ、迷い、嘆く、純愛の持ち主、しおらしい女性であるとのことである（『国史大辞典』『平安時代史事典』による。ともに吉田幸一氏執筆）。

その意味では、『和泉式部日記』は日記と呼ばれてはいるものの、自分と敦道を主人公とした物語といった性格を持つもので、厳密な意味での日記とは言えないであろう。『和泉式部物語』という呼び方も、鎌倉時代以来あると聞く。

和泉式部というのは、敦道の死後に道長《みちなが》一女の中宮彰子《しょうし》に仕えた際の女房名で、式部とか江式部とも称された。父は越前守《えちぜんのかみ》大江雅致、母は光孝《こうこう》平氏の越中守平保衡《やすひら》の女。母が冷泉天皇皇后（後に太皇太后）昌子《しょうし》内親王に仕えたこと、父が長保元年（九九九）に太皇太后宮大進《だいじん》、夫の和泉守　橘　道貞《たちばなのみちさだ》が太皇太后宮権大進《ごんのだいじん》を兼ねていたことから、長徳二年《ちょうとく》（九九六）、作者十九歳前後で道貞と結婚し、長徳年中に二人の間に小式部《こしきぶ》が生まれたとされる。

しかし、道貞が和泉守在任中に、作者も任国《にんごく》に下ったが、長保元年十二月の昌子の死去以後は在京し、道貞にも任国で愛人ができたので、道貞邸を出てしまった。そして翌長保四年（一〇〇二）ごろから為尊親王との間に恋愛関係が生じたとされるが、為尊との関係が世間に広

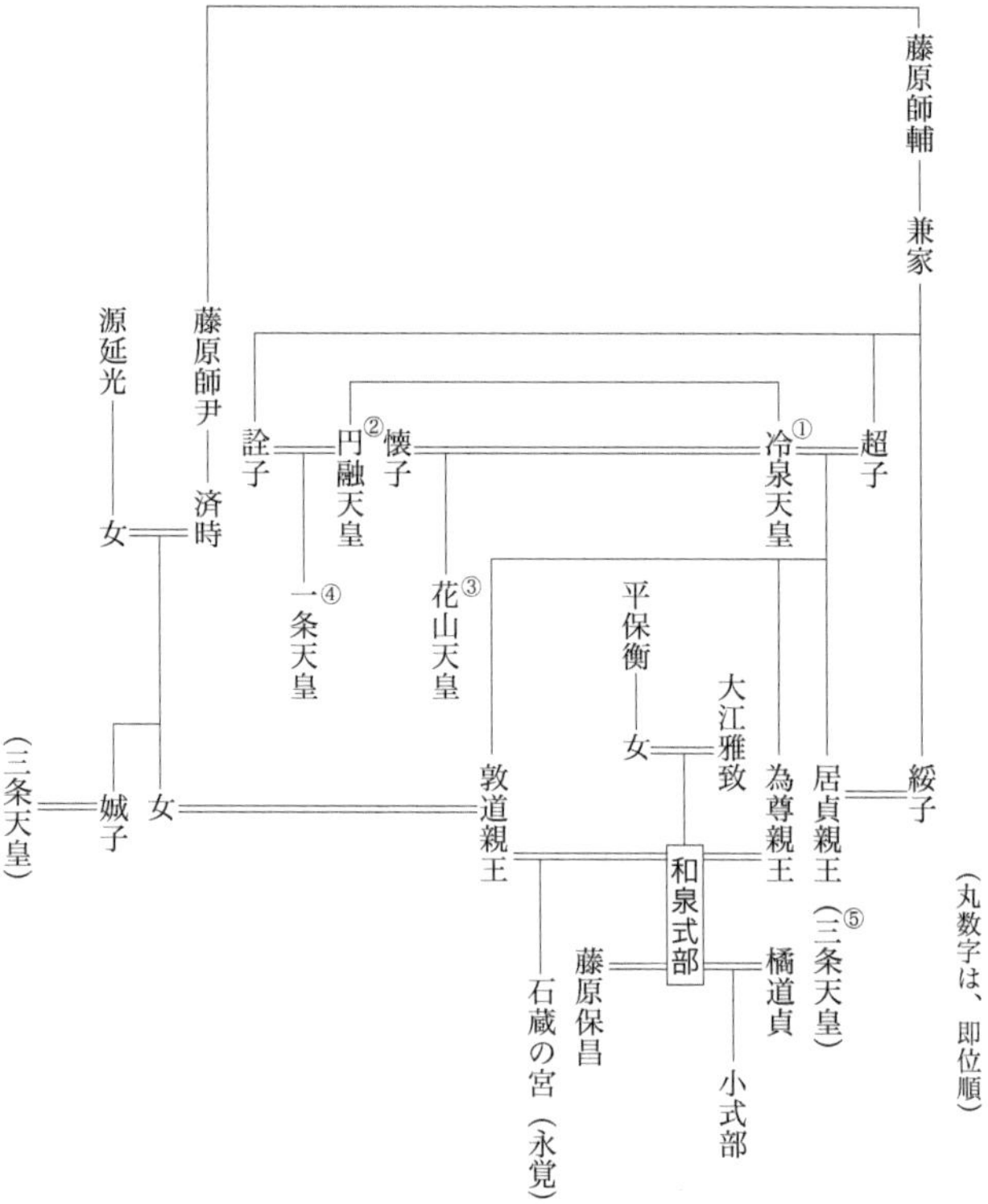
藤原師輔
兼家
藤原師尹
済時
源延光
女
娍子
（三条天皇）
詮子
円融天皇②
懐子
冷泉天皇①
超子
一条天皇④
花山天皇③
平保衡
女
大江雅致
敦道親王
為尊親王
居貞親王
（三条天皇）⑤
綏子
和泉式部
藤原保昌
橘道貞
小式部
石蔵の宮（永覚）
（丸数字は、即位順）

まって道貞との結婚生活が終わったという説もある。

彰子に出仕した後、道長の家司《けいし》である藤原保昌《やすまさ》と再婚した。万寿《まんじゅ》二年（一〇二五）に小式部に先立たれた。保昌も長元《ちょうげん》九年（一〇三六）に摂津守《せっつのかみ》として在任中、七十九歳で没した。作者の晩年の消息は不明である。後世には作者に関する説話や伝説が数多く生まれ、全国各地に石塔や歌塚が遺っている（『国史大辞典』『平安時代史事典』による。ともに吉田幸一氏執筆）。

それでは、いくつかの記事を見ていくことにしよう。本文および段分けは、室町時代末期に書写された三条西実隆《さんじょうにしさねたか》筆と伝えられる宮内庁書陵部《くないちょうしょりょうぶ》蔵（三条西家《さんじょうにしけ》旧蔵本）を底本とする新編日本古典文学全集によるものとする。なお、『和泉式部日記』は単純な計測だが、全文で二万一五八一字である。

年次	西暦	天皇	年齢	主な出来事
天元元	九七八	円融	一	誕生か
正暦三	九九二	一条	一五	太皇太后昌子内親王に出仕
長徳二	九九六		一九	橘道貞と結婚
三	九九七		二〇	小式部を出産
長保三	一〇〇一		二四	為尊親王（二十五歳）と交際
四	一〇〇二		二五	為尊親王、薨去
五	一〇〇三		二六	日記始まる／敦道親王（二十三歳）と交際

寛弘元	一〇〇四		二七	敦道親王北方、宮を退去／日記終わる
二	一〇〇五		二八	敦道親王の子永覚を出産
四	一〇〇七		三〇	敦道親王、薨去
六	一〇〇九		三二	中宮彰子に出仕
七	一〇一〇		三三	藤原保昌（五十三歳）と結婚
寛仁二	一〇一八	後一条	四一	小式部、藤原教通の子静円を出産
万寿二	一〇二五		四八	小式部、藤原公成の子頼忍を出産し、死去
長元九	一〇三六	後朱雀	五九	藤原保昌、卒去
				和泉式部、この年以降の消息不明

二　宮との契り――恋心と自省

かくて、しばしばのたまはする、御返りもときどき聞こえさす。つれづれもすこしなぐさむ心地して過ぐす。

また、御文《ふみ》あり。ことばなどすこしこまやかにて、

「語らはば　なぐさむことも　ありやせむ　言ふかひなくは　思はざらなむ

あはれなる御物語聞こえさせに、暮にはいかが」とのたまはせたれば、

「なぐさむと　聞けば語らま　ほしけれど　身の憂《う》きことぞ　言ふかひもなき

生ひたる蘆《あし》にて、かひなくや」と聞こえつ。

思ひがけぬほどに忍びてとおぼして、昼より御心設《こころまう》けして、日ごろも御文とりつぎて参らする右近《うこん》の尉《じょう》なる人を召して、「忍びてものへ行《ゆ》かむ」とのたまはすれば、さなめりと思ひてさぶらふ。


こうして、宮（敦道親王）からしばしば御書状があり、お返事も時々さしあげる。つれづれのわびしさも少し慰められる気持ちがして過ごしている。

また宮から御書状があった。文章など少し細やかに書いてあり、

「お逢《あ》いして親しくお話しすれば、お心の慰められることもあるでしょう。私を話し相手にもならぬ者だと思わないでください。しみじみとお話を申しあげたいのですが、今日の夕暮れはいかがですか」とおっしゃってきたので、

「心が慰められるとお聞きしますと、親しくお話ししたいのですが、辛い我が身はお話し相手としての甲斐《かい》もありません。

『生ひたる蘆の……』の歌のように、この憂き身は何も口に出して言うことができず泣くばかりですから、甲斐もないでしょう」と申しあげた。

宮は、女の思いもかけないときに忍んで行こうとお思いになって、昼から心づもりをなさり、日ごろから御書状を取り次いで宮にさしあげている右近の尉という人をお召しに

なって、「忍んで行こう」とおっしゃったところ、尉は、あの女の所に行かれるのだなと思って供奉《ぐぶ》した。

敦道親王がはじめて和泉式部の許を訪れて結ばれた場面である。前年六月に死去した為尊親王の喪が明けかけた四月中旬のこととされる。為尊に仕えていた小舎人童《こどねりわらわ》が来て、今は弟の敦道に仕えていると言う。敦道から橘の花を持って行けと言われたと取り出すと、和泉式部は、「昔の人の袖の香ぞする」という古歌を口ずさみ、「薫る香に よそふるよりは ほととぎす 聞かばやおなじ 声やしたると（橘の薫る香に亡き兄宮様をかこつけたりなさるくらいなら、あなたのお声をじかにお聞きしたいものです。兄宮様とそっくりなお声かどうかと）」という思わせぶりな歌を送るのであった。

もともと和泉式部は、敦道はたいへん上品で親しみにくいらしいと思っていたが、敦道の誘いにすぐに乗ってしまったことになる。その後も文（と歌）のやりとりが続いた後、今夜、訪れたいという文（と歌）が届けられた。そして敦道が訪れ、あれこれやりとりがあった後、「やをらすべり入りたまひぬ（そっと女の御簾《みす》の中にすべりこまれた）」ということになったのである。

勝手にしろという感じで、当時の読者はこういう話に心がときめいたのだろうかと、朴念仁の私などは疑問に思ってしまうが、それはさておき、よく言われているように女性の家の女房の手引きがない点、和泉式部が二人だけに焦点を当てたくて省略したのであろうか。

また、最初に小舎人童に会ったのが「四月十余日」とあった後は、まったく日付が書かれていない。二人の逢瀬《おうせ》が何日のことなのか、この「日記」を読む限りではわからないのである。この点からも、『和泉式部日記』を日記と呼ぶことの妥当性の可否が知られよう。

一三　八月、石山詣で——よみがえる愛

かかるほどに八月にもなりぬれば、つれづれもなぐさめむとて、石山《いしやま》に詣《まう》でて七日ばかりもあらむとて、詣でぬ。宮、久しうもなりぬるかなとおぼして、御文《ふみ》つかはすに、童《わらは》、「一日《ひとひ》まかりてさぶらひしかば、石山になむこのごろおはしますなる」と申さすれば、「さは、今日《けふ》は暮れぬ、つとめてまかれ」とて御文書かせたまひて、賜はせて、石山に行《ゆ》きたれば、仏の御《お》前《まへ》にはあらで、ふるさとのみ恋しくて、かかる歩《あり》きも引きかへたる身の有様と思ふに、いともの悲しうて、まめやかに仏を念じたてまつるほどに、高欄《かうらん》の下《しも》の方《かた》に人のけはひすれば、あやしくて見下ろしたれば、この童なり。

あはれに思ひがけぬところに来たれば、「なにぞ」と問はすれば、御文さし出《い》でたるも、

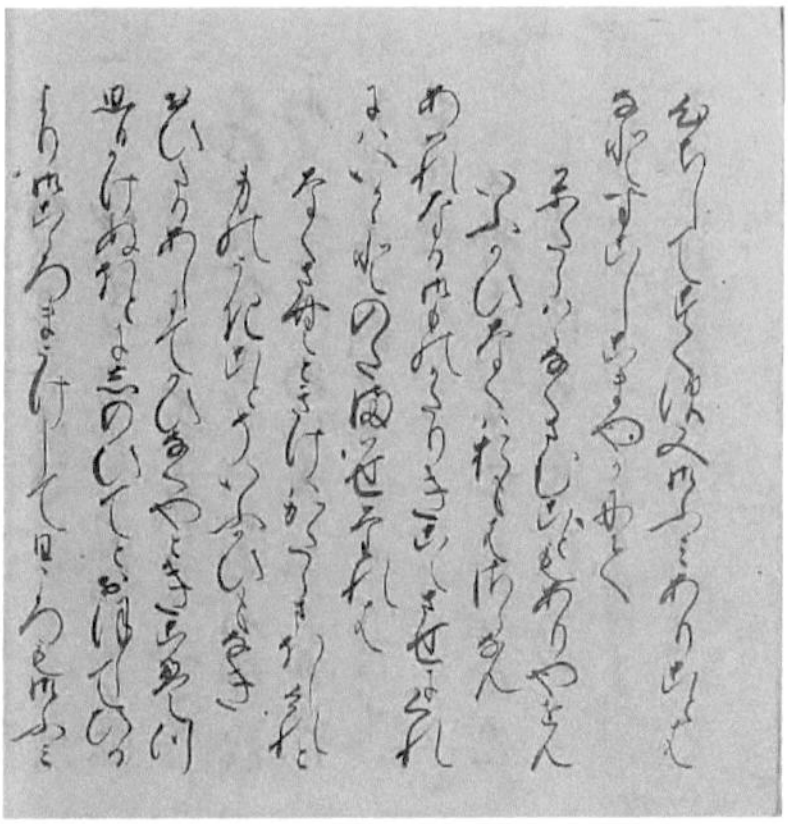
『和泉式部日記』(宮内庁書陵部蔵三条西家旧蔵本)

つねよりもふと引き開《あ》けて見れば、「いと心深《こころふか》う入りたまひにけるをなむ、などかくなむとものたまはせざりけむ。ほだしまでこそおぼさざらめ、おくらかしたまふ、心憂《こころう》く」とて、

「関越えて 今日ぞ問ふとや 人は知る 思ひたえせぬ 心づかひを

いつか出でさせたまふ」とあり。

こうしているうちに八月にもなったので、女はつれづれを慰めようと思って、石山寺《いしやまでら》に詣でて七日ほど籠もっていようと、参詣した。宮は、「無沙汰が長くなってしまったな」とお思いになって、女に御書状を遣わされようとすると、小舎人童が、「この間、私があの方の所に伺いましたところ、石山寺に近ごろはいらっしゃるということです」と申しあげさせたので、「では、今日は日も暮れた、明日の早朝に行け」とおっしゃって、御書状をお書きになり、童に賜わって、童が石山寺に行ってみると、女は仏の御前にはいなかったけれど、「都だけが恋しくて、こういう参籠をしても、変わってしまった我が身の有様よ」と思うと、たいそうもの悲しく、真面目に仏を祈り申しあげていたときに、高欄の下の方に人の気配がするので、変に思って見下ろしてみると、この童であった。

うれしくも思いがけないところに来たので、「どうしたの」と尋ねさせると、宮の御書状をさし出したのを、いつもよりも急いで引き開けてみると、「たいそう深いご信心でお籠もりになられたのに、どうして『こういう事情で』とおっしゃってくださらなかったのでしょう。私のことを、仏道の妨げとまでは思われないでしょうが、後に残して行かれた

のが辛いのです」と書いてあって、

「逢坂関《おうさか》を越えて今日お便りをするとは、あなたはお思いになっていましたか。途絶えることのない私の思いやりを。

寺をいつ出られるのですか」と書いてある。

敦道と結ばれた後も、その気持ちを信じかねる作者は、物詣に出かけたり、敦道に冷淡な態度を取ったりした。五月になると敦道の訪れも絶えることがあり、作者の物思いは増した。多情な女であるとの噂（それはそのとおりなのだが）も厭《いと》わしく、厭世《えんせい》の気持ちに傾いていく（と本人は記している。本当かどうかは不明）。

敦道が作者の許を訪れた際、門を開けてもらえなかったことについて、敦道は作者に他の男が訪れていると疑う。自分のことは棚に上げて、敦道は作者の多情を疑い続けるのであった。月夜に作者と同車して閑所を訪れた敦道であったが、相変わらず作者への疑惑は消えなかった。敦道の誤解を知って嘆く作者であったが、八月、敦道の訪れがない徒然《つれづれ》を慰めに、石山寺に参籠する。当時、女性も含め、清水寺《きよみずでら》・石山寺・長谷寺《はせでら》に参籠して観音の夢告を受けることは、一般的なことであった（倉本一宏『平安貴族の夢分析』）。

作者が石山寺に籠もっていると知った敦道は、小舎人童を遣わし、いつ寺を出るのかと聞いてきた。作者はこれが嬉《うれ》しくて、歌の贈答が始まる。そして愛がよみがえるのであった。

考えてみれば、敦道には嫡妻《ちゃくさい》（藤原済時の二女）の他にもかつて妻（藤原道隆《みちたか》の三女）がいた

石山寺本堂

のであり、妾《しょう》ですらない和泉式部の許を訪れるのは、なかなか大変なのであった。ほとんどの平安貴族が同居する嫡妻しか配偶者を持たなかった事情も、このあたりにあるのだが、そんな事情が女性の方に通用するはずはない。お互いに大変だったんだなあと同情を禁じ得ない。

それはさておき、この「日記」のなかで、作者が敦道の行動や心情まで記しているのは、この作品を「日記」と呼ぶことをますますためらわせるものである。

二八　十二月十八日――宮邸入り

……十二月十八日、月いとよきほどなるに、おはしましたり。

例の、「いざたまへ」とのたまはすれば、今宵《こよひ》ばかりにこそあれと思ひてひとり乗れば、「人ゐておはせ。さりぬべくは心のどかに聞こえむ」とのたまへば、「例はかくものたまはぬものを、もしやがてとおぼすにや」と思ひて、人ひとりゐて行《ゆ》く。

例の所にはあらで、忍びて人などもゐよとせられたり。さればよと思ひて、「なにかはわざとだちても参らまし。いつ参りしぞとなかなか人も思へかし」など思ひて、明けぬれば、くしの筥《はこ》など取りにやる。

……十二月十八日、月がたいそう美しいころであったが、宮は女の家にいらっしゃった。いつものように、「さあ、いらっしゃい」とおっしゃるので、女は「今夜だけの外出なのだ」と思って、一人だけで車に乗ると、宮が、「誰か侍女を連れていらっしゃい。そうであるなら、ゆっくりとお話をしましょう」とおっしゃるので、女は「いつもはこのようなこともおっしゃらないのに、もしかしたらこのまま宮のお邸《やしき》に住まわせようとお思いなのか」と思って、侍女を一人連れて行った。

いつもの所ではなくて、ひそかに侍女なども置いて住むようにと室礼《しつらい》がしてあった。「そうだったのだ」と思って、「どうして仰々しくお邸入りすることがあろうか。『いつの間に参ったのか』と、かえって人も思ってくれた方がいい」などと思って、夜が明けたので、櫛の箱などを家に取りにやった。

その後、愛の深まった二人であるが、何と敦道は作者を自邸に引き取ることを提案してきた。

これも日付が付いていないので、いつごろのことかはわからない。

相変わらず宮邸に入るかどうかでぐずぐずとやりとりがあり（当時の読者はこういったやりとりも喜んだのであろうか）、作者と別の男をめぐる噂が登場したり、敦道が出家《しゅつけ》をほのめかしたりするが、結局、十二月十八日に敦道が迎えに来て、作者は宮邸に入ることとなった。

それも作者は今夜だけの外出と思っていたら、侍女も連れてくるように言われ、住めるようにしつらえてある部屋に入ることになった。敦道は、「すぐにあの北の対屋《たいのや》に移し申しあげましょう」などと言い、作者の気を引いた。

「北の方」という言葉があるように（妻が三位以上だと「北政所《きたのまんどころ》」となる）、北対《きたのたい》に居住することとは、嫡妻の地位を得ることになる。これはすでに嫡妻がいる敦道としては、いくら何でもリップサービスが過ぎよう。

この後、「北の方」はこれを恨み、翌寛弘元年（一〇〇四）正月に宮邸を退去することになる。これは嫡妻の愛情問題といったものが理由なのではなく（それもあるだろうが）、嫡妻の地位を脅かされるという理由、それにもましてれっきとした公卿《くぎよう》の女として、学者の女ごときに地位を奪われそうだというプライドの問題だったのであろう。

ここで『和泉式部日記』は終わるが、三年後の寛弘四年に敦道は死去し、作者は寛弘七年（一〇一〇）に藤原保昌と結婚する。

以上、『和泉式部日記』を眺めてきたが、これを厳密な意味で「日記」と呼べないことは、もはや明らかであろう。私も久々に読み返してみたが、やはり自分を主人公とした私小説に近いような作品であるという感が強い。

3 『枕草子』と清少納言

清少納言《せいしょうなごん》が記した随筆である『枕草子《まくらのそうし》』には、いわゆる「日記的章段《しょうだん》」と称される段がある。これらは、個々に日付は付されてはいないものの、その日に起こった出来事を、それほど創作を交えずに記録したものであり、『和泉式部日記《いずみしきぶにっき》』や『更級日記《さらしなにっき》』などよりは、はるかに日記的であると言える。また、記載された内容や登場人物の官位によって、日付（というより期間）がかなりの部分、推定できる段が多い。

清少納言は天武《てんむ》天皇第三皇子（出生順では第七皇子）の舎人《とねり》親王（母は天智《てんじ》天皇皇女の新田部《にいたべ》皇女）の子孫を称する清原《きよはら》氏の出身。曾祖《そうそ》父《ふ》の深養父《ふかやぶ》は古今集《こきんしゅう》時代の有力歌人、父の元輔《もとすけ》は『後撰和歌集《ごせんわかしゅう》』の撰者の一人で、梨壺《なしつぼ》の五人と称されるなど、和歌の名門の家に生まれた。清少納言自身はそれをずいぶんとプレッシャーに感じていたようである。

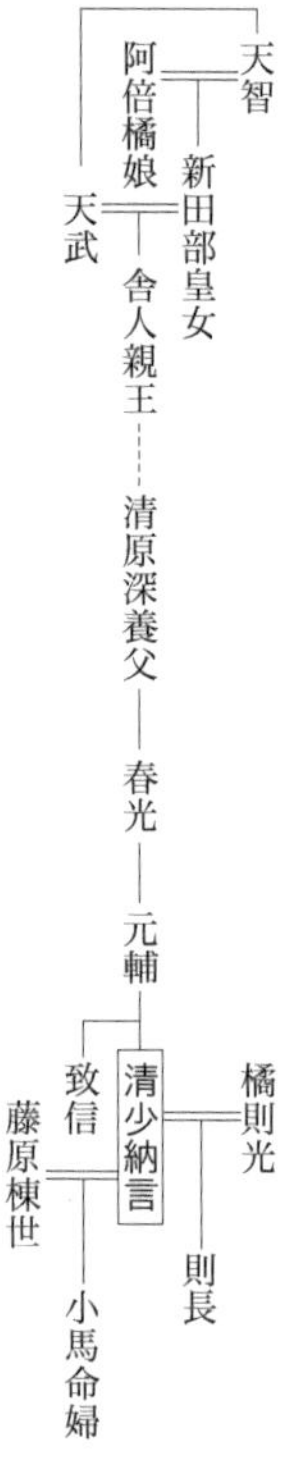

天元《てんげん》末年（九八一ごろ）に橘《たちばなののりみつ》　則光と結婚したが、後に離別して（後に藤原棟世《むねよ》と再婚して小《こ》馬命婦《まのみようぶ》を産んでいる）、正暦《しようりやく》四年（九九三）ごろに中宮定子《ていし》の許《もと》に女房《にようぼう》として出仕し、「清少納言」と称された。当時は定子の父である藤原道隆《みちたか》の全盛期で、定子サロンは多くの公卿《くぎよう》や殿上《てんじよう》人《びと》が出入りする華やかな雰囲気に包まれた。「戯《ざれ》」と「才《ざえ》」（漢籍《かんせき》の素養）を併せ持った道隆や定子の下、清少納言もその才能と教養を開花させた。

しかし、長徳《ちようとく》元年（九九五）に道隆が死去して、政権の座は道隆同母弟の道兼《みちかね》、ついで道長《みちなが》に移った。翌長徳二年（九九六）には道隆嫡男の伊周《これちか》とその同母弟の隆家《たかいえ》が失脚し、一家は一気に不遇の時代を迎えた。定子も長保《ちようほう》元年（九九九）に一条《いちじよう》天皇第一皇子の敦康《あつやす》親王を産むものの、翌長保二年（一〇〇〇）に死去してしまう。こうして一家は没落し、彼らは後世、「中《なかの》関白家《かんぱくけ》」と呼ばれることになる（倉本一宏『藤原伊周・隆家』）。

清少納言は定子が遺《のこ》した脩子《しゆうし》内親王に仕えたものと思われるが、その後の動静は判明せず、後世、さまざまな没落説話が作られた。兄弟の致信《むねのぶ》が寛仁《かんにん》元年（一〇一七）に「殺人の上手」源頼親《よりちか》によって殺害された（『御堂関白記《みどうかんぱくき》』）とき、清少納言も同宿していたという説話もある（倉本一宏『古事談』）。

清少納言はすでに定子在世中から『枕草子』の草稿を書き始めていたことが、跋文《ばつぶん》の記述の中に見える。成立は長保三年（前年の十二月に定子が死去）ごろと考えられている。『枕草子』が寛弘《かんこう》三、四年（一〇〇六、一〇〇七）ごろに宮廷に流布し始めたであろうという考えがあるが、そうすると、公卿たちや一条自身にとって、「夜も昼も」公卿や殿上人の「訪れの絶える時」がなく、参内《さんだい》の途中、「特別のことがなく急ぐことのない方は、必ずこちらの職（職御曹司《しきのみぞうし》）に参上なさる」と言われた（『枕草子』第七四段「職の御曹司におはしますころ、木立などの」）定子サロンへの追憶が高まっていた可能性も、十分に考えられよう。

逆に言えば、清少納言が『枕草子』を執筆して宮廷社会に広めた理由も、かつて定子サロンで女房たちと交歓していた、そして現在は道長の配下で立派に出世している行成《ゆきなり》や斉信《ただのぶ》などをはじめとする公卿たちに対して、定子やとりわけ皇嗣候補者としての敦康親王の存在意義を再確認させるためと考えることもできよう（倉本一宏『一条天皇』）。

『枕草子』は全体で三百余の長短さまざまな章段からなる。その章段を分類すると、「山は」「川は」など「……は」形式、「すさまじきもの」「うつくしきもの」など、「……もの」形式の類聚《るいじゆう》章段、定子の動静を中心とする日記的章段、感想文的な性格の随想章段の三種となる。これらのうち、随想章段が作者の感性がもっとも鮮明にうかがえる章段であり、『枕草子』の高い文学的評価も主としてこれらの章段に基づくとされる（『国史大辞典』による。石田穣二氏執筆）。

『枕草子』は作者の命名ではなく、古くは『清少納言記《せいしようなごんき》』などと称されていたのも、これが宮廷の女房日記の一種であることを示している。ただ、日次《ひなみ》形式ではなく自由日記という形式をとっている。日記的章段は、多く後宮《こうきゆう》における正暦四年から長保二年に至る作者の実体験の記述である。全文章約三〇〇段のうち日記的章段は七〇段ばかりであるという（『平安時代史事典』による。岸上慎二氏執筆）。

それでは、いくつかの記事を見ていくことにしよう。本文および段分けは、室町時代末期に書写された三巻本《さんかんぼん》系統第一類本の陽明文庫《ようめいぶんこ》蔵本を底本とする新編日本古典文学全集によるものとする。なお、『枕草子』は単純な計測だが、全文で一三万四八六二字である。

年次	西暦	天皇	年齢	主な出来事
康保三	九六六	村上	一	誕生か
天元四	九八一	円融	一六	橘則光と結婚
五	九八二		一七	則長を出産
寛和二	九八六	一条	二一	小白河の法華八講を聴聞
正暦元	九九〇		二五	藤原道隆摂政／定子入内、中宮となる
四	九九三		二八	中宮定子に出仕／日記的章段始まる
五	九九四		二九	道隆、積善寺供養／藤原伊周、内大臣
長徳元	九九五		三〇	原子、東宮参入／伊周、道隆病間の内覧 道隆、薨去／道長、内覧・右大臣
二	九九六		三一	伊周・隆家、左遷／中宮方と不和、里居
三	九九七		三二	伊周・隆家、赦免され入京
長保元	九九九		三四	彰子入内／定子、敦康親王を出産
二	一〇〇〇		三五	彰子中宮、定子皇后に／定子、崩御 『枕草子』の記述、終わる

				清少納言、この年以降の消息不明
三	一〇〇一		三六	彰子、敦康親王を養育
寛弘五	一〇〇八		四三	彰子、敦成親王を出産
六	一〇〇九		四四	伊周周辺、道長を呪詛／彰子、敦良親王を出産
八	一〇一一		四六	一条天皇譲位／敦成親王、立太子

第三三段「小白川といふ所は」

小白川《こしらかは》といふ所は、小一条大将殿の御家ぞかし。そこにて上達部《かんだちめ》、結縁《けちえん》の八講《はかう》したまふ。世の中の人、いみじうめでたき事にて、「おそからむ車などは、立つべきやうもなし」と言へば、露とともに起きて、げにぞひまなかりける。

……

まだ講師《かうじ》ものぼらぬほど、懸盤《かけばん》して、何にかあらむ、物まゐるなるべし、義懐《よしちか》の中納言の御さま常よりもまさりておはするぞ限りなきや。色合ひのはなばなと、いみじうにほひあざやかなるに、いづれともなきなかの帷子《かたびら》を、これはまことにすべてただ直衣《なほし》一つを着たるやうにて、常に車どもの方《かた》を見おこせつつ、物など言ひかけたまふ。をかしと見ぬ人はなかりけむ。

……

さてその二十日あまりに、中納言、法師《ほふし》になりたまひにしこそあはれなりしか。桜などの散りぬるも、なほ世の常なりや。「おくを待つ間の」とだに言ふべくもあらぬ御ありさまにこそ見えたまひしか。

……

小白川という所は、小一条の大将殿（藤原済時《なりとき》）のお邸《やしき》である。そこで上達部が、結縁の法華八講《ほっけはっこう》をなさった。世の中の人は、たいへん素晴らしいこととして、「遅く来るような車は、立てる方策もない」と言うので、露が置くころに起きて行ってみると、本当に隙間がなかったのだった。

……

まだ講師も高座に上らないうちに、懸盤を出して、何であろうか、物をさしあげるのであろう、（藤原）義懐の中納言のご様子が、いつもよりも勝っておられるのは、この上もないものだ。皆は色合いが華やかで、たいへん色艶が美しく鮮やかなので、どれがどうと優劣つけがたい中での帷子を、この中納言は、まことにただ直衣だけを着ているようなお姿で、絶えず女車どもの方を見やりながら、何かを言いかけておられる。そのご様子を面白いと見ない人はいなかった。

……

さてその月の二十日過ぎに、中納言が法師になられてしまったのは、しみじみと悲しいことだった。桜などが散ってしまうのも、やはり世の常のことなのだ。「置くを待つ間の」

とさえ言うこともできないようなはかない中納言の御有り様に見え申したことだ。

第三三段には、寛和《かんな》二年（九八六）六月十八日に藤原済時の白河第《しらかわてい》において修された法華八講（『日本紀略《にほんきりやく》』『本朝世紀《ほんちょうせいき》』）の様子が描かれている。そこでは、ひときわ華麗な姿の、今をときめく花山《かざん》天皇側近で三十歳の藤原義懐と清少納言のやりとりが記されている。ここでは省略したが、義懐が法華経《ほけきょう》の方便品《ほうべんぼん》を引いて、「やあ、『退くもまたよし』さ」と言ったのに対し、清少納言が、「あなた様も五千人の増上慢《ぞうじょうまん》（悟りを得たと思って高ぶった人）の中にはお入りにならないこともないでしょう」と返したのである。この年、清少納言はまだ推定二十一歳。その学識や物怖じしない性格も並大抵のものではない。

しかし、清少納言のみならず、その法会に参会していた人々にも、わずか五日後の花山の退位やその翌日の義懐の出家《しゅつけ》は、夢にも予想できなかったであろう。

六月二十三日の丑《うし》刻（午前一時から三時）のこと、花山が秘《ひそ》かに内裏清涼殿《せいりょうでん》を出て、元慶寺《がんぎょうじ》（花山寺《かざんじ》）に着くと、出家入道してしまったのである（『日本紀略』『本朝世紀』）。それに先立ち、藤原兼家《かねいえ》二男の藤原道綱《みちつな》は神璽《しんじ》宝剣《ほうけん》を東宮懐仁《とうぐうやすひと》親王の御在所である凝華舎《ぎょうかしゃ》に持ち到り、これを献じていた（『日本紀略』）。兼家は内裏に参入して諸門を固め、譲国儀《じょうこくのぎ》を行なった。こうして七歳の懐仁は突然に「践祚《せんそ》」（天皇位を受け継ぐこと）し、一条天皇となったのである（倉本一宏『一条天皇』）。

ここで清少納言と当意即妙のやりとりをし、その容姿を絶賛された義懐は、摂政太政大臣藤原伊尹《これまさ》の五男で、冷泉《れいぜい》天皇女御《にょうご》として花山天皇を産んだ藤原懐子《かいし》の同母弟。つまり花山の外舅《がいきゅう》ということになる。関白藤原頼忠《よりただ》は政務に携わることができず(『公卿補任《くぎょうぶにん》』『大鏡裏書《おおかがみうらがき》』『小右記《しょうゆうき》』)、義懐主導の新政が実現していた。このような状況を快く思っていなかった懐仁の外祖父《がいそふ》である兼家らの陰謀によって、花山は天皇位を降ろされたのである。権力基盤を一夜に失った義懐も、翌日に出家している(『日本紀略』『扶桑略《ふそうりゃっ》記《き》』『公卿補任』)。

まことに権力のはかなさを象徴した出来事であった。清少納言が直接見聞した出来事としては、これが『枕草子』でもっとも年紀の古い段となる。いまだ中宮定子の後宮に出仕する七年も前の話であるが、これを体感した清少納言としても、どうしても記録しておきたかったのであろう。

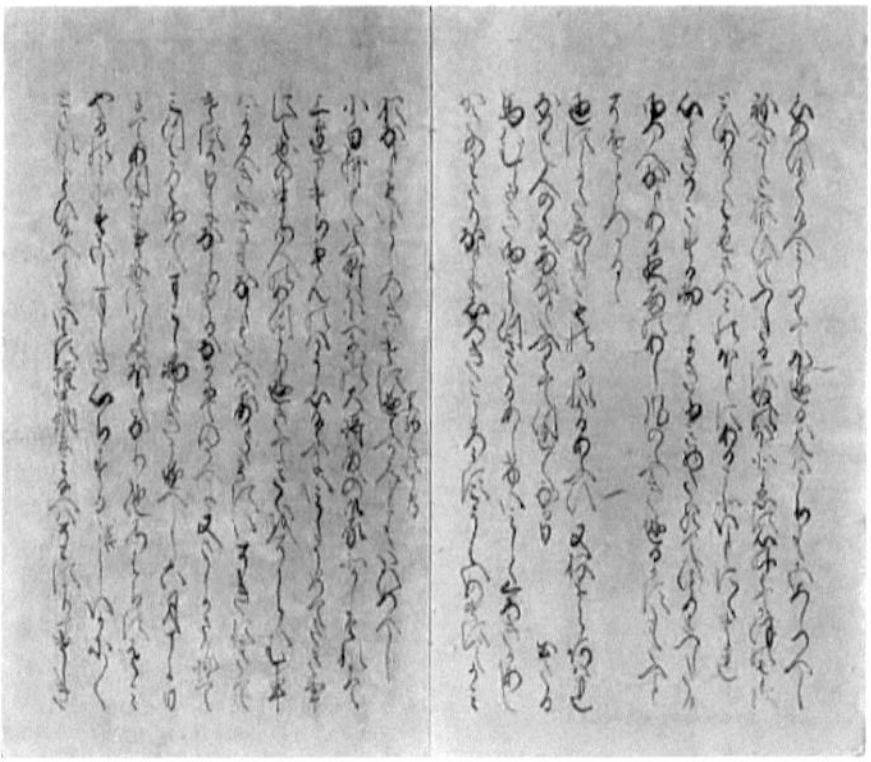
『枕草子』(宮内庁書陵部蔵御所本)

この義懐の盛時と出家は、「しみじみと悲しいことだった。桜などが散ってしまうのも、やはり世の常のことなのだ」と述懐している。清少納言が『枕草子』を書き始めたのは、ずいぶん後のことであるが、どれだけ年月を経ても、忘れられない出来事だったのであろう。義懐とのやりとりも、自慢の種だったことであろうが。

第一三七段「殿などのおはしまさで後、世の中に事出で来」

殿《との》などのおはしまさで後《のち》、世の中に事出《い》で来《き》、さわがしうなりて、宮もまゐらせたまはず、小二条殿《こにでうどの》といふ所におはしますに、何《なに》ともなくうたてありしかば、久しう里にゐたり。御前《おまへ》わたりのおぼつかなきにこそ、なほえ絶えてあるまじかりける。

……

げにいかならむと思ひまゐらする御けしきにはあらで、候ふ人たちなどの、「左の大殿《おほとの》（道長）方《がた》の人知る筋《すぢ》にてあり」とて、さしつどひ物など言ふも、下《しも》よりまゐる見ては、ふと言ひやみ、はなち出《い》でたるけしきなるが、見ならはずにくければ、「まゐれ」など度々《たびたび》ある仰《おほ》せ言《ごと》をも過ぐして、げに久しくなりにけるを、また宮のへんには、ただあなたがたに言ひなして、そら言《ごと》なども出《い》で来《く》べし。

関白殿（道隆）などがお亡くなりになってから、世の中に事変が起こり、騒がしくなって、中宮様（定子）も宮中にお参りになられず、小二条殿という所にいらっしゃるのだが、何ということもなくますますひどくなったので、私は長い間、実家に籠もっていた。中宮様の御前のあたりが気がかりだったので、やはり里居《さとい》を続けているわけにはいきそうにもなかったのだった。

……

「実に中宮様は私をどうお思いだろうか」と思い申しあげるような御様子ではなくて、伺《し》候《こう》する女房たちなどが、「あの人（清少納言）は左大臣方の人と知り合いの者だ」と言って、皆で集って話などしている時にも、私が下局《しもつぼね》から御前に参るのを見ては、急に話をやめて、わたしをのけ者にしているような様子であるのが、そんな目に遭ったこともなくにくらしいので、「参れ」などとたびたびある仰せ言をもやり過ごして、本当に長い間たってしまったのを、それをまた中宮様のお側あたりでは、ただもう左大臣方の者と言いふらして、虚言なども出てきそうである。

第一三七段は、長徳元年に関白道隆が死去してから、翌長徳二年の「長徳の変」、さらには清少納言の里居、そして清少納言が道長方の者であるとの風評について述べている。

道隆は二月五日以来、関白辞職の上表《じょうひょう》を行なう一方で、嫡男で内大臣の伊周を後継者とするよう、一条に求めていた。三月に入り、道隆は一条との間で、自分が病を患《わずら》っている間、伊周に文書の内覧《ないらん》を命じるということで合意に達した。その後、さまざまなやりとりや策謀があった後、伊周に「関白病の間」という条件で内覧宣旨《せんじ》が下った。そして四月十日、道隆は入滅《にゅうめつ》した。時に四十三歳。兼家から譲られてから、わずか五年間の政権であった。当然、伊周の内覧も止められた。

四月二十七日、右大臣道兼が関白に補されたが、道兼も五月八日に死去した。そして五月十

二条北宮故地

一日、権大納言に過ぎない三十歳の道長に内覧宣旨が下った。六月十九日に道長は右大臣に任じられている（長徳二年〈九九六〉に左大臣に任じられた）。

道長と反目を強めた伊周と隆家であったが、翌長徳二年正月十六日に花山院の従者と隆家の従者が闘乱を行なうという事件を起こした（『小右記』）。これが『枕草子』に「世の中に事変が起こり」とある「長徳の変」の発端である。

伊周と隆家は、それぞれ大宰権帥《だざいのごんのそち》と出雲権守《いずものごんのかみ》に左降され、定子は出家した。中関白家の邸第《ていだい》であった二条第も焼亡し、定子は「小二条殿という所」に逼塞《ひっそく》した。清少納言も「何ということもなくますますひどくなったので」里居を続けていた。

再出仕を促す使者も訪れたが、定子の意向はともかく、定子に伺候する朋輩《ほうばい》の女房たちが、「あの人は左大臣様方の人と知り合いの者だ」と言って、皆でのけ者にしていると（勝手に）思い込み、出仕をためらうのであった。次の『紫式部日記《むらさきしきぶにつき》』における紫式部もそうであるが、朋輩から悪く思われているという自意識は、文学を書く女房に共通する性格なのであろうか、それとも後宮というものの持つ必然の雰囲気なのであろうか。

その後、定子からの「言はで思ふぞ」という『古今和歌六帖《こきんわかろくじよう》』の和歌の一節を書いた書状が届き、清少納言はふたたび出仕することとなる。

この段は、中関白家を襲った不幸な状況を、具体的な出来事の数々を記すことなく、見事に描写したものと言えよう。ただ、それは文学としての話であって、日付を伴わず、目にした出来事を記録したわけではない記述は、「日記的」ではあっても、「日記」とはジャンルを異にするものであろう。

第七段「上に候ふ御猫は」

上《うへ》に候《さぶら》ふ御猫《ねこ》は、かうぶりにて、命婦《みやうぶ》のおとどとて、いみじうをかしければ、かしづかせたまふが、端《はし》に出でて臥《ふ》したるに、乳母《めのと》の馬命婦《むまのみやうぶ》、「あな正無《まさな》や。入りたまへ」と呼ぶに、日のさし入りたるに、ねぶりてゐたるを、おどすとて、「翁《おきな》まろ、いづら。命婦のおとど食《く》へ」と言ふに、まことかとて、痴《し》れ者《もの》は走りかかりたれば、おびえまどひて、御簾《みす》の内《うち》に入りぬ。朝餉《あさがれひ》の御前《おまへ》に、上おはしますに、御覧じて、いみじうおどろかせたまふ。猫を御懐《ふところ》に入れさせたまひて、をのこども召せば、蔵人忠隆《くらうどただたか》、なりなかまゐりたれば、「この翁まろ打ちてうじて、犬島《いぬじま》へつかはせ、ただいま」と仰せらるれば、あつまり狩《か》りさわぐ。馬命婦をもさいなみて、「乳母かへてむ。いとうしろめたし」と仰せらるれば、御前にも出《い》でず。犬は狩り出でて、滝口《たきぐち》などして、追ひつかはしつ。

主上《しゅじょう》（一条天皇）のお側に伺候している御猫は、五位に叙爵《じょしゃく》されて、命婦のおとどと呼ばれて、たいへんかわいいので、大切に世話をしておられたが、その猫が縁の端に出て寝ていたところ、乳母の馬命婦が、「まあよくないこと。お入りなさい」と呼んだけれど、日がさしこんでいて、眠っていたので、おどかそうとして、「翁まろ、ほら。命婦のおとどを嚙《か》め」と言うと、本当かと思って、馬鹿者の翁まろは走りかかったので、命婦のおとどはおびえうろたえて、御簾の中に入った。朝餉の御前に、主上がいらっしゃったので、御覧になって、たいへん驚かれた。猫を御懐にお入れになって、殿上《てんじょう》の男たちをお召しになると、蔵人の（源）忠隆と（姓不明）成仲《なりなか》が参上したので、「この翁まろを打ちすえて、犬島に追い遣わせ、今すぐ」とお命じになったので、集まって狩り立てた。主上は馬命婦をもお責めになって、「乳母を替えてしまおう。ひどく心もとない」とお命じになったので、馬命婦は御前にも出ない。犬は狩り立てて、滝口の武士などに命じて、追いやってしまった。

長保元年（九九九）九月十九日、一条は内裏清涼殿で飼っていた猫が産んだ子猫（命婦のおとど）の「産養《うぶやしない》」（子供の将来の多幸と産婦の無病息災を祈る祝宴）を、詮子《せんし》と道長の臨席のもとで挙行した。子猫に乳母を賜い、殿上に昇殿《しょうでん》させるために五位に叙爵するなど、実資《さねすけ》が「『時の人はこれを笑った』と云うことだ。奇《き》怪《かい》の事に天下は目くばせした。もしかしたらこれは咎《きゅう》徴《ちょう》が有るであろうか。未《いま》だ禽獣《きんじゅう》に人の礼を用いるのは聞いたことがない。ああ」と慨嘆したように（『小右記』）、一見すると常軌を逸した行為と見られがちである。しかし、詮子が絡んでいるとなると、それは定子からの皇子の誕生を祈念した儀式の意味もあったかとも思われる（倉本一宏『一条天皇』）。実際、定子はこの年の十一月七日に一条の第一皇子敦康を出産する。

そして長保二年三月のこと、この猫が翁まろという犬に襲われて一条の許に逃げ込んできた。それを懐に入れた一条が、「この翁まろを打ちすえて、犬島《いぬじま》に追い遣わせ、今すぐ」「乳母を替えてしまおう。ひどく心もとない」と、翁まろの流《る》刑《けい》、乳母の交替を命じる。

その後、翁まろは戻ってきたものの蔵人によって打擲《ちょうちゃく》されるのであるが、これは明らかに伊周のイメージを投影したものであろう。翁まろが戻ってきたのを知って笑う女房の声を聞きつけ、一条は御在所の北対《きたのたい》から定子のいる北二対《きたのにたい》に渡ってきて、「あきれたことに、犬なども、このような心があるものだったのだ」と言って笑い、勅勘《ちょっかん》を解く。

中宮に立后《りっこう》した後も土御《つちみ》門第《かどてい》に里居を続けていた彰子《しょうし》をよそに、これは定子の三度目の懐妊《かいにん》、内裏退出直前の最後の団欒《だんらん》を描いたものである。清少納言がこの段を長々と記すのも、翁まろに擬せられた伊周が、同じように赦《ゆる》されてほしい、あるいは、ほしかったとの思いによるものであろう。そして定子も、この年の十二月十五日に第三子を産んだ後、十六日に死去する。

以上、『枕草子』の「日記的章段」を見てきた。それらは確かに、作者の見聞した事実を基に記されたものだったのであろうが、たとえ年月日を他の史料によって特定できるものであったとしても、『枕草子』内部に年月日が記されていない以上、それを「日記」と称することは難しいであろう。一般的に「随筆」というジャンルでくくられている『枕草子』が、意外に年月日が特定できて、事実を記したものであるということを確認するにとどめておきたい。

4　『紫式部日記』と紫式部

藤原道長《みちなが》の長女の中宮彰子《しょうし》に仕えた紫式部《むらさきしきぶ》（女房《にょうぼう》名は藤式部《とうしきぶ》）が十一世紀初頭に記録した『紫式部日記《むらさきしきぶにっき》』は、寛弘《かんこう》五年（一〇〇八）の敦成《あつひら》親王（後の後一条《ごいちじょう》天皇）誕生の記録（御産記《ごさんき》）を中心として、行事の記録（記録的部分）、書簡体による他者批評（消息文《しょうそくぶん》的部分）と内面告白（随想《ずいそう》的部分）、三つの断簡《だんかん》からなり、特に御産記の部分は、本来の意味での日記と称することができる。

寛弘五年、「御懐妊《かいにん》五箇月」となり、懐妊も公になった彰子は、多くの公卿《くぎょう》を従え、四月十三日に内裏から道長の土御門第《つちみかどてい》に退出した（『御堂関白記《みどうかんぱくき》』『権記《ごんき》』）。二十三日からは安産祈願の法華三十講《ほつけさんじつこう》が始まった。この法華三十講は五月五日に五巻日《ごかんのひ》を迎えたが、もともとの『紫式部日記』はこの五月から始まっていたとする考えもある（今井源衛『紫式部』）。七月二十日には彰子のための修善法会《しゆぜんほうえ》が始まるが、このころから、現存『紫式部日記』が始まる。

ところで、『紫式部日記』は当初から独立した作品として記されたものではない可能性もある。御産記だけは清書して道長に提出されたであろうが、その他は御産記の草稿《そうこう》も含めて紫式部の許《もと》に残され、数々の変遷を経て現在のかたちで伝えられているのかもしれない。

記録的部分はあたかも、男性王朝貴族の日記（古記録《こきろく》）が和風漢文で記録されたものであることに対比されるような、女房の行動範囲に即し、女性ならではの視点によって、しかも仮名で記された記録である。

特に敦成の出産に際しては、『小右記《しょうゆうき》』『権記』『御堂関白記』に加えて、『外記《げき》』（外記《げき》日記《にっき》）や『御産部類記《ごさんぶるいき》』所収の三種の『不知記《ふちき》』（記主《きしゅ》のわからない古記録）など多くの貴族の日記が現在まで残されているように、宮廷を挙げて記録熱が高まっていた。

その際に、女性の手による仮名の日記も必要であるという発想は、きわめて自然に納得できる。男性貴族が日記を記録したとしても、所詮《しょせん》は男性の視点からしか記録できないし、何より男性貴族が立ち入ることのできない場における見聞は記録することができない。

それに対して女性、特に彰子付きの女房だと、出産の現場まで立ち入ることができるし、女性ならではの視点で、しかも仮名によって細かなニュアンスや台詞《せりふ》まで記録することができるのである。

紫式部がその記主として選ばれたのは、それまでの文歴から見て当然であるが、紫式部に料《りょう》紙《し》を与え、記録を命じた主体として道長を想定するのも、これまた自然なことであろう。道長としては、自己の家の盛儀を仮名で詳細に記録させ、これを近い将来の妍子《けんし》や威子《いし》、はては後の世代の摂関家《せっかんけ》后妃《こうひ》にとっての先例として残しておきたかったのであろう。

ちなみに、彰子の御産が近づくにつれて、『御堂関白記』の記事は目立って少なくなってきている。御産の準備に忙しすぎて、日記を記す暇もなかったのであろうか。それは『紫式部日記』が七月から始まっていることと、見事に波長を合わせたかのようである。なお、一条《いちじょう》天皇の土御門第行幸の場面など、『御堂関白記』の記事と『紫式部日記』の記述が似ている箇所があるのは、興味深いところである（倉本一宏『紫式部と藤原道長』）。

紫式部は、父母ともに藤原氏北家《ほっけ》の嫡流となる左大臣冬嗣《ふゆつぐ》の一門である。父方のみ述べると、摂政太政大臣良房《よしふさ》の異母弟であり、正六位上内舎人《うどねり》で早世《そうせい》した良門《よしかど》の子孫で、醍醐《だいご》天皇の生母胤子《いんし》を出した勧修寺《かんじゅじ》流の祖である正三位内大臣高藤《たかふじ》の、そのまた異母弟の従四位上右近衛中将の利基《としもと》から出ている。利基の六男である兼輔《かねすけ》が紫式部の曾祖父にあたるが、この人は「堤中納言《つつみちゅうなごん》」と呼ばれた公卿であった。しかし、兼輔の一男である雅正《まさただ》は、刑部大輔《ぎょうぶのたいふ》が極官《ごっかん》で、他に周防守《すおうのかみ》や豊前守《ぶぜんのかみ》といった受領《ずりょう》を歴任している。

紫式部の父である為時《ためとき》は、雅正の三男。文章生《もんじょうしょう》出身の優秀な学者であったが、長く無官であった。花山《かざん》天皇の即位とともに式部丞六位蔵人《しきぶのじょうろくいのくろうど》に補されたが、花山の退位によってふたたび無官となり、長徳《ちょうとく》二年（九九六）に越前守《えちぜんのかみ》に任じられるまで、また無官の日々を過ごした。越前守の任期が終わると、またまた寛弘六年（一〇〇九）まで無官となった。

紫式部は、長徳四年（九九八）に有能な官人である藤原宣孝《のぶたか》と結婚し（ただし嫡妻《ちゃくさい》ではない）、長保元年《ちょうほう》（九九九）に賢子《けんし》を産んだ。しかし、宣孝は長保三年（一〇〇一）に死去した。

その後の寡婦生活のなかで、道長の援助と要請（あるいは命令）によって、『源氏物語《げんじものがたり》』を書き始めたものと推測される（倉本一宏『紫式部と藤原道長』）。

それでは、『紫式部日記』の記録的部分からいくつかの場面を選んで、考えてみよう。本文および段分けは、江戸初期に書写された宮内庁書陵部《くないちょうしょりょうぶ》蔵黒川《くろかわ》本を底本とする新編日本古典文学

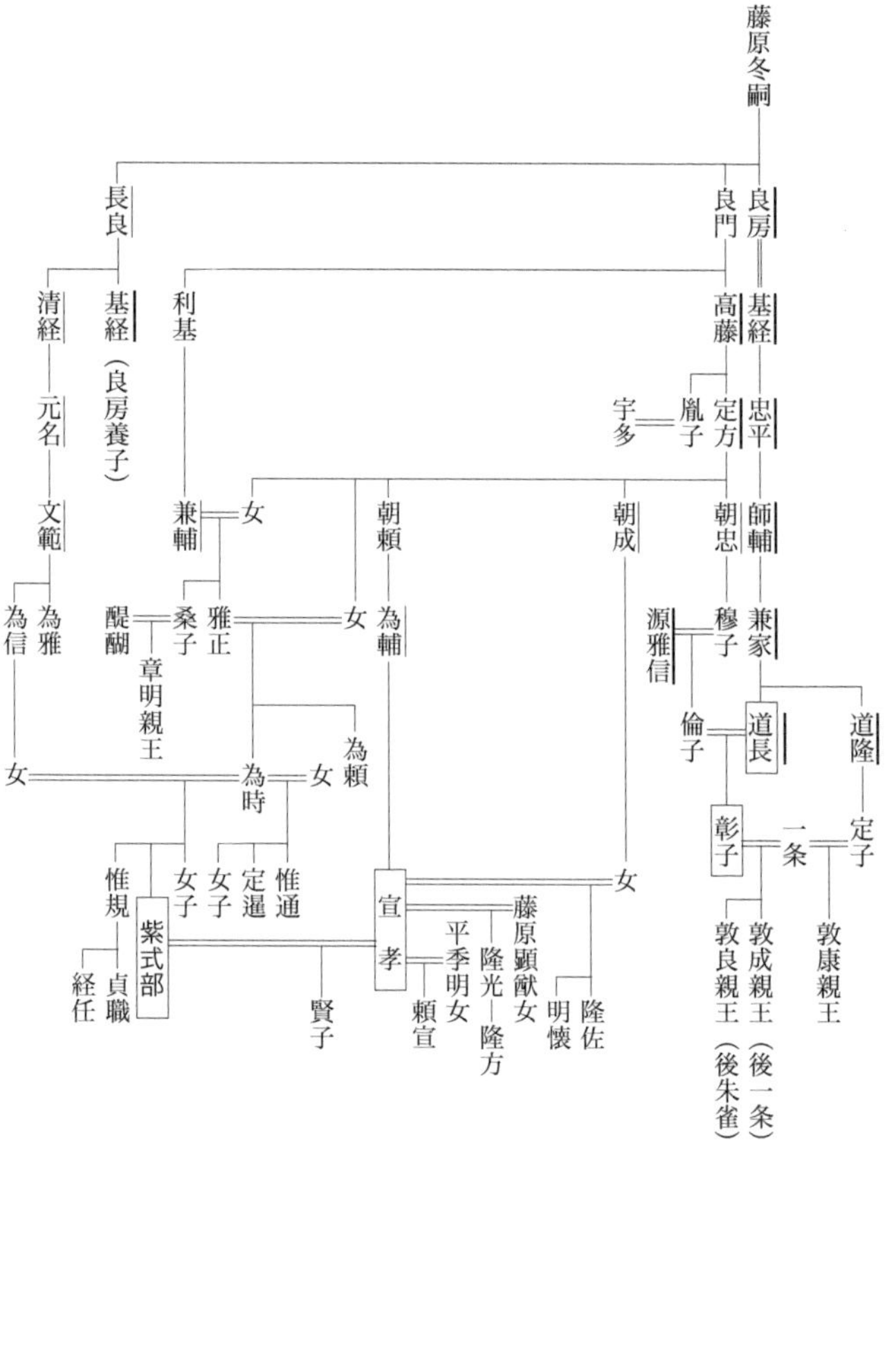

（傍線は議政官、太傍線は大臣に上った人物）

全集によるものとする。なお、『紫式部日記』は単純な計測だが、全文で七万一三一字である。

年次	西暦	天皇	年齢	主な出来事
天延元	九七三	円融	一	誕生か
貞元二	九七七		五	為時、東宮読書始尚復を務める
永観二	九八四	花山	一二	為時、式部丞に任じられ、六位蔵人に補される
寛和二	九八六	一条	一四	花山天皇退位、一条天皇即位／為時、解官
正暦元	九九〇		一八	道隆、摂政／定子、中宮／宣孝、御嶽詣
長徳元	九九五		二三	道長、内覧・右大臣
二	九九六		二四	伊周・隆家、左遷／為時と共に越前に下向
三	九九七		二五	為時を残し単身帰京
四	九九八		二六	藤原宣孝と結婚
長保元	九九九		二七	賢子（大弐三位）を出産 彰子入内／定子、敦康親王を出産
二	一〇〇〇		二八	彰子中宮、定子皇后に／定子、崩御
三	一〇〇一		二九	宣孝卒去／『源氏物語』起筆か
四	一〇〇二		三〇	某に求婚される
寛弘三	一〇〇六		三四	彰子に出仕か
五	一〇〇八		三六	『紫式部日記』起筆／彰子、敦成親王を出産

				『源氏物語』冊子作り
六	一〇〇九		三七	道長と和歌を贈答／彰子、敦良親王を出産
七	一〇一〇		三八	宇治十帖を起筆か
				『紫式部日記』消息文執筆
八	一〇一一	三条	三九	為時越後守、惟規卒去
				三条天皇即位、敦成親王立太子／一条天皇崩御
長和元	一〇一二		四〇	実資と彰子を申し次ぐか
二	一〇一三		四一	資平と彰子を申し次ぐ
				『紫式部集』を編集
四	一〇一五		四三	為時出家
五	一〇一六	後一条	四四	後一条天皇即位／道長摂政
寛仁元	一〇一七		四五	頼通摂政
三	一〇一九		四七	実資と接触か
治安三	一〇二三		五一	実資と接触か
万寿四	一〇二七		五五	道長、薨去

一二　若宮の誕生――九月十一日

東面《ひむがしおもて》なる人々は、殿上人《てんじやうびと》にまじりたるやうにて、小中将《こちゆうじやう》の君の、左《ひだり》の頭《とう》の中将に見合せて、あきれたりしさまを、後《のち》にぞ人ごといひ出でて笑ふ。けさうなどのたゆみなく、なまめかしき人にて、暁《あかつき》に顔づくりしたりけるを、泣きはれ、涙にところどころ濡《ぬ》れそこなはれて、あさましう、その人となむ見えざりし。宰相《さいしやう》の君の、顔がはりしたまへるさまなどこそ、いとめづらかにはべりしか。ましていかなりけむ。されど、そのきはに見し人の有様の、かたみにおぼえざりしなむ、かしこかりし。

東面の間にいる女房たちは、殿上人に入りまじっているような状態で、小中将の君が、左頭中将（源頼定《よりさだ》）と顔を見合わせてしまって、途方にくれていた様子を、後になって、人ごとに言い出して笑った。小中将の君は化粧などもゆきとどいていて、優美である人で、明け方に化粧をしていたのだが、目は泣き腫らし、涙でところどころ濡《ぬ》れて化粧くずれして、あきれるほどで、その人とは見えなかった。宰相の君が面変わりされている様子なども、たいそう珍しいことであった。まして私の顔などはどんなであっただろう。けれども、その際に顔を合わせた人の様子が、お互いに覚えていなかったのは、まことに望ましいことであった。

寛弘五年九月十一日の暁、御産を迎えた彰子は土御門第寝殿《しんでん》の北廂《きたびさし》に移り、紫式部は北廂の隣の間に控えた。そして午刻《うま》（午前十一時から午後一時）、「御物怪《もののけ》（怨霊《おんりよう》）がくやしがってわめきたてる声などの何と恐ろしいことよ」（『紫式部日記』）という状況のなか、彰子は「平安に《たいらか》」皇子敦成を出産した（『御堂関白記』『小右記』『権記』）。後の後一条天皇である。なお、物怪に「御」を付けていることから、彰子に現われたのは高貴な身分の者の怨霊であったことが推測される。先に皇子を産みながら死去してしまった中宮（後に皇后）藤原定子《ていし》であることは、おそらく疑いのないところであろう。

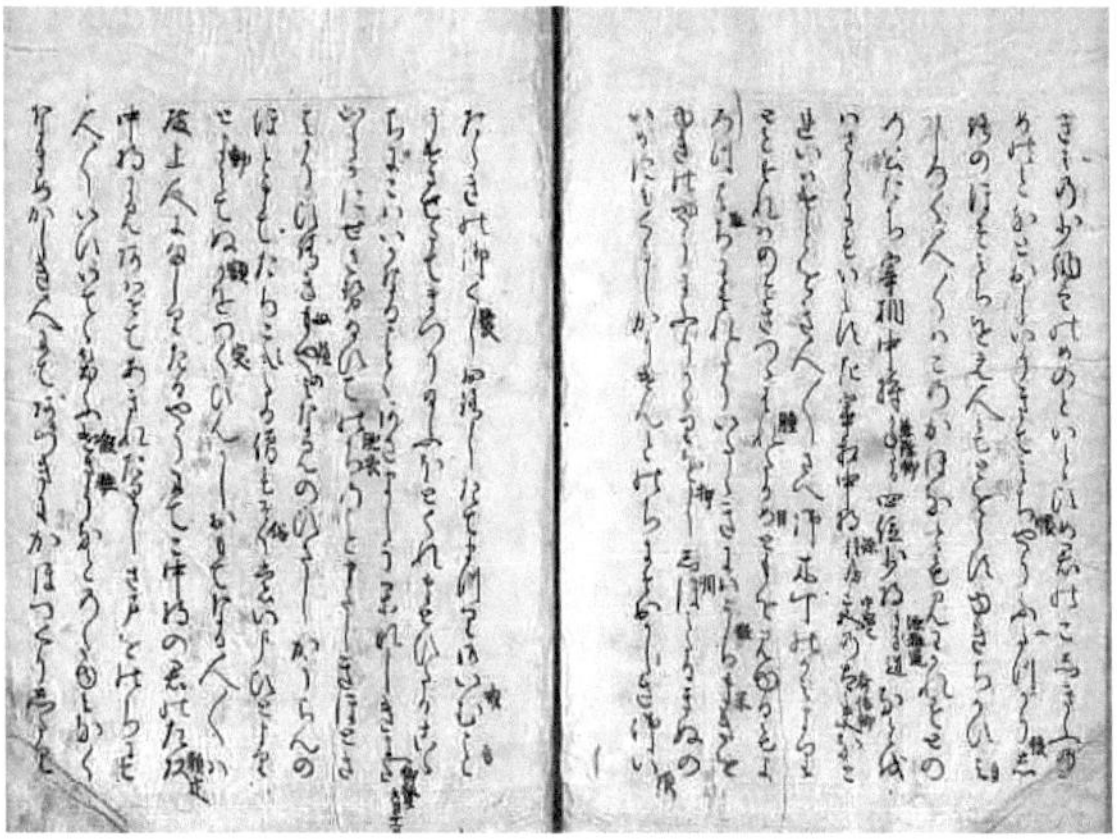

『むらさき式部日記』（宮内庁書陵部蔵黒川本）

紫式部は皇子誕生の感激を、「平安な御産でいらっしゃる嬉《うれ》しさが比類もないのに、そのうえ皇子でさえいらっしゃった喜びは、どうしてひととおりのものであろうか」と記録している（『紫式部日記』）。

しかし、出産の記事の直後に、泣きはらした女房たちの化粧がくずれて、顔があきれるほど変わってしまい、「私の顔などはどんなであっただろう。けれども、その際に顔を合わせた人の様子が、お互いに覚えていなかったのは、まことに望ましいことであった」と記しているのは、さすがは女性であると、いつも感心させられる。御産の詳しい状況を記録せよと道長に命じられた紫式部だったが、まさか女房の顔の様子まで記録するとは道長も予想していなかったことであろう。

その後、産後の儀式が続く。紫式部は「たいそうきまりが悪く、恥ずかしいような気持ちがするので、昼間はほとんど御前にも出ず、のんびりして、東対《ひがしのたい》の局《つぼね》から、御前に参る女房たちを眺めている」と言いながらも、その装束や儀式を詳細に記録するのであった。

二六　土御門邸行幸――十月十六日

暁に、少将の君まゐりたまへり。もろともに頭《かしら》けづりなどす。例の、さいふとも日たけなむと、たゆき心どもはたゆたひて、扇のいとなほなほしきを、また人にいひたる、持て来《こ》むと待ちゐたるに、鼓《つづみ》の音を聞きつけて、急ぎまゐるさまあしき。

御輿《みこし》むかへたてまつる船楽《ふながく》、いとおもしろし。寄するを見れば、駕輿丁《かよちやう》の、さる身のほどながら、階《はし》よりのぼりて、いと苦しげにうつぶしふせる、なにのことごとなる、高きまじらひも、身のほどかぎりあるに、いとやすげなしかしと見る。

暁に、小少将《こしようしよう》の君（源時通《ときみち》の女）が実家から参られた。一緒に髪を梳《くしけず》ったりなどした。

例によって、行幸は辰刻《たつ》（午前七時から九時）だとはいっても、そうは言っても昼になるだろうと、私たちののんびりした心はだらだらしていて、扇があまりにありきたりなので、別に人に作らせているのを、持ってきてほしいと待っていたところ、行幸の列の鼓の音を聞きつけて、あわてて御前に参上する様子の体裁が悪いこと。

主上《しゆじよう》（一条天皇）の御輿をお迎え申しあげる船楽が、たいそう面白い。御輿を寝殿にかつぎ寄せるのを見ると、駕輿丁が、あんなに低い身分ながらも、階をかつぎ上って、たいそう苦しそうにして腹ばいになっているのは、何が私の苦しさと異なっていようか。高貴な人々とのまじわりも、身分に限りがあるにつけて、ほんとうに安らかな気持ちがしないことよと思って見つめていた。

九月二十五日、道長に対し、一条は皇子の内裏参入の日を問うた。「十一月十七日です」と答えた道長に対し、一条は、「参入することになっている日は遠い。私が行幸することにしよう」と語り、異例の土御門第行幸が行なわれることとなった（『御堂関白記』）。

行幸は、十月十六日に行なわれた。道長とともに彰子の前に進んだ一条について、道長の『御堂関白記』では、「天皇は若宮を見奉りなされた」と、敦成を抱いた。余（道長）も抱き奉った。上（一条天皇）もまた、抱き奉りなされた」と、ここで道長が一条の動作に謙譲語を付しているのは興味深いところであるが、『紫式部日記』でも、「殿（道長）が若宮をお抱き奉りなされるのは主上の御前にお連れ奉りなされる。主上が若宮をお抱きとり奉りなされるとき、少々お泣き

土御門第故地（仙洞御所北池）

になるお声が、とてもかわいい」と、なぜかほぼ同文に表現されている。まさか二人で文章を付き合わせたのであろうか。

その後、敦成に親王宣旨《しんのうせんじ》が下り、行幸叙位《ぎょうこうじょい》が行なわれ、管絃《かんげん》の遊びに移った。それは後世、「寛弘の佳例《かれい》」と賞讃された、摂関期を代表する盛儀であったが、このような盛儀のなか、紫式部は行幸の準備の際にも、「ただ心に思い願ってきたた出家遁世《しゅっけとんせい》の気持ちに、ひかれるほうばかり強くて、憂鬱《ゆううつ》で、思うにまかせずに、嘆かわしいことばかりが多くなるのが、たいそう苦しい」と記し、池の水鳥の苦しさをわが身になぞらえた歌を詠むのであった（『紫式部日記』）。

一条を迎えるにあたっても、その御輿を寝殿に担ぎ上げる駕輿丁を見て（天皇は地面を歩かない）、ひとり慨嘆するのであった。それは、「ああ、これまでの行幸《みゆき》を、どうして面目あることと思っていたのであろう。このような光栄な素晴らしい行幸もあったのだなあ」と酔い泣きする道長（『紫式部日記』）とは、あまりに対照的な心持ちである。

かつて私の（国文学の）師であり、一時は大学の同僚であった秋山虔氏は、その大学で行なったシンポジウムにおいて、この行幸の部分を引いて、「『紫式部日記』を読んでいくと、私は、こちらが沈鬱になってくるんです。こういう人を相手にしなければならないのかと」「あの人は、もともとこの世に生まれてきてはいけない人だったのではないか」とおっしゃった〈黒板伸夫・永井路子・秋山虔・東隆眞〈司会・編集倉本一宏〉「平安時代の文学と仏教」〉。今でもこの部分を読むと、その時の秋山先生の沈鬱なお顔が目に浮かぶのである。

三〇　御五十日の祝い――十一月一日

大納言の君、宰相《さいしやう》の君、小少将《こせうしやう》の君、宮の内侍《ないし》とゐたまへり。右の大臣《おとど》よりて、御几帳《みきちやう》のほころび引きたちみだれたまふ。さだすぎたりとつきしろふも知らず、扇《あふぎ》をとり、たはぶれごとのはしたなきも多かり。大夫《だいぶ》、かはらけとりて、そなたに出でたまへり。美濃山《みのやま》うたひて、御遊び、さまばかりなれど、いとおもしろし。

そのつぎの間の、東の柱もとに、右大将《うだいしやう》よりて、衣《きぬ》の褄《つま》、袖《そで》ぐち、かぞへたまへるけしき、人よりことなり。酔《ゑ》ひのまぎれをあなづりきこえ、また誰《たれ》とかはなど思ひはべりて、はかなきことどもいふに、いみじくざれいまめく人よりも、けにいと恥づかしげにこそおはすべかめりしか。さかづきの順《ずん》のくるを、大将はおぢたまへど、例のことならひの、千年万代《ちとせよろづよ》にて過ぎぬ。

左衛門《さゑもん》の督《かみ》、「あなかしこ、このわたりに、わかむらさきやさぶらふ」と、うかがひたまふ。源氏に似るべき人も見えたまはぬに、かの上《うへ》は、まいていかでものしたまはむと、聞きゐたり。……

大納言の君（源廉子《れんし》）、宰相の君（藤原豊子《ほうし》）、小少将の君、宮の内侍（橘良芸子《おきし》）と坐っておられる。右大臣（藤原顕光《あきみつ》）が近寄ってきて、御几帳の開いた所を引きちぎって酔い乱れなさる。「いいお年をして」と互いにつつき合っているのも知らずに、女房の扇を取って、冗談のみっともないことも多かった。中宮大夫（藤原斉信《ただのぶ》）が杯を持って、右大臣の方に出てこられた。催馬楽《さいばら》の「美濃山」を謡ったりして、管絃のお遊びも、少しばかりだが、たいへん面白い。

その次の間の東の柱もとに、右大将（藤原実資《さねすけ》）が寄りかかって、女房たちの衣装の褄や袖口の襲《かさね》の色を数えていらっしゃる様子は、他の人とは異なっている。私は皆が酔いで何もわからないのをいいことに、また人に誰と知られるはずはないと思って、右大将にちょっとした言葉なども話しかけてみたところ、たいそう当世風でしゃれている人よりも、たいそう立派でいらっしゃるようであった。杯の順がまわってきて賀歌を詠むのを、右大将は恐れておられたけれど、例のよく歌われる「千年も万代も」の祝いの歌で過ごした。

左衛門督《さえもんのかみ》（藤原公任《きんとう》）が、「恐れ入りますが、このあたりに若紫はおられましょうか」と、几帳の間からお覗《のぞ》きになる。源氏の君に似ているような人もいらっしゃらないのに、あの紫の上が、ましてどうしてここにいらっしゃるだろうか、と聞き流していた。……

十一月一日、敦成親王五十日《いか》の儀が行なわれた。『紫式部日記』には、藤原顕光が几帳の垂れ絹の開いた所を引きちぎって酔い乱れ、女房の扇をとりあげてみっともない冗談を喋《しゃべ》り、藤原公季《きんすえ》が嫡男実成《ちゃくなんさねなり》の態度に感激して酔い泣きし、藤原実資が女房の衣装の褄や袖口の襲の色を観察し、藤原公任が「このあたりに若紫《わかむらさき》はおられましょうか」と言って紫式部を捜しまわり、藤原隆家《たかいえ》が女房を柱もとに引っ張り込み、道長が聞き苦しいふざけ声などをあげたりするという、信じられないような公卿連中の乱痴気《らんちき》騒ぎ（「恐ろしいことになりそうな夜のご酩酊《めいてい》の様子」）が描かれている。

しかし、彼らは単純に新皇子誕生を祝う気持ちにはなれなかったはずである。ただ一人の勝者が確定したということは、他のすべての者は敗者になるわけであり、特に女や姉を一条の後宮《きゅう》に入れていた顕光や公季、隆家の心中は、察するに余りある。

彼らの心中を斟酌《しんしゃく》することもなく、彰子に向かって、「宮（彰子）の御父としてわしは悪くはないし、わしの娘として宮も悪くはなくいらっしゃる」とか、「親がいるからこそ子も立派なのじゃ」、はては「母上（源倫子《りんし》）もまた幸いなことと思って笑っておられるようだ。よい夫を持ったことだと思っているようだ」などという戯《ざ》れ言《ごと》を吐く（『紫式部日記』）道長というのも、いつもながら大したものである。

また、ここで紫式部が実資に対して、「言葉なども話しかけてみたところ、たいそう当世風でしゃれている人よりも、たいそうご立派でいらっしゃるようであった」という評価をしているのは、後年の両者の関係を考えると、興味深い。実資は紫式部を、彰子との取り次ぎを行なう申次女房《もうしつぎにょうぼう》として指名していたのである（『小右記』）。だいたい、公任との会話でわかるように、紫式部は気軽に公卿に話しかけたりする性格ではなかった。よほど二人はうまが合ったのであろう。

なお、この場面で公任が「若紫」という語を発していることから、この年には確実に『源氏物語』の一部が執筆されていたことがわかるが、『源氏物語』で兵部卿宮《ひょうぶきょうのみや》の女《むすめ》が「紫の上」と呼ばれるのは、「澪標《みおつくし》」巻以降のことである。

御帳台の後ろに隠れていた紫式部は、道長に几帳を取り払われて坐らされ、祝いの歌を詠む羽目になった。

以上、『紫式部日記』の記録的部分を眺めてきた。それは確かに、男性貴族の記録した日記（古記録）にも比肩されるような、仮名によるはじめての御産記であった。もちろん、『紫式部日記』には性格を異にする他の記述も多く収められている。

しかしながら、『紫式部日記』の本質が、この記録的部分にあることは、疑いようのないことであろう。紫式部は『源氏物語』と並んで、ここでも金字塔を打ち立てたということになる。

5 『更級日記』と菅原孝標女

『更級日記《さらしなにっき》』は、菅原孝標女《すがわらのたかすえのむすめ》が十一世紀後半に記した「日記文学」である。ただ、日記とはいうものの、物語に憧れ続けた女性の自伝的要素が強く、この作品が執筆されたのは、夫と死別した後の康平《こうへい》二年（一〇五九）、作者五十二歳以降のことであるとされている。たとえば、『更級日記』では、十四歳の時以降の仏教への帰依《きえ》を薦める夢を見た後の対応の変遷を軸として内面史的に「日記」が書き進められ、「頼みに思うことが一つだけあった」として天喜《てんぎ》三年（一〇五五）、四十八歳時の阿弥陀来迎《あみだらいごう》の夢を描く。しかし、作者の見たと称する夢なるものは、物語世界から宗教世界への転換を効果的に印象づけさせるために、執筆時点で創作されたものと考えるべきであろう。この作品は、日記というよりも、自分を主人公に仕立てて、その信仰の遍歴（それすら実際に起こったことかどうか疑問である）を述べた物語と評するべきである。

作者は寛弘《かんこう》五年（一〇〇八）生まれ。父は菅原道真《みちざね》嫡系の常陸介《ひたちのすけ》孝標。母は伊勢守《いせのかみ》藤原倫寧《ともやす》の女（『蜻蛉日記《かげろうにっき》』作者の異母妹）。継母の歌人である上総大輔《かずさのおおすけ》は紫式部《むらさきしきぶ》の女である賢子《けんし》（大弐三位《だいにのさんみ》）の姻戚《いんせき》にあたる。作者は歌人として『新古今和歌集《しんこきんわかしゅう》』以下に多く入集し、『更級日記』を残した。また『更級日記』定家《さだいえ》本勘物《かんもつ》によれば、『夜半の寝覚《よわのねざめ》』『浜松中納言物語《はままつちゅうなごんものがたり》』、今日伝わ

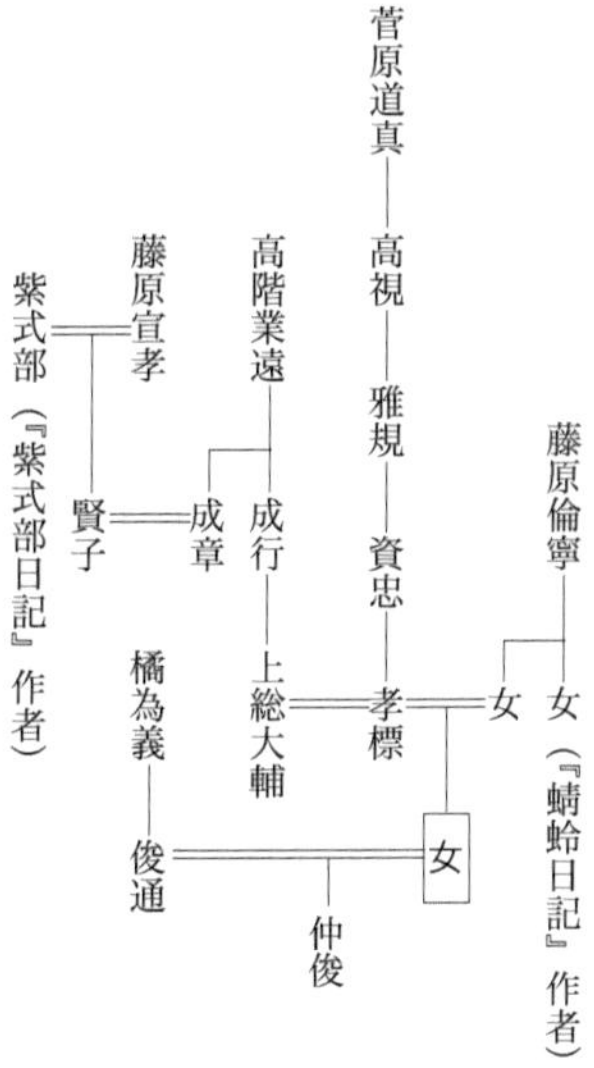

らない『みづから悔《く》ゆる』『朝倉《あさくら》』などの物語の作者であるとも伝える（『国史大辞典』による。稲賀敬二氏執筆）。

「日記」はまず寛仁《かんにん》四年（一〇二〇）、十三歳の九月、上総介の任果てて上京する孝標一行の東海道旅の記を、さまざまな伝説や古老の話を織りまぜて記す。侘《わび》しい旅であったかのように記しているが、実際は大量の財物を携えての受領《ずりょう》の帰京であるから、そんなはずはない（倉本一宏『「旅」の誕生 平安―江戸時代の紀行文学を読む』）。孝標は三条《さんじょう》天皇が里内裏《さとだいり》としていた三条《さんじょう》院《いん》を上総介の任を終えた後に買い取って、帰京後はそこに住むのである。

帰京後は『源氏物語《げんじものがたり》』全巻を手に入れ、「后の位も何にかはせむ」と夕顔《ゆうがお》・浮舟《うきふね》など作中女性にあこがれる時期を振り出しに、長暦《ちょうりゃく》三年（一〇三九）に後朱雀《ごすざく》天皇皇女の祐子《ゆうし》内親王家へ出仕した宮仕えの経験や、長久《ちょうきゅう》元年（一〇四〇）ごろの橘俊通《たちばなのとしみち》との結婚、長男仲俊《なかとし》の成長を見ながら、次第に現実的な幸福に安住していく過程を追う。しかし夫は康平元年（一〇五八）に急死した。作者は晩年の不幸をかみしめながら、自分の一生を追憶回想して「日記」をまとめているという（『国史大辞典』による。稲賀敬二氏執筆）。

それでは、いくつかの記事を見ていくことにしよう。本文および段分けは、鎌倉時代初期に書写された藤原定家《さだいえ》筆御物本《ぎょぶつぼん》（東山御文庫《ひがしやまごぶんこ》蔵）を底本とする新編日本古典文学全集によるものとする。なお、『更級日記』は単純な計測だが、全文で二万七九〇四字である。

年次	西暦	天皇	年齢	主な出来事
寛弘五	一〇〇八	一条	一	誕生
寛仁元	一〇一七	後一条	一〇	孝標上総介、共に下向
二	一〇一八		一一	『更級日記』の回想、始まる
四	一〇二〇		一三	上総より上京／継母、退去
治安元	一〇二一		一四	叔母より『源氏物語』を入手
三	一〇二三		一六	自邸焼失
万寿二	一〇二五		一八	東山に転居
長元五	一〇三二		二五	孝標、常陸に赴任
九	一〇三六	後朱雀	二九	孝標、帰京／母、出家

長暦三	一〇三九		三二	祐子内親王に出仕
長久元	一〇四〇		三三	橘俊通と結婚
二	一〇四一		三四	俊通、下野に赴任／仲俊を出産
三	一〇四二		三五	娘を出産か
寛徳二	一〇四五	後冷泉	三八	石山寺に参籠
永承元	一〇四六		三九	大嘗会御禊の日、初瀬詣に出立
二	一〇四七		四〇	初瀬詣
天喜三	一〇五五		四八	阿弥陀来迎の夢想
五	一〇五七		五〇	俊通、信濃に赴任
康平元	一〇五八		五一	俊通、卒去
二	一〇五九		五二	尼と和歌を贈答
				孝標女、この年以降の消息不明

四　武蔵に入り、古伝説に旅情を慰む

今は武蔵《むさし》の国になりぬ。ことにをかしき所も見えず。浜も砂子《すなご》白くなどもなく、泥《こひぢ》のやうにて、むらさき生《お》ふと聞く野も、蘆荻《あしをぎ》のみ高く生ひて、馬に乗りて弓もたる末見えぬまで、高く生ひ茂りて、中を分けゆくに、たけしばといふ寺あり。はるかに、ははさうなどいふ所

の、らうの跡の礎《いしずゑ》などあり。いかなる所ぞと問へば、「これはいにしへたけしばといふさかなり。国の人のありけるを、火たき屋の火たく衛士《ゑじ》にさしたてまつりたりけるに、御前《おまへ》の庭を掃くとて、『などや苦しきめを見るらむ、わが国に七つ三つつくり据ゑたる酒壺《さかつぼ》に、さし渡したるひたえの瓢《ひさご》の、南風吹けば北になびき、北風吹けば南になびき、西吹けば東になびき、東吹けば西になびくを見で、かくてあるよ』と、ひとりごちつぶやきけるを、その時、みかどの御むすめ、いみじうかしづかれたまふ、ただひとり御簾《みす》のきはに立ち出《い》でたまひて、柱によりかかりて御覧ずるに、このをのこの、かくひとりごつを、いとあはれに、いかなる瓢の、いかになびくならむと、いみじうゆかしくおぼされければ、御簾をおし上げて、『あのをのこ、こち寄れ』と召しければ、かしこまりて高欄《かうらん》のつらに参りたりければ、『いひつることいま一《ひと》かへり、われにいひて聞かせよ』と仰せられければ、酒壺のことをいま一かへり申しければ、『われ率《ゐ》て行《い》きて見せよ。さいふやうあり』と仰せられければ、かしこくおそろしと思ひけれど、さるべきにやありけむ、負《お》ひたてまつりて下《くだ》るに、ろんなく人追ひて来《く》らむと思ひて、その夜、勢多《せた》の橋のもとに、この宮を据《す》ゑたてまつりて、勢多の橋を一間《ひとま》ばかりこほちて、それを飛び越えて、この宮をかき負《お》ひたてまつりて、七日七夜《なぬかななよ》といふに、武蔵の国に行き着きにけり。……」と語る。

早くも武蔵の国に入った。特に風情のある所も見えない。浜辺も砂が白くもなく、泥のようで、紫草が生えていると聞いていた野も、蘆や荻だけが高く生い茂って、馬に乗った侍の弓の先も見えないほど高く生い茂っている。中を分けて行くと、竹芝《たけしば》という寺があった。はるかに、「ははそう」などという所の楼《ろう》の跡の礎石《そせき》などがある。どういう所かと問うと、「ここは、昔、竹芝といった坂です。この国に男がいましたが、その男を火焚屋《ひたきや》の火を焚く衛士として朝廷《ちょうてい》に差し遣わしましたところ、その男が宮の前の庭を掃きながら、『どうしてこんなに苦しい目をみるのだろう。私の故郷では、七つ三つと作って据えてある酒壺にさしかけている直柄《ひたえ》の瓢が、南風が吹けば北になびき、北風が吹けば南になびき、西風が吹けば東になびき、東風が吹けば西になびくのだが、それを見ることもできず、こんなことになってしまったよ』と、独り言をつぶやいていました。その時、帝の御娘でひどく大切にされていた姫が、ただ一人で御簾の端に立って出られて、柱に寄りかかって庭をご覧になっていましたが、この男がこんなふうに独り言をつぶやくのを、たいそうしみじみと、どんな瓢がどのようになびくのだろうと、ひどく心を引かれたので、御簾を押し上げて、『そこの男、こちらに寄れ』と召したので、男がかしこまって高欄の下に参りますと、『お前が言ったことを、もう一度、私に言って聞かせよ』とおっしゃられましたので、男が酒壺のことをもう一度、申しあげたところ、姫は、『私を連れて行って、それを見せよ。そう言うのは理由があるのだ』とおっしゃったので、男はもったいなく恐ろしいと思いましたが、そのような因縁があったのでしょう、姫を背負い申して武蔵に下ってきました。きっと人が追って来るだろうと思って、その夜は勢多橋のたもとに、この姫を据え申して、橋の横板を一間ほどはがして、それを飛び越えて、この姫を背負い申し、七日七夜で武蔵の国にたどり着いたのでした。……」と語った。

寛仁四年九月十五日に上総を出立した作者一行は、十九日に武蔵国に入った。もっとも、この日付は各日に付けられているのではなく、読者が日替わりの記述にしたがって推測するしかない。作者が旅日記を記しており、それを晩年にまとめてこれらの記事にしたかどうかは、随分と怪しいものである。旅の途中で強く記憶に残った土地や、歌枕として著名な土地のみを、晩年に「日記」の形式で著述した可能性を考えなければならない。

さて、作者の武蔵に対する印象はきわめて悪い。徳川家康《とくがわいえやす》入府以前の武蔵や江戸《えど》の情景を髣髴《ほうふつ》させよう。翌二十日のことであろう、蘆や荻の中を分けて行くと、「たけしば（竹芝）という寺」があったと記す。「ははそう（宝蔵《ほうぞう》のことか）などという所の楼の跡の礎石」が見えるというから、廃寺《はいじ》の遺跡だったのであろう。

この「たけしば寺」については、ほとんどの注釈書が現東京都港区三田《みた》の済海寺《さいかいじ》のこととしている。位置的には大井駅家《おおいのうまや》（東京都品川区大井）の手前ということで、三田というのは都合がいいのではあるが、その根拠は何も存在しない。済海寺の隣に下屋敷を構えていた上州沼田《ぬまた》の土岐頼煕《ときよりおき》が寛延《かんえん》三年（一七五〇）に、亀塚《かめづか》に「亀塚碑」を建て、そこに「更級日記の竹芝寺は隣の済海寺である」と無責任に刻んだ。それを天保《てんぽう》年間に刊行された『江戸名所図会《えどめいしょずえ》』が取りあげたため、広まった俗説である。なお、亀塚は現在も残っているが、これも古墳《こふん》であるという確証はないという。

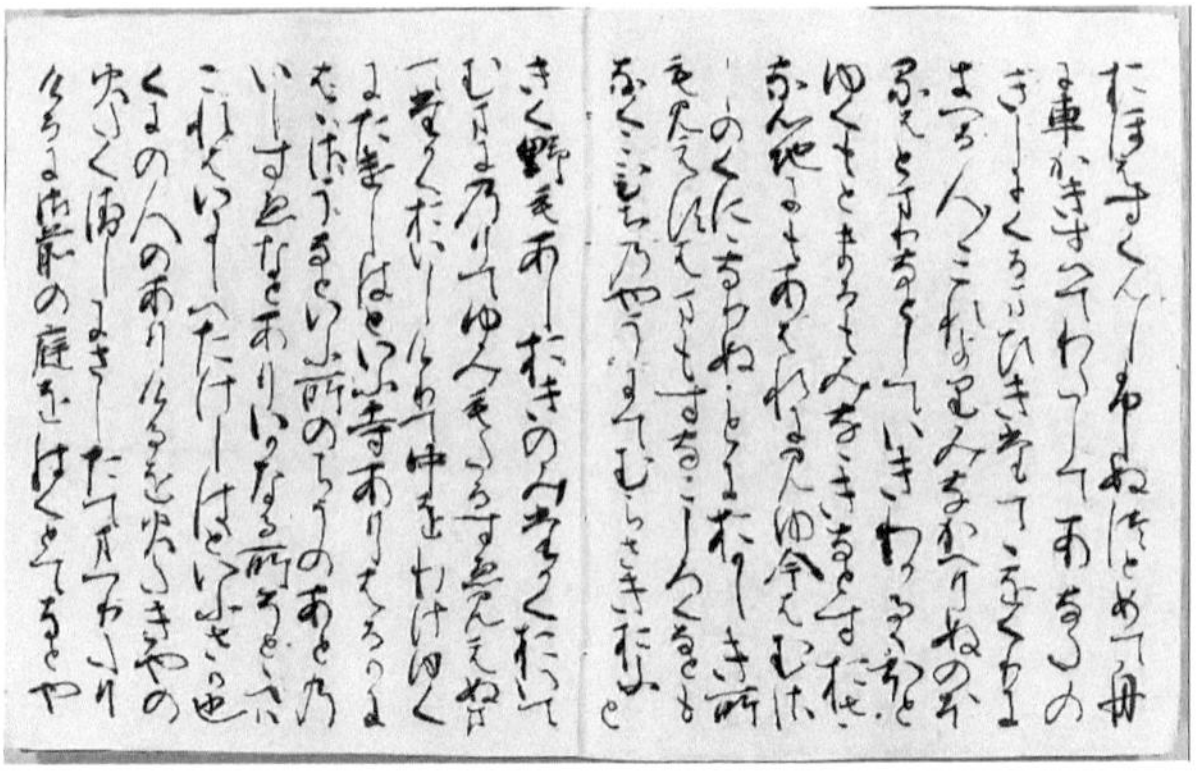

『更級日記』（藤原定家筆，宮内庁書陵部蔵御物本写）

ここで土地の古老《ころう》は「竹芝伝説」を語った。武蔵出身の内裏の火焚屋の衛士が、故郷の酒壺のひさごについての独り言を言っていると、帝の姫がそこに連れて行けと言うので、男は姫を背負って七日七夜かかって武蔵にたどり着いたという。

その後、朝廷からの追捕使《ついぶし》が武蔵に着くと、姫はこの国に住みつくと言い張る。帝は仕方なく、男に武蔵国を預け取らせ、租税《そぜい》も取らず、姫に武蔵国を預けるという宣旨《せんじ》を下した。男は家を内裏のように造ったが、姫の死後、寺としたのを竹芝寺という。産んだ子供は武蔵という姓を得た、と話が続く。

神護景雲《じんごけいうん》元年（七六七）に武蔵国足立郡《あだちごおり》の人丈部不破麻呂《はせつかべのふわまろ》ら六人に武蔵宿禰《すくね》の姓を賜い（『続日本紀《しょくにほんぎ》』）、十世紀前半の平将門《まさかど》の乱を描いた『将門記《しょうもんき》』に「足立郡《ぐん》司判官代《じはんがんだい》武蔵武芝《たけしば》」という人物が見えるが、この伝説との関連は明らかではない。武蔵国のもともとの中心は、現在の埼玉県北部の鴻巣《こうのす》市から南部のさいたま市・戸田市、東京都足立区・北区・板橋区までを含む、この足立郡であった。郡家《ぐうけ》は現さいたま市桜区の大久保領家遺跡や大宮区の氷川神社東遺跡が有力視されている。

孝標女たちの行程からは、随分と北に離れた地である。もっとも、作者が「たけしば寺」の現地に行ったのではなく、地元の人から土地の伝説を聞いたのを記録しただけに過ぎなければ、「たけしば寺」も足立郡に所在したのでもかまわないのであるが（倉本一宏『「旅」の誕生 平安—江戸時代の紀行文学を読む』）。

二〇 母、初瀬に鏡を献じ、行く末を占わす

母、一尺《いつさく》の鏡を鋳《い》させて、え率《ゐ》て参らぬかはりにとて、僧を出《い》だし立てて初瀬《はつせ》に詣《まう》でさすめり。「三日さぶらひて、この人のあべからむさま、夢に見せたまへ」などいひて、詣でさするなめり。そのほどは精進《しやうじん》せさす。この僧帰りて、「夢をだに見で、まかでなむが、本意《ほい》なきこと。いかが帰りても申すべきと、いみじうぬかづきおこなひて、寝たりしかば、御帳の方より、いみじうけだかう清げにおはする女の、うるはしくさうぞきたまへるが、奉りし鏡をひきさげて、『この鏡には、文《ふみ》や添ひたりし』と問ひたまへば、かしこまりて、『文もさぶらはざりき。「この鏡をなむ奉れ」とはべりし』と答へたてまつれば、『あやしかりけることかな。文添ふべきものを』とて、『この鏡を、こなたにうつれる影を見よ。これ見ればあはれに悲しきぞ』とて、さめざめと泣きたまふを見れば、臥《ふ》しまろび泣き嘆きたる影うつれり。『この影を見れば、いみじう悲しな。これ見よ』とて、いまかたつ方にうつれる影を見

せたまへば、御簾《みす》ども青やかに、几帳《きちやう》おし出でたる下《した》より、いろいろの衣《きぬ》こぼれ出で、梅桜咲きたるに、鶯《うぐひす》、木《こ》づたひ鳴きたるを見せて、『これを見るはうれしな』とのたまふとなむ見えし」と語るなり。いかに見えけるぞとだに耳もとどめず。

母は径一尺の鏡を鋳させて、自分が連れて参れない代わりにと、僧を仕立てて初瀬に参詣させたようだ。「三日間、参籠をして、この娘の行く末の運勢を、あなたの夢にお告げで見てきてください」などと言って、参らせたようだ。その僧の参籠中には、私にも精進させていた。この僧が帰ってきて、「夢も見ないで帰ってしまうとしたら、いかにも不本意なこと。帰京して何と申しあげようと、たいそう礼拝勤行を行なって、寝ましたところ、御帳の方から、たいそう気高く清楚《せいそ》な感じの女で、端正に装束を着しておられる方が、奉納した鏡を携えて、『この鏡には、願文《がんもん》が添えてあったか』と問われましたので、かしこまって、『願文はございませんでした。ただ「この鏡を奉納せよ」とのことでした』とお答え申すと、『妙なことであるな。願文が添えてあるはずなのに』とおっしゃって、『この鏡の、こちらに映っている姿を見よ。これを見ると、しみじみ悲しいな』と言って、さめざめと泣かれるので見ると、伏しまろび、泣き嘆いている姿が映っていました。『この姿を見ると、たいそう悲しいな。こちらを見よ』とおっしゃって、もう一方に映っている姿をお見せになると、御簾などが真新しく掛かっていて、縁先に几帳を押し出している下からは、色々の裳裾や袖口などがこぼれ出て、庭には梅や桜が咲いており、鶯が枝づたいに

長谷寺本堂

鳴いているのを見せて、『これを見るのはうれしいな』とおっしゃると、夢に見えました」と母に語ったそうだ。私は僧の夢に自分の将来がどのように見えたものかさえも、耳に留《とど》めて聞こうともしなかった。

長元六年（一〇三三）、作者二十六歳の年の秋ごろ、母がひどく「古代の人（昔気質《かたぎ》の人）」で、大和《やまと》の初瀬《はつせ》（長谷寺《はせでら》）や近江《おうみ》の石山寺《やまでら》や鞍馬寺《くらまでら》などへの物詣《ものもうで》へは連れて行ってくれず、径一尺（約三〇㎝）の鏡を鋳させて、自分が連れて行けない代わりにと、代参《だいさん》の僧を初瀬に詣でさせたらしい。「三日間、参籠をして、この娘の行く末の運勢を、あなたの夢にお告げで見てきてください」と言って詣でさせたようだ。

帰ってきた代参の僧が見た（と称する）夢

は、美しい女性が、奉納した鏡に願文がないことを指摘するということと、作者の将来を、泣き嘆く将来、幸福な宮仕《みやづか》えの将来、という二様に見せるということであった。

前者は、鏡に願文がなかったことに対して不審の感を抱いていた僧自身の考えによるものであろう（願文がないと依頼主の希望がわからず、長谷寺で見たと称する「夢」をうまく創作できないのである）。

また後者は、泣き嘆く方は作者の将来に対する僧の考えが反映したものであろうし、幸福な宮仕えの方は、泣き嘆く方のみを語ると作者の母に怒られるということで僧が媚《こ》びて考えついたものであろう。

ただし、それはこの僧が実際にこれらの夢を見たとしたら、という前提に立った想像である。自分が見たわけでもない夢に、類型化された「高貴で美しい女」が登場することは、これらの夢も作者が創作したものと考えた方が妥当のような気がする。だとしたら、実際にこの後、作者が宮仕えに出たという事実を経た後に執筆したものと考えることができよう（倉本一宏『平安貴族の夢分析』）。

すでに当時の結婚適齢期を過ぎた作者であるが、相変わらず宗教活動には無関心を装っている。なお、作者が橘俊通と結婚したのは、七年後の三十三歳の年であった。

三三　弥陀来迎の夢を老いの寄るべとす

さすがに命は憂《う》きにもたえず、長らふめれど、後《のち》の世も思ふにかなはずぞあらむかしとぞ、うしろめたきに、頼むことひとつぞありける。天喜三年十月十三日の夜の夢に、ゐたる所の家《や》のつまの庭に、阿弥陀仏《あみだぼとけ》立ちたまへり。さだかには見えたまはず、霧ひとへ隔たれるやうに、透《す》きて見えたまふを、せめて絶え間に見たてまつれば、蓮華《れんげ》の座の、土をあがりたる高さ三四尺、仏の御たけ六尺ばかりにて、金色《こんじき》に光り輝《かかや》きたまひて、御手かた《かた》つ方をばひろげたるやうに、いまかたつ方には印《いん》を作りたまひたるを、こと人の目には、見つけたてまつらず、われ一人見たてまつるに、さすがにいみじくけおそろしければ、簾《すだれ》のもと近く寄りてもえ見たてまつらねば、仏、「さは、このたびはかへりて、後に迎へに来《こ》む」とのたまふ声、わが耳ひとつに聞こえて、人はえ聞きつけずと見るに、うちおどろきたれば、十四日なり。この夢ばかりぞ、後の頼みとしける。

さすがに命は、世の辛いことにもくじけず、長らえていくようだが、（現世《げんせ》がこんな有り様なので）後世《ごせ》も思うようにはなるまいと、気がかりだったところ、頼みにすることが一つだけあった。天喜三年十月十三日の夜の夢に、住んでいる家の軒先の庭に、阿弥陀仏が立っておられた。はっきりとはお姿は見えず、霧を一重へだてたように透けてお見えになるのを、強いて霧の絶え間に見申しあげると、蓮華の台座が地面から三、四尺の高さにあり、仏の御丈《みたけ》は六尺ぐらいで、金色に光り輝かれていて、御手の片一方は広げたように、もう片一方は印を結んでおられるのを、他の人の目には見つけ申しあげることもできず、私だけが見申しあげていると、やはりたいそう恐ろしかったので、簾のもと近く寄って見申しあげることもできないでいた。すると御仏が、「それならば、この度は帰って、後に迎えに来よう」とおっしゃった声も私の耳にだけ聞こえ、他の人は聞くことができなかった、と見ているうちに、はっと目を覚ましたところ、十四日になっていた。この夢だけを、後世の頼みとしていた。

作者四十八歳の天喜三年十月十三日、作者の見た夢が記されている。これが日記のほぼ末尾で、後に付け加わった部分とされる（小谷野純一『更級日記全評釈』）。ここでは日付まではっきり記され（それがかえって怪しいが）、等身《とうしん》の阿弥陀仏が作者を極楽浄土《ごくらくじょうど》へと迎えに来た様子が語られる。後に阿弥陀仏が来迎に来るという確信の根拠として夢が語られており、これがこの「日記」執筆の動機かとも考えられる。

ここにいたるまでの心の変遷を、夢に対する対応の変遷を軸に内面史的に記すという文学手法は、それなりに成功しており、この夢だけが作者の本当に見た夢かとも、まったく考えられないわけではない。

しかし、すでに康平二年の部分を書いた時点で自己の悲惨な人生の総括を行なっており、その後で時間を四年も遡《さかのぼ》らせて「後の頼み」を付け加えるのは、きわめて不自然であると言わねばならない。この夢も創作の可能性が強く、自分の来世への希望を述べるために、類型的な来迎図の「夢」が不自然に挿入されたものと考えた方がよかろう。この「夢」の直後、絶望的な心情を詠んだ和歌五首が並べられてこの「日記」は終わるのであり、作者の往生への「頼み」も、実は危ういものなのであるが（倉本一宏『平安貴族の夢分析』）。

以上、『更級日記』を眺めてきたが、これを「日記」と呼べないことは明らかである。繰りかえしになるが、これは日記というよりも、作者が自分を主人公にして、その精神の遍歴なるものを述べた自伝的な物語と評するべきである。

これまで五つの平安朝女房《にようぼう》日記を眺めてきた。『紫式部日記』の記録的部分を除いて、他の四つは、いずれも厳密な意味、すなわち日毎の記録性、日付の存在、内容の事実性、のいずれにおいても、「日記」と称することができないことは明らかであろう。はじめに述べたように、「日記文学」という文学ジャンル自体、近代国文学上の概念に過ぎなかった。これら平安朝女房「日記」は、それぞれ独自の文学作品として、その内容を楽しむべきであろう。

Ⅱ　男の古記録——平安時代中期

それではいよいよ、男性貴族（や天皇）が記録した和風漢文（変体漢文《へんたいかんぶん》）体の日次記《ひなみき》としての日記（古記録《こきろく》）を見ていくことにしよう。

はじめに表示したように、この時期の古記録は、現在残っているだけでも膨大な数に上る。これらのなかからどれを取りあげるか、迷ってしまうが、まず平安時代を四期に分けたうちの中期のものとして、名前は知られているものの、中身は案外知られていない古記録、宇多《うだ》・醍醐《だいご》・村上《むらかみ》天皇による三代御記《さんだいぎょき》、そして藤原氏の歴史にとって重要な人物の日記でありながら、これまたあまり知られていない藤原忠平《ただひら》の『貞信公記《ていしんこうき》』、藤原実頼《さねより》の『清慎公記《せいしんこうき》』、藤原師輔《もろすけ》の『九暦《きゅうれき》』を取りあげよう。

1　『宇多天皇御記』と宇多天皇

『宇多天皇御記《うだてんのうぎょき》』は、九世紀末に在位した宇多天皇が記録した古記録《こきろく》である。宇多天皇は、貞観《じょうがん》九年（八六七）に時康《ときやす》親王（後の光孝《こうこう》天皇）の第七王子として誕生した。母は桓武《かんむ》天皇皇子仲野《なかの》親王の女《むすめ》の班子《はんし》女王。諱《いみな》は定省《さだみ》。元慶《がんぎょう》年間（八七七〜八八五）に元服し、侍従に任じられて「王侍従」と称され、陽成《ようぜい》天皇の側近に仕えたという。

元慶八年（八八四）、光孝が即位した直後に、他のすべての皇子女とともに臣籍に降り、源朝臣《あそん》姓を賜わったが、光孝死去の直前、その意を察した藤原基経《もとつね》の推挙で、仁和《にんな》三年（八八七）八月二十五日に親王に復し、翌二十六日に立太子《りったいし》、同日、光孝の死去によって二十一歳で践祚《せんそ》（天皇位を受け嗣《つ》ぐこと）した。

基経の功に報いるため、十一月二十一日、宇多は基経に関白詔を降したが、基経の辞表に対する重ねての優詔《ゆうしょう》から「阿衡《あこう》の紛議《ふんぎ》」が起こった。

寛平《かんぴょう》三年（八九一）に基経が死去した後は、関白を置かず、基経嫡男の時平《ときひら》と菅原道真《みちざね》などを重用して新政（「寛平の治」）にあたった。寛平九年（八九七）に三十一歳で皇太子敦仁《あつぎみ》親王（元源維城《これざね》）に譲位《じょうい》、太上天皇の尊号を受け、朱雀院《すざくいん》・仁和寺御室《にんなじおむろ》・亭子院《ていじのいん》・六条院《ろくじょういん》（河原院《かわらのいん》）・宇多院《うだいん》などに住した。譲位に際して敦仁に訓戒を与え（『寛平御遺誡《かんぴょうのごゆいかい》』）、特に道真を重用すべき

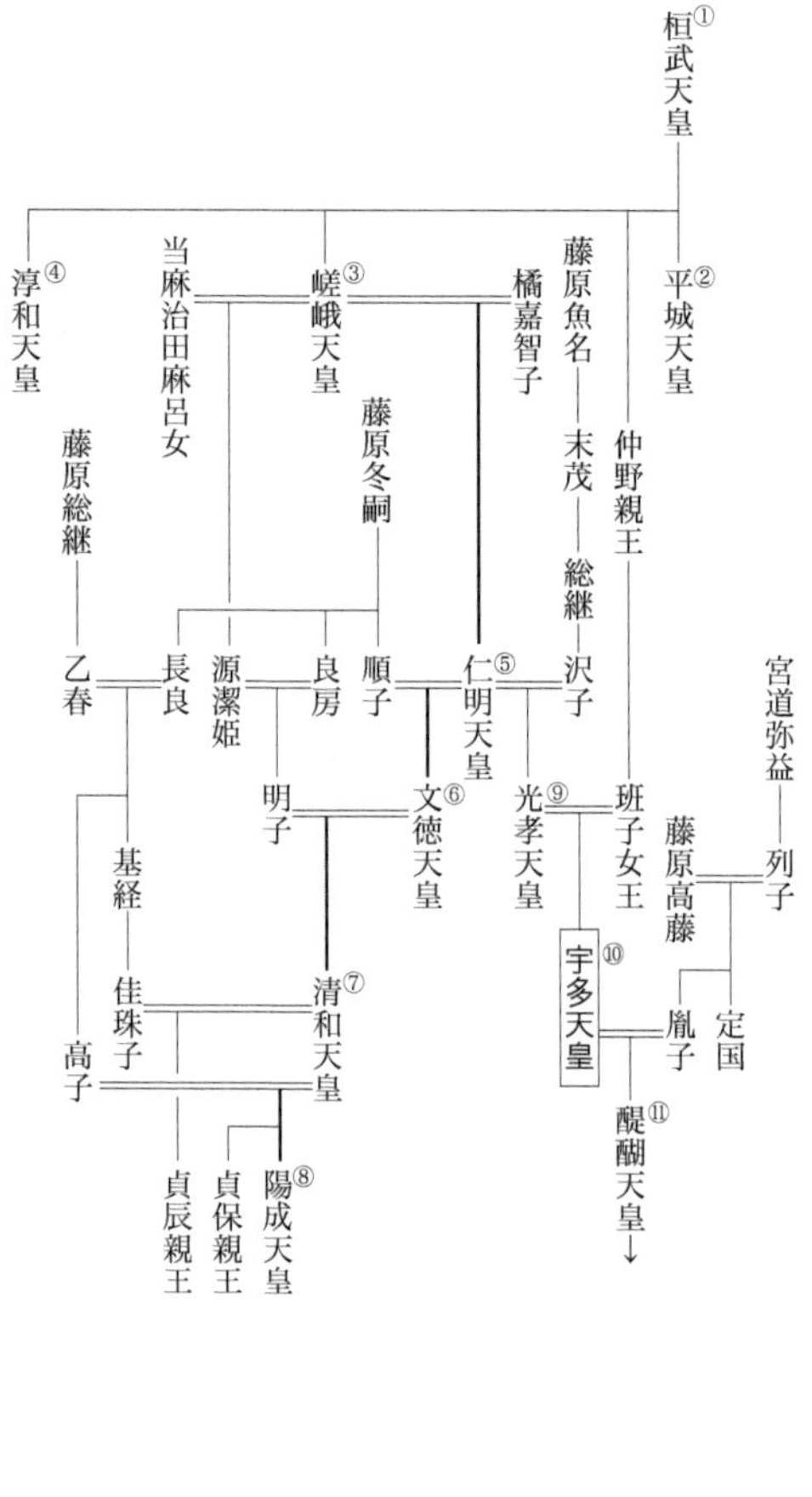

（数字は即位順、太線は天皇家嫡流）

ことを命じた。

昌泰《しょうたい》二年（八九九）に仁和寺で出家《しゅっけ》、法皇《ほうおう》と称した（法皇の初例）。遺誡に反して、延喜《えんぎ》元年（九〇一）正月、醍醐《だいご》天皇は道真を大宰権帥《だざいのごんのそち》に左遷した。醍醐朝を通じて宇多の発言力は大きく、醍醐よりも長命を保って、承平《じょうへい》元年（九三一）、仁和寺御室で死去した。六十五歳。宇多院と諡《おくりな》され、また亭子院帝・寛平法皇とも称された（『国史大辞典』による。藤木邦彦氏執筆）。火葬後、拾骨されないまま土を覆《おお》って陵とされた。その場所は早く失われたが、江戸時代末になって現在の京都市右京区鳴滝宇多野谷の大内山陵《おおうちやまのみささぎ》が治定《じじょう》された（『国史大辞典』による。戸原純一氏執筆）。

『宇多天皇御記』（『宇多天皇宸記《うだてんのうしんき》』）は、仁和三年から寛平九年までの宇多天皇の日記。いわゆる三代御記の最初のものである。これまで天皇が日記を記録することはなかったが、仁和三年八月二十六日に践祚した宇多が、（遺《のこ》っているものでは）その日のうちから日記を記録し始めたことは、この日記の性格を知るうえで象徴的である。

もっとも、宇多は践祚する前日の八月二十五日まで臣籍にあったのであり、通常の天皇とは立場が異なっている。そのあたりが、宇多が日記を記録したことに影響していると考えている。

『宇多天皇御記』は、『花園天皇宸記《はなぞのてんのうしんき》』正和《しょうわ》二年（一三一三）十月四日条によると、持明院統《じみょういんとう》所伝本もすでに第二巻を欠き、当初は十巻存したことが知られるが、現在は一巻も伝存せず、わずかに『西宮記《さいきゅうき》』『政事要略《せいじようりやく》』『扶桑略記《ふそうりやつき》』『小野宮年中行事《おののみやねんじゅうぎょうじ》』その他の書に、仁和三・四年

（八八七、八八八）、寛平元・二・三・四・六・八・九年（八八九〜八九二、八九四、八九六、八九七）の各年次の記事が一部引載されているに過ぎない。

本記の内容については、近衛《このえ》兼経《かねつね》の『岡屋関白記《おかのやかんぱくき》』寛元《かんげん》四年（一二四六）閏《うるう》四月九日条に、「事毎に殊勝で、古事が眼前にあるかのようである。臣下の得失や、政道の奥旨や、詩歌の興は、おおむねこの御記にある」とその概要が伝えられ、また藤原俊憲《としのり》の『貫首秘抄《かんじゆひしよう》』には、特に天皇の作法を徴すべきものとして、「執柄《しつぺい》（摂関《せつかん》）や職事官人の必見の書」と説かれている。何とも全文を読んでみたかったものである。

現存の逸文《いつぶん》は、公事《くじ》儀式の先例のほか、天皇の日常や感懐の一端を伝え、阿衡の紛議の顚末《てんまつ》も、これによって知ることができる（『国史大辞典』による。武部敏夫氏執筆）。また、愛猫に関する詳細な様子が記録されていることでも知られる。

それでは、いくつかの記事を見ていくことにしよう。本文は、所功編『三代御記逸文集成』によるものとするが、意により文字や句読点、日付を改めた場合もある。ちなみに、すべて逸文なので単純に計測はできないが、現在判明している逸文七四条は、訓読文で一万九六三三字である（一条あたり平均二六五字）。

年次	西暦	天皇	年齢	主な出来事
貞観九	八六七	清和	一	誕生
元慶八	八八四	光孝	一八	臣籍降下（源定省に）

仁和三	八八七	宇多	二一	日記始まる／親王宣下（定省親王） 即位／阿衡の紛議
四	八八八		二二	仁和寺創建
寛平三	八九一		二五	藤原基経、薨去
五	八九三		二七	敦仁親王、立太子
六	八九四		二八	遣唐使派遣、中止
九	八九七	醍醐	三一	醍醐天皇、即位／日記終わる
昌泰二	八九九		三三	出家
延喜元	九〇一		三五	菅原道真、左遷
三	九〇三		三七	道真、薨去
九	九〇九		四三	藤原時平、薨去
一三	九一三		四七	亭子院歌合
延長八	九三〇	朱雀	六四	醍醐天皇、崩御／朱雀天皇、即位
承平元	九三一		六五	仁和寺御室で崩御

仁和四年（八八八）十一月三日条（『政事要略』による）　阿衡に関する詔書改作

先度詔書参議広相朝臣所レ作也。次二度詔書同人所レ作也。而諸公卿依レ不三先触二及於己一毀二譖作者一。右少弁希持二官奏一詣二太政大臣許一。大臣先問曰、先詔旨者先関二白太政大臣一而後奏下者。後詔以二阿衡之任一為二卿之任一者。此事如何。是彼大臣逢レ希而所レ言之事也。希答曰、関白奏下并阿衡之由、憶念依レ同二其義一、而先所レ白也云々。朕聴二其言一召レ希問レ之、希具奏二其趣一。仍召三対広相朝臣與二佐世等一、詳問二其事一。佐世以為引二阿衡一者是不レ預二政事一之義也。以レ此答レ之欲レ定二其事一、公卿等皆称レ病退出。明日左大臣進レ奏曰、太政大臣不レ聴レ事已久。速出二権謀一改二詔書一可二施行一。朕聴二此言一不レ肯二容許一。大臣固請、芒刺不レ可レ知。速誅レ錯可レ防二之未然一。朕遂不レ得レ志、枉随二大臣請一。濁世之事如レ是。可レ為二長大息一也。

先だっての詔書《しょうしょ》は、参議（橘《たちばなの》）広相《ひろみ》朝臣が作成したものである。次いで二度目の詔書も同人が作成したものである。そして公卿《くぎょう》たちは、広相が先に自分たちに告げ及ばずに作成したというので、作者（広相）を誹謗《ひぼう》した。右少弁（源）希《まれ》は官奏《かんそう》の文書を持って太政大臣《だいじょうだいじん》（基経）の許《もと》に参った。太政大臣が先ず問うて云《い》ったことには、「先の詔の趣旨は、『先ず太政大臣に関《あずか》り白《もう》し、その後に奏し下せ』といっている。後の詔では、『阿衡の任を卿《けい》（基経）の任とせよ』といっている。この事は、どういうことなのか」と。これは、あの大臣が希に逢《あ》って言ったところの事である。希が答えて云《い》ったことには、「関り白して奏し下すことと、阿衡については、考えますに、その意味を同じくしていますので、先に申したところです」と云うことだ。朕（宇多天皇）は、その言葉を聴いて、希を召してこれを問うたところ、希は詳しくその趣旨を奏上した。そこで広相朝臣と（藤原）佐世《すけよ》とを召し出して、詳しくその事を問うた。佐世は、「思いますに、阿衡を引いたのは、これは政《まつり》事《ごと》に与《あずか》らないという意味です」と、このように答えた。その事を議定《ぎじょう》しようと思ったが、公卿たちは皆、病と称して退出してしまった。明くる日、左大臣（源融《とおる》）が奏を進上して云ったことには、「太政大臣が政事を聴かなくなってから、すでに久しくなりました。速やかに権謀をめぐらせて、詔書を改めて施行《しぎょう》すべきです」と。朕はこの言葉を聴いて、許容することを肯《が》じなかったのだが、大臣（融）が固く請うたことには、「この茨の棘《とげ》のある問題が続けば、どうなるかわかりません。速かに勅答《ちょくとう》の誤りを除いて、それを未然に防ぐべきです」と。朕は遂に志を遂げられず、枉《ま》げて大臣の要請に随《したが》った。濁世《じょくせ》の事は、このようなものである。長嘆息《ちょうたんそく》すべきことである。

本条は、いわゆる「阿衡の紛議」の決着についての記事である。もともと『政事要略』に仁和四年十一月三日とあったものを、『大日本史料』など通説では「六月カ」としていたのであるが、古藤真平氏が十一月三日として理解できると論じられているので（古藤真平『宇多天皇の日記を読む』）、それに従いたい。

「阿衡の紛議」というのは、仁和三年十一月二十一日の詔書で基経に「万機を関白（関り白す）せよ」と命じたのに対して、閏十一月二十六日に基経が儀礼的に第一回の辞表を奏上し、翌二十七日に下した勅答に、「宜《よろ》しく阿衡の任を以《もつ》て、卿（基経）の任と為《な》すべし」とあった。これは宇多の側近で外戚《がいせき》となっていた橘広相が作成したものである。

この文言に対して、基経の家司《けいし》である藤原佐世が仁和四年五月十五日に、阿衡というのは中国の殷《いん》の時代の伊尹《いいん》が任じられたという地位であるが、具体的な職掌がない名誉職（素飡《そさん》）であるから、政務に関わらないと言ってきた。このまま阿衡を引き受けると、自分も職掌のない名誉職に追いやられると言い出して、宇多を牽制《けんせい》しようとしたのであろう。学者連中の中には、外戚となって権力を得ようとする広相に対する反感（嫉妬《しっと》）も満ちていたはずである。

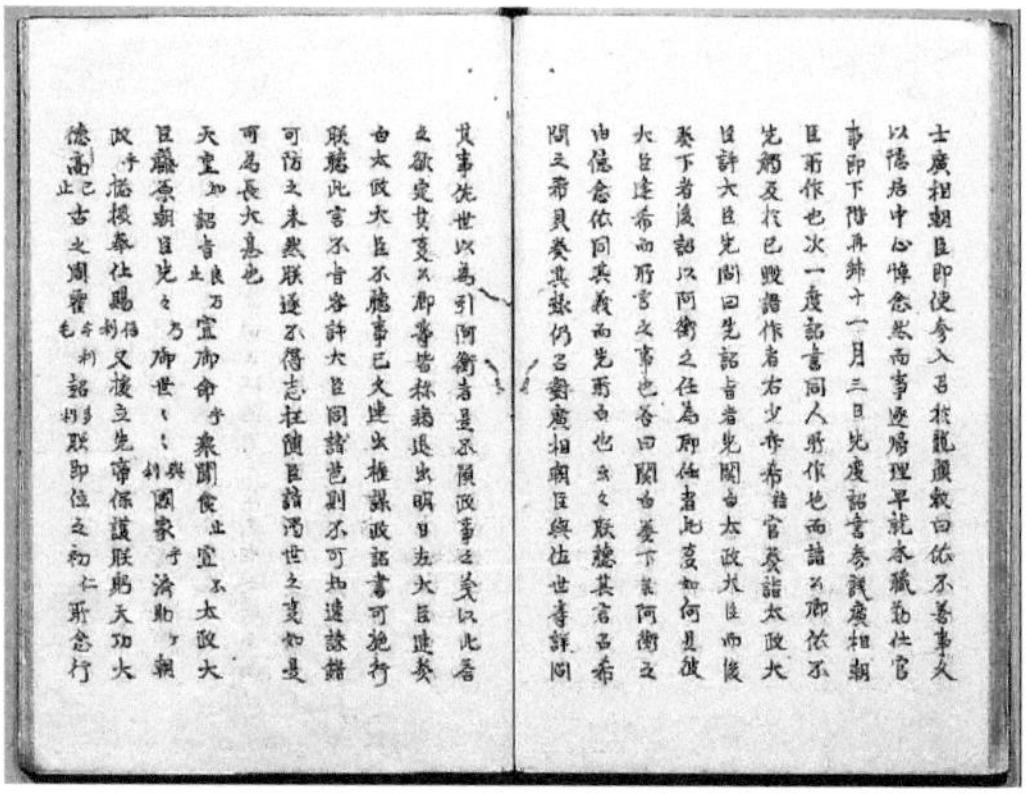

『宇多天皇御記』（『政事要略』三十・阿衡事所引．内閣文庫本．国立公文書館蔵）

基経は官奏を覧《み》ない日々が続き、政務は停滞した。翌仁和四年六月二日に至り、宇多は先の詔を改め、広相が「阿衡」の語を用いたのは自分の本意《ほい》に背いたものであるとして、「今より以後、衆務を輔行し、百官を指揮し、奏し下すことは、先の如く諮《はか》り稟《う》けよ」との勅を下した（『政事要略』）。宇多は、その怒りと絶望を日記に書き付けている。

こうして基経は正式に関白の任にあたることになり、広相を断罪《だんざい》し、基経の女である温子《おんし》が十一月に入内《じゅだい》することで決着した（『宇多天皇御記』）。なお、温子は皇子を産むことはなかったが、これは宇多の抵抗であろうか。

寛平元年（八八九）正月某日条（『政事要略』による）　三宝への帰依

朕自㆑為㆓児童㆒不㆑食㆓生鮮㆒者、帰㆓依三宝㆒。八九歳之間登㆓天台山㆒、修行為㆑事。爾後毎年往㆓詣寺々㆒修行。至㆓十七歳㆒、言㆘中宮可㆑為㆓沙門㆒状㆖。答曰、此極善也。大屋寺有㆓練行法師応俊者㆒。為㆓彼法師㆒、裁㆓縫細紵装束並袈裟㆒、先可㆓以与㆒耳之。後日又答云、善哉善哉、好㆓三宝㆒事。雖㆑然暫見㆓尽世間㆒、須㆑修㆓此事㆒。経㆓三四月㆒、復如㆓是事㆒。未㆑有㆓妻子㆒可也。若住㆓于世間㆒断㆓煩悩㆒是難耳。答曰、諾。然敢不㆓肯許㆒。後四ヶ月大臣持㆓鳳輦㆒奉㆑迎㆓先帝㆒。愚心偸以悚戦。未㆑及㆓復奏㆒歴㆓四ヶ年㆒、伝㆓此宝位㆒。而代□人心有㆓両端㆒、可㆓治難㆒。周文賢哲主也。

朕（宇多天皇）は児童であった時から魚肉を食すことなく、三宝《さんぼう》（仏教）に帰依《きえ》している。八、九歳のころ、天台山《てんだいさん》（延暦寺《えんりやくじ》）に登って、修行を事としていた。その後、毎年、寺々に参詣して修行した。十七歳になって、（母である）中宮（班子女王）に僧となるということを申した。答えて云ったことには、「これは極めて善いことである。大屋寺《おおやでら》に練行《れんぎよう》の法師で応俊《おうしゆん》という者がいる。その法師の為に、細紵《さいちよ》の装束および袈裟《けさ》を裁縫し、先ず与えるべきである」と。後日、また答えて云ったことには、「善きかな、善きかな、三宝を好む事は。そうとはいっても、しばらく世間を見尽くして、それからこの仏事を修めるように」と。三、四ヵ月を経て、またこのようであった。「未《いま》だ妻子がいないので、可です。

もし世間に住したならば、煩悩《ぼんのう》を断つことは、これは難しいばかりです」と。答えて云ったことには、「わかった。しかし敢《あ》えて肯《がえん》じて許さない」と。その後、四ヵ月で、大臣（基経）は鳳輦《ほうれん》を持って、先帝（光孝天皇）を迎え奉った。私の気持ちは、ひそかに恐れわなないた。未だ復奏《ふくそう》に及ばないうちに、四ヵ年を経て、この宝位《ほうい》（皇位）を伝えられた。しかし代□人心は両端が有り、治めることは難しいであろう。周《しゅう》の文《ぶん》帝（太祖《たいそ》、宇文泰《うぶんたい》）は、賢哲の主であった。

これは自身の幼少時からの仏教への帰依と、光孝―宇多皇統《こうとう》の成立を語っている。内容も文章も、日記というより、自叙伝または説話と称すべきものである。

まだ古記録《こきろく》という史料が記録され始めて間もない時期だからか、はたまた宇多の立場や個性によるものなのか、判然としないが、佐藤全敏氏の分析によれば、宇多は当時一般的であった「記録体」という日常実用文を使う意思は希薄で、中国古典文の一つである「記《き》」という部門を「和習」化した文体を使用していたという（佐藤全敏「宇多天皇の文体」）。さすがは漢学者の菅原道真や紀長谷雄《はせお》を重用した宇多である。

しかし子供のころから仏教に帰依し、修行を重ねて十七歳で出家することを決意したというのは、その信仰の深さを物語ってはいるものの、そのころは即位など思いもよらず、翌年に臣籍に降下することを思うと、このような思いを持つのも、わからないではない。

実際には退位後の三十三歳で出家しているのだが、この寛平元年の記事が二十三歳の時点で記録したものだとすると、本当に十七歳で出家を考えていたのであろう。これが仮名物の女房《にょうぼう》日記であれば、後年に遡《さかのぼ》って書いたのではないかと疑《うたぐ》りたくなるところであるが。

寛平元年（八八九）八月十日条（『扶桑略記』による）　陽成院の人の厄／老人のごとし

大臣参レ内談説之次云、陽成院之人厄満二世間一。動致二陵轢一、天下愁苦諸人嗷々。若有二濫行之徒一、只号二彼院人一。悪君之極今而見レ之云々。又相撲事、従二柏原天皇御代一至レ今代々天皇皆尽好レ之。貞観以後寂然無レ音。今聖主不レ捨レ之亦不レ楽乎。朕本自筋力微弱而無二可レ敵者一。今乱国之主而莫レ不三日致二愚慮一。毎レ念二万機一寝膳不レ安。爾来玉茎不レ発只如二老人一。依二精神疲極一当レ有二此事一也。左丞相答云、有二露蜂者一。命二宗継一調進。其後依二彼詞一服レ之。其験真可レ言也。

大臣（基経）が内裏に参って、談説したついでに云ったことには、「陽成《ようぜい》院の人の厄《やく》は世間に満ちています。ともすれば陵轢《りょうれき》を行ないます。天下の愁苦《しゅうく》は、諸人に嗷々《ごうごう》としています。もし濫行《らんぎょう》の徒がいれば、ただ、『あの院の人だ』と称しています。悪君の極みを、今にして見ています」と云うことだ。「また、相撲《すまい》については、柏原《かしわばら》天皇（桓武《かんむ》天皇）の御《み》代《よ》から今に至るまで、代々の天皇は、皆、すべてこれを好みます。貞観以後、寂然《じゃくねん》として行なわれません。今、聖主《せいしゅ》（宇多天皇）は、これを捨てないとはいっても、また楽しまないのでしょうか」と。朕（宇多天皇）は、もとより筋力が微弱であって、相手をする者はいない。今、乱国の主として、毎日、愚慮を致さないことはない。万機を思う度に、寝膳《しんぜん》が安らかではない。あれ以来、玉茎《ぎょつけい》は発《おこ》らず、ただ老人のようである。精神の疲極《ひきょく》によって、この事にあたらなければならないのである。左大臣（源融）が答えて云ったことには、「露蜂《ろほう》という物が有ります。（藤原）宗継《むねつぐ》に命じて調進させましょう」と。その後、その言葉によって、これを服用した。その効果は真に言うべきである。

陽成院の「濫行」記事については、かつて論じたことがある（倉本一宏『敗者たちの平安王朝 皇位継承の闇』）。それは『扶桑略記』に引載された寛平元年の諸条である。所功編『三代御記逸文集成』や増補「史料大成」刊行会編『増補史料大成 歴代宸記』は、それらの記事を『宇多天皇御記』としているが、その根拠はない。『扶桑略記』においては、「寛平御記《かんぴょうぎょき》」との明記がある逸文であっても、他書の文章や地の文が混入している場合も存するのである（佐藤全敏「宇多天皇の文体」）。これら寛平元年の諸条は「已上《いじょう》、御記」という注記もなく、「大臣、云はく」とか「左大臣、奏して云はく」といった言《げん》談《だん》のようなものなのである。

なお、『扶桑略記』というのは、関白藤原道兼《みちかね》の玄孫の皇円《こうえん》かその周辺の僧による私撰《しせん》の史書である。嘉保《かほう》元年（一〇九四）から堀河《ほりかわ》天皇の死去した嘉承《かしょう》二年（一一〇七）までの成立とされる。六国史《りつこくし》以下の国史《こくし》実録《じつろく》類、伝記類、霊験記《れいげんき》・往生伝《おうじょうでん》類、縁起《えんぎ》類など、多種多岐にわた

陽成院故地

る史料を引載して編纂《へんさん》されている。貴重な逸文の宝庫でもあるが、わけのわからない原史料《げんしりょう》を無批判に引載している例も多く、取り扱いには注意が必要である。

ただ、仮にこれらが『宇多天皇御記』の逸文であったとしても、これらを記したのが、陽成が退位させられた後に即位した光孝の子である宇多であることは、考慮に入れておかなければならない。同時代にして、いまだ陽成が生きていた時期なればこそ、その「狂気・暴虐」説話を言い触らす政治的な必要性が強かったのであろう。

寛平元年は宇多が即位して三年目であるが、年末の十二月二十八日に源維城以下の子が親王とされている。このうち、維城が敦仁親王となり、四年後の寛平五年（八九三）に立太子し、寛平九年（八九七）に即位して醍醐天皇となる。この流れの中で、寛平元年の八月から十二月にかけて、陽成上皇の「狂気・暴虐」説話が集中して語られるのである。

この条は、基経が宇多（?）に向かって、陽成院の家人《けにん》の濫行を「ついでに」訴えている。濫行を行なう連中は皆、自分は陽成の配下の者と自称しているというのである。これではたしかに、「悪君の極み」と言えようが、本当に基経が言ったことなのであろうか。

これらの「濫行」記事は、いずれも大臣や廷臣が告げ、告げられた者は何の措置もとらずにそれを書き付ける、といった点が特徴である。これらは実際に起こったものなのであろうか。本当に人々が苦しんでいるのであれば、何らかの措置が講じられてもよさそうなものであるのに、聞いた者はただその報告を記録し、しばらくするとまた、陽成の「濫行」が報告されるのである。そしてこの寛平元年が終わると、ぱったりとそういった報告は聞かれなくなる。

やはり何らかの意図によって、この寛平元年の後半に陽成の悪行が喧伝《けんでん》され、陽成に不利な、つまり宇多と醍醐に有利な政治情勢が形成されていたという疑いがぬぐえない。

宇多は苦悩の日々を、「万機を思う度に、寝膳が安らかでない。あれ以来、玉茎は発らず、……」と書き付けている。「あれ以来」というのは、陽成院の濫行を聞いて以来というより、基経に屈伏して以来、という意味であろう。なお、この時は源融が紹介した露蜂（蜂の巣の外側の薄い膜）を服用して回復したようである。

寛平元年（八八九）十二月六日条（『河海抄』による）　愛猫消息

朕閑時述二猫消息一曰、驪猫一隻、大宰少弐源精秩満来朝所レ献二先帝一。愛二其毛色之不レ類二余猫一。余猫猫皆浅黒色也。此独深黒如レ墨。為二其形容一悪似二韓盧一。長尺有二五寸一高六寸許。其屈也、小如二秬粒一。其伸也、長如二張弓一。眼精晶熒如二針芒之乱一レ眩。耳鋒直竪如二匙匕之不一レ揺。其伏臥時、団円不レ見二足尾一、宛如二堀中之玄璧一。其行歩時、寂莫不レ聞二音声一、恰如二雲上黒竜一。性好二道引一暗合二五禽一。常低二頭尾一著レ地。而聳二背脊一高二尺許。毛色悦沢蓋由レ是乎。亦能捕二夜鼠一捷二於他猫一。先帝愛翫数日之後賜二之于朕一。朕撫養五二年于今一。毎旦給レ之以二乳粥一。豈啻取二材能翹捷一。誠因二先帝所レ賜、雖二微物一殊有レ情二於懐育一耳。仍曰、汝猫食二陰陽之気一備二支竅之形一。必有レ心、寧知レ我乎。猫乃嘆息挙レ首仰二睨吾顔一。似二咽レ心盈一レ臆口不レ能レ言。

朕（宇多天皇）が暇な時に猫の様子を述べて云ったことには、「この驪猫《りびょう》（黒猫）一匹は、大宰少弐源精《くわし》が、任期を終えて都に戻り、先帝（光孝天皇）に献上したものである。その毛色が他の猫に似ていないことを愛している。他の猫たちは、皆、浅い黒色であるが、この猫だけが深黒であることは、墨のようである。その形容は、はなはだ韓盧《かんろ》（黒い猟犬）のようである。長さは一尺と五寸（四五㎝）である。高さは六寸（一八㎝）ほどである。それが屈《かが》むと、小さいことは秬粒《きょりゅう》（黒黍《くろきび》の粒）のようであり、それが伸びると、長いことは張弓《はりゆみ》のようである。眼精《がんせい》（瞳）が晶熒《しょうけい》（光る）することは、針の先が目まいを乱すかのようである。耳の先が直立することは、匙匕《かいひ》（さじ）が揺れないかのようである。その伏して坐《すわ》っている時は、まん丸で足や尾を見ないことは、あたかも堀の中の黒い璧《へき》（宝玉）のようである。その行歩する時に、ひっそりとして音声を聞かないことは、あたかも雲上の黒竜のようである。性は道教の導引術《どうきょうのどういんじゅつ》を好み、五禽《ごきん》の戯（虎・熊・鹿・鳥・猿の動作をまねて行なう気功《きこう》）に一致する。常に頭や尾を低くし、地に着いている。ところが背骨をまっすぐにすれば、高さが二尺（六〇cm）ほどになる。毛色が美しいのは、考えるにこれによるものか。また、よく夜に鼠を捕らえることは、他の猫に勝っている。先帝は愛翫《あいがん》すること数日の後、これを朕に下賜した。朕が撫養《ぶよう》することは、今に五年となる。毎朝、これに乳粥《にゅうしゅく》を与えている。どうしてただ才能が敏捷《びんしょう》であるから可愛がっていることがあろうか。誠に先帝が下賜したものであるので、小さな物ではあるけれども、特に飼育に情をかけているばかりである。そこで云ったことには、『これ猫や、お前は陰陽《いんよう》の気を食し、四肢《し》の形を備えている。必ず心が有るのであるから、きっと我を知っているであろう』と。猫はそこで嘆息し、首を挙げて我の顔を仰ぎ見ている。心が詰まり、思いが満ちているようであるけれども、口に出して言うことはできない」と。

これも先に述べた中国風の「記」を意識して書かれたものである。佐藤全敏氏によれば、これはたんなるその日の日記としてではなく、「記」を志向して四六駢儷体《しろくべんれいたい》を意識した一個の文学作品として執筆されたものであるという（佐藤全敏「宇多天皇の文体」）。

なお、日本の猫は弥生《やよい》時代に存在が確認されているが、本格的な渡来は平安時代の九州から、庶民への普及は江戸時代になってからという専門家の意見もある。『小右記《しょうゆうき》』や『枕草子《まくらのそうし》』に描かれた一条《いちじょう》天皇の愛猫「命婦《みょうぶ》のおとど」や、『源氏物語《げんじものがたり》』で女三宮《おんなさんのみや》が飼っているとされる唐《から》猫《ねこ》は、いわば猫という舶来の唐物《からもの》を所有しているという描写なのである。

ただ、この条が猫に関する最初の文献ということで（『日本霊異記《にほんりょういき》』の「ねこ」は「狸」と表記されている）、猫好きの方々から注目されていることは確かであろう。

寛平二年（八九〇）二月十三日条（『扶桑略記』による）　仲平元服

大臣参入言曰、可レ加二小童仲平元服一。即簾前立二倚子一就レ之。大臣祇候。爰使二散位定国先結レ髪。次朕著レ冠。此時左大臣融朝臣参入。太政大臣并仲平相具舞踏。賜二仲平白褂一領一。朕即手造二位記一曰、无位藤原仲平今可二正五位下一。先帝御宇之日兄時平加二元服一。皆率二其流一也。即儲二座於雅院一為二会飲之処一。雅院者是息所之曹也。太政大臣会語曰、白壁天皇時将レ立二皇太子一。其議未レ定、大臣真吉備并諸公卿議立二他帝之子一、宣命之書奏了。爰藤原百川破二其書一、立二柏原親王一為二皇太子一。大臣嘆曰、我年耄観レ恥如レ此。柏原天皇縁二百川之功一、親臨加二子緒嗣元服一。即賚レ釵曰、先帝所レ奉釵今与レ汝。而拝二内舎人一封二之百戸一。先帝之賞二時平一、恩踰二海岳一慈同二覆燾一。朕曰、先帝常言、我今長大潜二藩邸一、因二太政大臣之扶持一幸得レ登二此皇極一。枯木更栄。是誰徳乎。又朕有二両兄一。雖レ有二先帝之顧託一、自レ非二大臣之済導一、朕宝位何至二今日一乎。

大臣（基経）が参入し、申して云ったことには、「小童《こわらわ》の（藤原）仲平《なかひら》に元服を加えることにします」と。すぐに簾前に倚子《いし》を立てて、これに坐った。大臣が伺候《しこう》した。そこで散位《さんい》（藤原）定国《さだくに》に先ず髪を結わせた。次いで朕（宇多天皇）が冠を着した。この時、左大臣（源）融朝臣が参入した。太政大臣（基経）および仲平を連れて舞踏した。仲平に白い袿《うちき》一領を下賜した。朕はそこで自ら位記《いき》を作成して云ったことには、「無位藤原仲平に、今、正五位下を叙すこととする」と。先帝（光孝天皇）が治めていた時、兄（藤原）時平が元服を加えた。皆、その次第に従ったのである。そこで座を雅院《がいん》に準備し、会飲の処とした。雅院はこれは、御息所《みやすどころ》（藤原温子）の曹司《ぞうし》である。太政大臣が語って云ったことには、「白壁《しらかべ》天皇（光仁《こうにん》天皇）の時、まさに皇太子を立てようとしました。その議が未だ定まらないときに、大臣（吉備《きびの》）真備《まきび》および諸公卿は、議して他の帝の子を立て、宣命《せんみよう》の書を奏上しました。ここに藤原百川《ももかわ》は、その書を破り、柏原《かしわばら》親王（桓武《かんむ》天皇）を立てて皇太子としました。大臣（真備）が嘆いて云ったことには、『我は年老いて、恥を見ることは、このようである』と。柏原天皇は、百川の功績によって、自ら臨んで子の（藤原）緒嗣《おつぐ》に元服を加えました。そこで釼《たち》を下賜して云ったことには、『先帝（光仁天皇）が下賜した釼を、今、汝《なれ》（緒嗣）に賜与する』と。そして内舎人《うどねり》に拝任し、これに百戸を封しました。

先帝が時平を賞したことは、恩は海山を越え、慈しんだことは、覆燾《ふとう》（覆い載せること）と同じでした」と。朕が云ったことには、「先帝が常に言っていたことには、『我は今、成長しても藩邸《はんてい》（自邸）に潜み、太政大臣の扶持によって、幸いにもこの皇極《こうぎょく》（帝位）に登ることができた。枯木は更に栄える。これは誰の徳か』と。また、朕には二人の兄（是忠《これただ》親王・是貞《これさだ》親王）がいる。先帝の顧託《こたく》が有ったとはいっても、大臣の領導がなければ、朕の帝位は、どうして今日に至ることができたであろうか」と。

藤原基経二男の仲平の内裏清涼殿《せいりょうでん》における元服の記事である。宇多が加冠《かかん》の役を務め、自ら位記を作成したというのも、基経とその子息を優遇している表われである。

その後の饗宴《きょうえん》において、基経が故事を語り、宇多がそれを記録している。光仁の皇太子の件については、称徳《しょうとく》天皇の死後に光仁が即位した際のこと（『日本後紀《にほんこうき》』所引「百川伝」）が混同されている。ただ、この故事のなかでは、桓武が、自分が即位できたのは百川の功績であると言って、百川一男の緒嗣を優遇し、自ら元服を加えたことにつながるのであるから、基経の発言のなかでは理屈は一貫している。

その後、光孝が基経の功績を語ったことを記し、宇多も自分の即位は基経の功績であったと記している。なお、宇多は自分には二人の兄がいると記しているが、宇多は光孝の第十五皇子である。これは女御《にょうご》（後の皇太后）班子女王が産んだなかでは第四子であり、第一子の源元長《もとなが》はすでに元慶七年（八八三）に死去しているので、この時点で生存している第二子の第十二皇子是忠親王と第三子の第十三皇子是貞親王のことを指している。他の后妃《こうひ》が産んだ皇子は、源氏に降下させたままで、親王には復していない（倉本一宏『公家源氏 王権を支えた名族』）。

以上、『宇多天皇御記』を見てきた。それは後のさまざまな古記録とは異質のものであった。それが宇多の個性や、元は臣下であったという来歴によるものなのか、それともまだ日本に古記録というものが記録され始めて間もない時期のものであったことによるものなのかは、これから慎重な考察が行なわれなければならない。

2　『醍醐天皇御記』と醍醐天皇

『醍醐天皇御記《だいごてんのうぎょき》』は、宇多《うだ》天皇の第一皇子である醍醐天皇が記した古記録《こきろく》である。醍醐天皇は、仁和《にんな》元年（八八五）に誕生した。母は藤原高藤《たかふじ》の女《むすめ》の胤子《いんし》。諱《いみな》は維城《これざね》、後に敦仁《あつぎみ》。仁和三年（八八七）に宇多の即位とともに皇族に列し、寛平《かんぴょう》元年（八八九）に親王宣下を受け、寛平二年（八九〇）に敦仁と改名した。寛平五年（八九三）に立太子《りったいし》し、寛平九年（八九七）に十三歳で即位し、醍醐天皇となった。

宇多は譲位《じょうい》に際して『寛平御遺誡《かんぴょうのごゆいかい》』を敦仁に遺《のこ》し、藤原時平《ときひら》と菅原道真《みちざね》を重用すべきことを訓戒した。醍醐は昌泰《しょうたい》二年（八九九）に時平を左大臣、道真を右大臣に任じたが、延喜《えんぎ》元年（九〇一）、女婿の斉世《ときよ》親王（醍醐の異母弟）を皇位に即けようと企てたという密告によって、醍醐は道真を大宰権帥《だざいのごんのそち》に左遷した。

時平は延喜九年（九〇九）に三十九歳で死去し、延長《えんちょう》元年（九二三）に皇太子の保明《やすあきら》親王が二十一歳で死去し、続いて立太子した保明の子の慶頼《よしより》王（母は時平の女である仁善子《にぜし》）も、延長三年（九二五）に五歳で死去してしまった。延喜三年（九〇三）に大宰府で死去した道真の怨《おん》霊《りょう》が喧伝《けんでん》されたことは、言うまでもない（『日本紀略《にほんきりゃく》』）。

醍醐自身も宇多に先立って延長八年（九三〇）に死去し、現在の京都市伏見区醍醐古道町の後山科陵《のちのやましなのみささぎ》に葬られたが、後には地獄《じごく》で業火《ごうか》に焼かれる絵像が各地の天神絵巻に描かれることとなった。ちなみに、後山科陵は平安時代の天皇陵としては数少ない真陵《しんりょう》と考えられている。なお、次に述べる村上《むらかみ》天皇と並んで、醍醐も「延喜《えんぎ》・天暦《てんりゃく》の聖帝《せいてい》」と讃《たた》えられたが、それは天皇親政を行なったという偶然（藤原氏官人に摂関《せっかん》にふさわしい高官がいなかっただけ）と、文人《ぶんじん》貴族を人事的に優遇したという傾向が合わさって、主に後世の文人が唱えたものである（林陸朗『上代政治社会の研究』）。

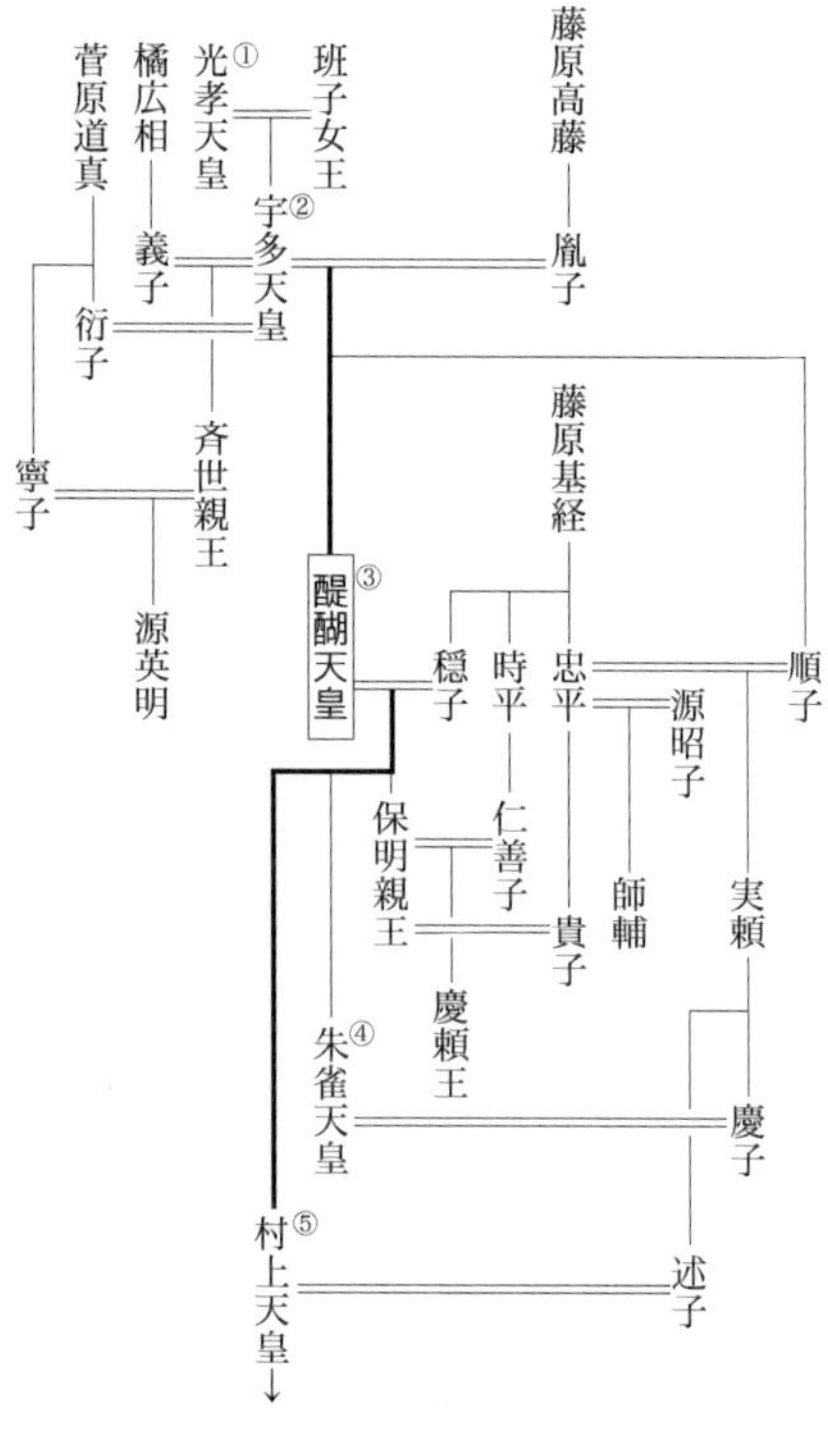

（数字は即位順、太線は天皇家嫡流）

『醍醐天皇御記』は、『醍醐天皇宸記《だいごてんのうしんき》』『延喜御記《えんぎぎょき》』などともいう。寛平九年から延長七年（九二九）の日記で、いわゆる三代御記の一つ。『春記《しゅんき》』長暦《ちょうりゃく》三年（一〇三九）十月二十八日条に「延木御日記《えんぎのおんにっき》二十巻」と見える。『権記《ごんき》』長徳《ちょうとく》四年（九九八）三月二十八日条によれば、当時すでに「延喜御記抄《えんぎぎょきしょう》」があり、御記の本体とともに内裏清涼殿《せいりょうでん》の日記御厨子《にっきのみずし》に保管されていた。

寛弘《かんこう》六年（一〇〇九）十月四日、一条院《いちじょういん》内裏の火災により、「（醍醐・村上）二代御記」が焼亡してしまい（『権記』）、藤原朝経《あさつね》などの家に伝わった完本を、源経頼《つねより》や藤原資平《すけひら》らが転写したものの（『春記』長暦三年十月二十八日条）、応仁《おうにん》の乱のころに焼失してしまったようである。

ただ、『西宮記《さいきゅうき》』など約六〇種の書物に約五一〇条の逸文《いつぶん》が引かれており、即位後まもない寛平九年九月一日条から死去前年の延長七年十月二十六日条まで三十二年余にわたっている。逸文の内容は宮中の儀式行事に関するものが多く、その中に貴族文人たちとの交流や寸評も記されており、いわゆる延喜の治を語る貴重な史料である（『国史大辞典』『平安時代史事典』による。ともに所功氏執筆）。

それでは、いくつかの記事を見ていくことにしよう。本文は、所功編『三代御記逸文集成』によるものとするが、意により文字や句読点、日付を改めた場合もある。ちなみに、すべて逸文なので単純に計測はできないが、現在判明している逸文五一四条は、訓読文で七万九五六六字である（一条あたり平均一五五字）。

年次	西暦	天皇	年齢	主な出来事
仁和元	八八五	光孝	一	誕生
三	八八七	宇多	三	宇多即位／維城皇族に
寛平元	八八九		五	親王宣下
二	八九〇		六	敦仁に改名
五	八九三		九	立太子
九	八九七	醍醐	一三	即位／日記始まる
昌泰元	八九八		一四	日記、本格的に始まる
二	八九九		一五	藤原時平左大臣、菅原道真右大臣
延喜元	九〇一		一七	道真、大宰府に左遷
				『日本三代実録』完成
二	九〇二		一八	荘園整理令
三	九〇三		一九	道真、薨去
五	九〇五		二一	『古今和歌集』完成
九	九〇九		二五	時平、薨去
一四	九一四		三〇	藤原忠平右大臣
延長五	九二七		四三	『延喜式』完成
七	九二九		四五	日記終わる
八	九三〇	朱雀	四六	崩御／朱雀天皇、即位

延喜元年（九〇一）七月十日条（『扶桑略記《ふそうりゃっき》』による）　道真の様子

宇佐御幣使清貫奏㆓復命㆒。又云、候㆓帥菅原朝臣気色及府使等㆒、大弐葛紘〈野篁息、道風父也。〉如㆓京下伝言㆒。其事甚不㆑便也。令㆑候㆓其気色㆒、殊無㆑為㆑帥。又諸人云、如㆑此。但帥見㆓気色㆒殊示㆓窮体㆒。前日言意既似㆓理伏㆒。其詞云、無㆑所㆓自謀㆒。但不㆑能㆑免㆓善朝臣誘引㆒。又仁和寺御言、数有㆑奉㆓承和故事㆒耳云々。

宇佐御幣使《うさごへいし》（藤原）清貫《きよつら》が、復命を奏上した。また、云ったことには、「大宰権帥菅原朝臣《あそん》（道真）の様子を窺《うかが》い、また大宰府使の言葉を伺いますに、大宰大弐（小野）葛紘《くずお》〈小野篁《たかむら》の子息で、（小野）道風《みちかぜ》の父である。〉の京での伝言のとおりです。その事は、甚だ都合の悪いものです。その様子を窺わせましたが、特に帥（道真）の為になることはありません。また、諸人が云ったことは、このようなものです。但し、帥は様子を見るに、特に窮している様子を伝えてきました。前日の言葉の意味は、既に道理に伏しているようでした。その詞に云ったことは、『自ら謀るところはなかった。但し（源）善《よし》朝臣の誘引を免れることができなかった。また、仁和寺《にんなじ》（宇多法皇）の御言は、しばしば承和《じょうわ》の変の故事を承ったことが有っただけである』と云うことでした」と。

脱字や脱文がありそうで、何とも意味の取りにくい記事であるが、要するに、宇佐八幡宮《うさはちまんぐう》への奉幣使《ほうべいし》に任じられた藤原清貫が、大宰府を訪れ、この年の正月二十五日に起こった政変(「昌泰の変」)で大宰権帥に降され、二月一日に現地に流されている菅原道真の動静を探ってきた。この条は、復命した清貫がそれを醍醐に奏上したというものである。

この清貫というのは、当時は式部権少輔《しきぶのごんのしょう》兼五位蔵人《くろうど》で、醍醐の側近であった。道真への接触も、醍醐の命を承《う》けたものと考えるべきであろう。この後、延喜五年(九〇五)に右衛門《えもんの》権佐《ごんのすけ》(兼検非違使佐《けびいしのすけ》)に任じられ、史上はじめて五位蔵人・衛門佐(検非違使)・弁官を兼ねる三事兼帯の栄に浴した。しかし、大納言に昇進していた延長八年(九三〇)の清涼殿落雷で、「衣焼け胸裂け」て死去した。このショックで醍醐天皇も間もなく「咳病《がいびょう》」を発《おこ》し、九月に皇太子寛明《ゆたあきら》親王に位を譲り(朱雀《すざく》天皇)、死去した(『日本紀略』)。

本条に戻ると、ここで道真は、自分は自ら謀るところはなかったものの、源善の誘引を承けたと言っている。まあ、古今の政変劇は、このようにして始まっているのであるが。ただ、それに続けて、宇多がしばしば承和の変の故事を語っていたといっていることは重要である。承和の変というのは、承和九年(八四二)に嵯峨《さが》太上天皇が死去した直後に、密告に連坐《れんざ》して皇太子恒貞《つねさだ》親王が廃太子《はいたいし》された事変である。橘《たちばなのかち》嘉智子《こ》と藤原良房《よしふさ》の関与が推測されている。「皇太子は知らなかったにしても、悪者に皇太子が煽動《せんどう》された事件のことは、古くから伝えられている」という言葉(『続日本後紀《しょくにほんこうき》』)が、事件の本質を表わしている。いったい宇多は、この故事を語ることで、道真に何を伝えたかったのであろうか。醍醐と宇多の間の微妙な確執も、ここには見え隠れしている。

なお、源善はこの「昌泰の変」に連坐し、右近衛中将から出雲権守《いずものごんのかみ》に左遷された。

延喜七年（九〇七）十月一日～二十八日条　宇多法皇熊野御幸

法皇となった宇多は、東大寺《とうだいじ》・金峯山《きんぷせん》・高野山《こうやさん》・竹生島《ちくぶじま》・延暦寺《えんりやくじ》・薬師寺《やくしじ》・熊野社《くまのしゃ》・石山寺《いしやまでら》・春日社《かすがしゃ》など各地に積極的に御幸を行なった。ここでは延喜七年の熊野御幸における醍醐の日記を並べてみよう。

十月一日条（『西宮記《さいきゅうき》』による）　宇多法皇熊野御幸供奉者定

使㆔道明仰㆓左大臣㆒曰、仁和寺可㆑御㆓紀伊国㆒。若可㆑有㆑所㆑申否。大臣令㆑申、云々。勘㆓先例㆒、清和太上天皇御㆓平城㆒時、能有朝臣等引㆓宿衛㆒奉㆑従。又前時法皇行幸時、友于朝臣奉㆑従。今以為奉㆑進㆓参議・少将等㆒可㆑善。抑明日参入可㆓定仰㆒云々。

（藤原）道明《みちあき》を介して左大臣（藤原時平）に命じさせて云ったことには、「仁和寺（宇多法皇）は紀伊《きい》国に御幸することになった。もしかしたら申すところが有るかどうか」と。大臣が申させて云ったことには、「云々《うんぬん》。先例を調べますと、清和《せいわ》太上天皇が平城宮《へいじょうきゅう》に御幸された時、（源）能有《よしあり》朝臣たちが宿衛を率いて供奉《ぐぶ》し奉りました。また、前回、法皇が行幸された時は、(在原《ありはらの》)友于《ともゆき》朝臣が供奉し奉りました。今、思うことには、参議や少将たちを進め奉るのが善いでしょう。そもそも明日、参入して、定めて命じることにします」と云うことだ。

宇多の熊野御幸を知らされた醍醐は、時平と供奉する官人について協議している。先例をすぐに並べて適切に対応する時平もさすがである。熊野詣は熊野三山に参詣して現世《げんせ》安穏《あんのん》・後生《ごしょう》善処《ぜんしょ》・延命長寿《えんめいちょうじゅ》などを祈ることで、宇多の参詣がその起源とされる。

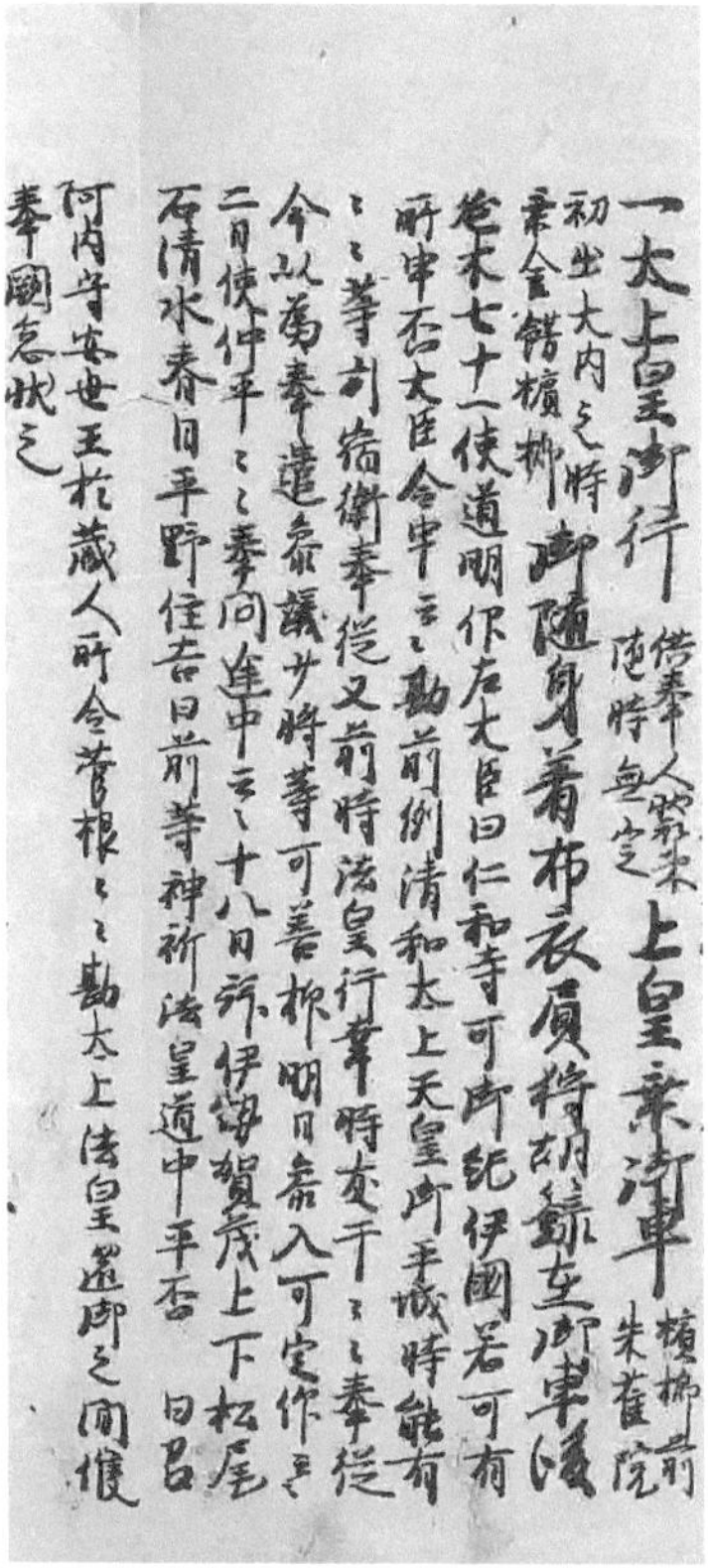

『醍醐天皇御記』(『西宮記』大永鈔本五・行幸裏書所引．前田家本．尊経閣文庫蔵)

十月二日条（『扶桑略記』『西宮記』による）　宇多法皇熊野御幸供奉者召仰

仁和寺太上法皇幸二紀伊国一、参二御熊野山一。勅使二右近中将仲平朝臣一、奉レ問二途中一。為レ令レ奉レ従二法皇御幸一、差レ使召二参議昇朝臣一。

仁和寺太上法皇が紀伊国に御幸し、熊野山に参られる。勅して右近中将（藤原）仲平《なかひら》朝臣を遣わして、道中を問い奉る。法皇の御幸に供奉し奉らせる為に、使を遣わして、参議（源）昇《のぼる》朝臣を召した。

熊野御幸に供奉させるため、醍醐は源昇を呼び出した。昇は嵯峨皇子の源融《とおる》の次男である。後の花山院《かざんいん》とは異なり、宇多は実際に熊野に参るのである。

十月三日条（『扶桑略記』による）　宇多法皇御幸充費

昇朝臣令レ奏、昨日途中被二馬踏一、足上腫不レ得二参入一。勅宜仰二仲平朝臣一、可レ令レ祗二候法皇御幸一焉。以二穀倉院綿三百屯、調布二百端一、奉レ充下法皇幸二紀伊国一途中上。

昇朝臣が奏上させたことには、「昨日、途中で馬に踏まれ、足の上が腫れて、参入することができません」と。勅したことには、「仲平朝臣に命じて、法皇の御幸に供奉させるように」と。穀倉院《こくそういん》の綿三百屯と調布《ちょうふ》二百端を、法皇が紀伊国に御幸する費用に充て奉った。

昇は馬に足を踏まれて参入することができないなどと、見え透いた言い訳をしてきたので、醍醐は仲平に供奉を命じている。また、道中の費用を支出するよう命じた。法皇の御幸ともなれば、これだけの出費が必要なのである。

十月十七日条（『扶桑略記』による）　仲平復命

及レ夜、仲平朝臣自二紀伊国一来復命。法皇以二去十一日一、自二切尾湊一御レ舟、赴二向熊野神社一。其日、為レ報二道中消息一、有レ仰令二還来一。但伝聞、進御道中、泛レ海傍レ山。其路甚難云々。

夜に及んで、仲平朝臣が紀伊国から来て、復命した。「法皇は、去る十一日に、切尾湊《きりおのみなと》から舟に乗られ、熊野神社に赴き向かいました。その日、道中の様子を報じるために、仰せが有って還《かえ》って来ました。但し、伝え聞いたことには、『進まれていらっしゃる道中は、海に浮かび、山に添っている。その路は甚だ難路である』と云うことでした」と。

仲平が道中の様子を伝えに帰ってきた。切尾湊というのは不明。現和歌山県印南町に切目崎というのがあるが、ここからでは上陸地点の田辺に近過ぎる。おそらく摂津《せっつ》か和泉《いずみ》の港であろう。そこから現在の田辺のあたりまで舟で進み、中辺路《なかへじ》を通って熊野本宮に向かったのであろう。それは熊野路が整備された院政《いんせい》期以降とは異なり、平安貴族の想像を絶する難路だったこ

熊野本宮

とであろう。当時は参詣者もまだ稀だったはずである（『三宝絵詞《さんぼうえことば》』）。仲平が途中で帰ってきたのも、わからないではないが、それにしても宇多の執念はすさまじいものである。

十月十八日条（『西宮記』による）　宇多法皇御幸平安祈願

拝二伊勢・賀茂上下・松尾・石清水・春日・平野・住吉・日前等神一、祈二法皇道中平安一。是日、召二河内守安世王於蔵人所一、令三菅根朝臣勘二太上法皇還御之時、供奉欠怠状一云々。

伊勢《いせ》神宮《じんぐう》・賀茂上下社《かものかみしもしゃ》・松尾社《まつのおしゃ》・石清水《いわしみず》八幡宮《はちまんぐう》・春日社・平野《ひらの》社《しゃ》・住吉社《すみよししゃ》・日前《ひのくま》社《しゃ》といった神々を遥拝《ようはい》して、法皇の道中の平安を祈った。この日、河内守安世《やすよ》王を蔵人所に召し、（藤原）菅根《すがね》朝臣を介

して、太上法皇が還御《かんぎょ》する時、供奉の欠怠《けつたい》の状況を勘申《かんじん》させる。……

宇多の安否が心配な醍醐は、さまざまな神社に祈願を行なった。やはり父子というものであろう。日前社が含まれているのは、紀伊国に鎮座しているからである。また、還御の時に供奉を欠怠する官人を召問《しょうもん》させるよう命じている。源昇などはどうなったのであろうかと思うと、翌延喜八年（九〇八）に中納言に昇任している。

十月二十八日条（『扶桑略記』による）　宇多法皇還御

左近少将嗣、自二仁和寺一還来復命。法皇仰云、以二只今時一、自二紀伊国一還云々。

左近少将（源）嗣《つぐる》が仁和寺から還って来て、復命した。「法皇がおっしゃって云ったことには、『ただ今の時刻に、紀伊国から還った』と云うことでした」と。

宇多は帰京後、仁和寺に入ったようである。醍醐の命で源嗣が遣わされ、安否を確認している。なんだかぎくしゃくした関係にも見えてしまう両者である。なお、この後、宇多の熊野詣に関する記事は見られない。

延喜十五年（九一五）四月十八日条（『西宮記』による）　斎王月事穢

斎院長官希世申、斎内親王自㆑昨有㆓月事㆒。仰㆓外記㆒令㆑検㆓前例㆒、無㆑所㆑見。召㆓神祇大副安則㆒問㆓斎宮例㆒。申云、於㆓離宮㆒有㆓月事㆒不㆑参㆓外宮㆒。又於㆓外宮㆒有㆓月事㆒、不㆑参㆓内宮㆒。但所㆑備幣物、宮主・所司等持至㆓河辺㆒祓㆓其由㆒棄㆑之。斎院事非㆓神祇官之所㆑知也云々。仰㆓希世㆒、斎院参㆑社事宜㆓停止㆒。只於㆑院令㆑祓㆓停止由㆒、又所㆑設幣物、依㆓斎宮例㆒、院司・宮主等相共於㆓川辺㆒令㆑祓㆓棄之㆒。

賀茂《かも》斎院《さいいん》長官（平）希世《まれよ》が申したことには、「斎内親王《さいないしんのう》（恭子《きようし》内親王）は、昨日から月事《げつじ》となりました」と。外記《げき》に命じて、前例を調べさせたが、見えるところは無かった。神祇大副（大中臣《おおなかとみの》）安則《やすのり》を召して、伊勢《いせ》斎宮《さいくう》の例を問うた。申して云ったことには、「離宮院《りきゆういん》に於《お》いて月事となったら、外宮《げくう》に参りません。また、外宮に於いて月事となったら、内宮《ないくう》に参りません。但し、準備した幣物《へいもつ》は、宮主《みやじ》や所司たちが持って河辺に至り、その事情を祓《はら》って棄てます。斎院については、神祇《じんぎ》官《かん》が関知するところではありません」と云うことだ。希世に命じたことには、「斎院が賀茂《かも》社《しや》に参る事は、停止《ちようじ》するように。ただ斎院に於いて停止する事情を祓えさせ、また準備した幣物は、伊勢斎宮の例によって、院司《いんじ》や宮主たちが、一緒に川辺に於いてこれを祓い、棄てさせよ」と。

賀茂斎院は、嵯峨天皇の時代以来、賀茂御祖神社《かもみおやじんじゃ》（下鴨社《しもがもしゃ》）と賀茂別雷神社《かもわけいかづちじんじゃ》（上賀茂社《かみがもしゃ》）に奉仕した皇女のこと。伊勢斎宮と合わせて斎王《さいおう》という。本条に登場する斎院は醍醐天皇第三皇女の恭子内親王。母は藤原連永《つらなが》の女の更衣《こうい》藤原鮮子《せんし》。延喜三年（九〇三）にわずか二歳で斎院に卜定《ぼくじょう》された。

本条は、恭子内親王が月事となったという報告を受けた醍醐が、先例を調べさせて、伊勢斎宮に准じて神事を停止させ、幣物を祓ったうえで棄てさせたというもの。

月事とは月経のことだが、『延喜式《えんぎしき》』では月事も穢《けがれ》と規定されている。この年、恭子内親王は数えで十四歳であるから、満年齢だと十二、三歳。もしかしたらこの日、初潮を迎えたのかもしれない。

平安貴族たちが触穢《しょくえ》を極度に恐れていたかというと、そうとばかりも言えず、都合のいいように利用していたのであるが（倉本一宏『藤原道長の日常生活』）、それでも神事となるとこれを守らなければならない。特に翌十九日に迫った賀茂祭《かものまつり》への参加となると、厳しい潔斎《けっさい》が求められた。

なお、恭子内親王の生母である鮮子は、この月の三十日に死去している。それにともない、五月四日に、恭子内親王は斎院を退いた。そして同年十一月八日に死去した。十四歳。

ちなみに、ここで醍醐の諮問を受けた平希世は、仁明平氏《にんみょう》。能吏《のうり》として、また歌人としても有名であったが、延長八年（九三〇）、落雷によって、大納言藤原清貫《きよつら》とともに内裏清涼殿で震死した（『日本紀略《にほんきりやく》』）。希世は仏法を尊ばなかったため、死ぬことになったとも言われた（『九条右丞相遺誡《くじょうしょうじょうゆいかい》』）。後に清貫は菅原道真の怨霊に蹴殺されたと言われたものの（『皇代記《こうだいき》』）、希世と道真の関係は定かではない（倉本一宏『平氏 公家の盛衰、武家の興亡』）。

延喜十八年（九一八）三月一日条（『東宝記《とうぼうき》』『東寺三十帖冊子《とうじさんじゅうじょうさつし》』『東寺要集《とうじようしゅう》』による）　空海請来冊子御覧

午剋大僧都観賢令レ持二故大僧正空海自レ唐齎来真言法文策子卅帖一参入。覧訖返付。仰令レ蔵二東寺一永代不二紛失一。此策子是空海入唐自所二受伝一之法文・儀軌等也。其文即空海及橘逸勢書也。其上首弟子等相次受伝。至二于僧正真然一随身蔵二置高野寺一。其後律師無空為二彼寺座主一、持二此法文一出二於他所一。無空没後其弟子等不二返納一、所々分散。右大臣忠平奏レ事之次語二此事一間、惜二根本法文空欲二散失一、去年十二月語二観賢一令二尋求一。昨日令レ申二求得由一。故召見レ之。

午刻《うま》（午前十一時から午後一時）、大僧都観賢《かんげん》が、故大僧正空海《くうかい》が唐から将来した真言法文《しんごんほうもん》の冊子《さつす》三十帖を持たせて参入した。覧じ終わって、返し付した。命じたことには、「東寺《とうじ》に収蔵させて、永代、紛失しないように」と。この冊子は、これは空海が入唐《にっとう》し、自ら受《じょう》けて伝えた法文や儀軌《ぎき》などである。その文は、つまり空海及び橘逸勢《はやなり》の書である。その上首《しゅ》の弟子たちが、相次いで受けて伝えてきた。僧正真然《しんぜん》に至って、随身《ずいじん》して高野寺《こうやでら》（金剛《こんごう》

峯寺《ぶじ》）に蔵置した。その後、律師無空《むくう》がその寺の座主《ざす》となり、この法文を持って他所へ出た。無空が没した後、その弟子たちは返納せず、法文は所々に分散してしまった。右大臣（藤原）忠平《ただひら》が政事《まつりごと》を奏上したついでに、この事を語ったので、根本法文が空しく散失しようとしているのを惜しみ、去年十二月に観賢に語って、探し求めさせた。昨日、探し出したということを申させた。そこで召してこれを見た。

この前年、醍醐は空海が唐から将来した真言法文の冊子三十帖を探すよう命じていたが、この日、それを観賢が持ってきたという記事。醍醐は、東寺に収蔵させて、永遠に紛失しないよう命じている。なお、儀軌というのは、密教《みっきょう》の念誦・供養などの儀式に関する作法次第の規則一般を成文化した規則書のこと。

この「三十帖冊子」は、現在は仁和寺蔵となっている。粘葉装《でっちょうそう》の最古の遺品としても知られる。空海が在唐中に青竜寺《せいりゅうじ》の恵果《けいか》の指導を受けて経典儀軌を書き留《とど》め、また唐の写経生二十数名に依頼して書写し、一部は橘逸勢が書いたものとされている。楷書が主で、行草書体も多く、梵字《ぼんじ》の大半は空海の筆跡であると推定される。

寛平元年（八八九）に真然が金剛峯寺の経蔵に納めた後、観賢が東寺長者となると、延喜十二年（九一二）に金剛峯寺座主無空に返還をせまったが、無空は応じなかった。無空は冊子を携行して山城《やましろ》・伊賀《いが》を転々とし、延喜十八年（九一八）に伊賀で死去した。醍醐は無空門下に命じて冊子を返納させ、東寺の経蔵に納めた。文治《ぶんじ》二年（一一八六）、仁和寺の守覚《しゅかく》法親王は東寺長者の俊証《しゅんしょう》に冊子の借覧を乞い、これを仁和寺大聖院《だいしょういん》の経蔵に秘蔵して、現在に至っている。冊子およびこれを納める箱は国宝に指定されている（『国史大辞典』による。宮坂宥勝氏執筆）。

延長四年（九二六）五月二十一日条（『扶桑略記』による）　寛建入唐を許可

召二興福寺寛建法師於修明門外一。奏下請就二唐商人船一入唐求法、及巡中礼五台山上。許レ之。又給二黄金小百両一以充二旅費一。法師又請二此間文士文筆一。菅大臣・紀中納言・橘贈中納言・都良香等詩九巻。菅氏・紀氏各三巻。橘氏二巻。都氏一巻。但件四家集、仰二追可レ給。道風行・草書各一巻。付二寛建一令レ流二布唐家一。可レ相二従入唐一僧并雑人等、従僧三口・童子四人・通事二人。勅遣二元方於左大臣宿所一。寛建法師入唐之由、宜レ遣二書大弐扶幹朝臣許一。可レ仰二其旨一。

興福寺《こうふくじ》の寛建《かんけん》法師を修明門《しゅうめいもん》外に召した。唐の商人の船に乗って入唐求法《にっとうぐほう》し、また五台山《ごだいさん》を巡礼することを奏請《そうせい》してきた。これを許した。また黄金小百両を下給し、それを旅費に充てさせた。法師はまた、このころの文士の文筆を請うた。菅大臣（道真）・紀中納言（長谷《はせ》雄《お》）・橘贈中納言（逸勢）・都良香《よしか》の詩を九巻。菅氏・紀氏が各三巻。橘氏が二巻。都氏が一巻。但しこの四家の集は、追って下給することとすることを伝えた。（小野）道風《みちかぜ》の行書と草書、各一巻。これらを寛建に託し、中国に流布させる。入唐に供奉することになっている僧および雑人《ぞうにん》たちは、従僧三口・童子四人・通事二人である。勅して（藤原）元方《もとかた》を左大臣（時平）の直廬《じきろ》に遣わした。寛建法師が入唐するということについて、宜《よろ》しく書状を大宰大弐（藤原）扶幹《すけもと》朝臣の許《もと》に遣わさなければならない。その趣旨を命じることとする。

寛平六年（八九四）に遣唐使《けんとうし》発遣《はっけん》が停止（廃止ではない）された後も「唐海商《かいしょう》」と「入唐僧《にっとうそう》」によって、日本と唐および宋《そう》とは、積極的な交流が続けられていた（榎本渉『僧侶と海商たちの東シナ海』）。

遣唐使に随行する留《る》学僧《がくそう》や請益僧《しょうやくそう》が絶えても、海商の船を利用しての僧の渡航は行なわれた。もちろん、天皇の勅許《ちょっきょ》を得ての話である。本条で勅許を得た寛建は、興福寺の学僧。延長五年（九二七）正月に出航し、福州《ふくしゅう》に至った。

一行の消息は、唐が九〇七年に滅亡した後、五代十国《ごだいじっこく》の興亡をくりひろげていた時代であったために、なかなか伝えられなかったが、永観《えいかん》元年（九八三）に入宋《にっそう》した東大寺僧奝然《ちょうねん》が従僧の一人であった超会《ちょうえ》に洛陽《らくよう》で邂逅《かいこう》した時のことを書き留めた『在唐記《ざいとうき》』によると、寛建は建州《けんしゅう》の浴室で悶死《もんし》したという。従僧たち一行も、寛建と同じく中国で没したものと推定されている（『国史大辞典』による。堀池春峰氏執筆）。

まさかこの時には、こんなことになろうとは、醍醐も寛建も思わなかったであろうが、渡海というのは大変な覚悟が必要なのであった。こうして寛建は歴史に名を残すこともなく終わってしまった。無事に中国に渡れたことが、せめてもの救いであった。

以上、『醍醐天皇御記』を見てきた。この本では、なるべく読者の興味をひきそうな記事を選んだが、ほとんどの記事は、古記録の名にふさわしい、儀式や政務の記録であった。いよいよ本格的に古記録の時代が到来し、天皇もそのような日記を記録するようになったとの感が強い。

3 『村上天皇御記』と村上天皇

『村上天皇御記《むらかみてんのうぎょき》』は、醍醐《だいご》天皇の第十四皇子である村上天皇が記した古記録《こきろく》である。村上天皇は、藤原基経《もとつね》の女《むすめ》である穏子《おんし》から、延長《えんちょう》四年（九二六）六月に生まれ、同年十一月に親王宣下を受けた。諱《いみな》は成明《なりあきら》。宇多《うだ》や醍醐とは異なり、生まれながらの皇族であった。天慶《てんぎょう》三年（九四〇）に元服し、藤原師輔《もろすけ》の女である一歳年下の安子《あんし》と婚姻の礼を行なった。

天慶七年（九四四）に立太子《りったいし》し、天慶九年（九四六）に同母兄の朱雀《すざく》天皇の譲位《じょうい》を受けて践祚《せんそ》した。関白藤原忠平《ただひら》が天暦《てんりやく》三年（九四九）に死去した後は関白を置かず、後世、醍醐天皇とともに「延喜《えんぎ》・天暦《てんりやく》の聖帝《せいてい》」と称されたが、その内実は先に述べたとおりである。康保《こうほう》四年（九六七）に四十二歳で死去し、村上陵《むらかみのみささぎ》に葬られた。現在は京都市右京区鳴滝宇多野谷の円丘が治定《じじょう》されている。

『村上天皇御記』は、『村上天皇宸記《むらかみてんのうしんき》』『天暦御記《てんりやくぎょき》』ともいう。『醍醐天皇御記《だいごてんのうぎょき》』とともに二代御記、さらに『宇多天皇御記《うだてんのうぎょき》』を加えて三代御記と称される。元は三十巻程度あったものと推測され、『醍醐天皇宸記』とともに内裏清涼殿《せいりょうでん》の日記御厨子《にっきのみずし》に保管されていた。『権記《ごんき》』によれば寛弘《かんこう》元年（一〇〇四）に「村上御記抄《むらかみぎょきしょう》」が作られていたことがわかり、寛弘六年に一条院《いちじょういん》内裏が焼亡した際に二代御記も焼失し、翌年から藤原行成《ゆきなり》が十巻分を書写して献

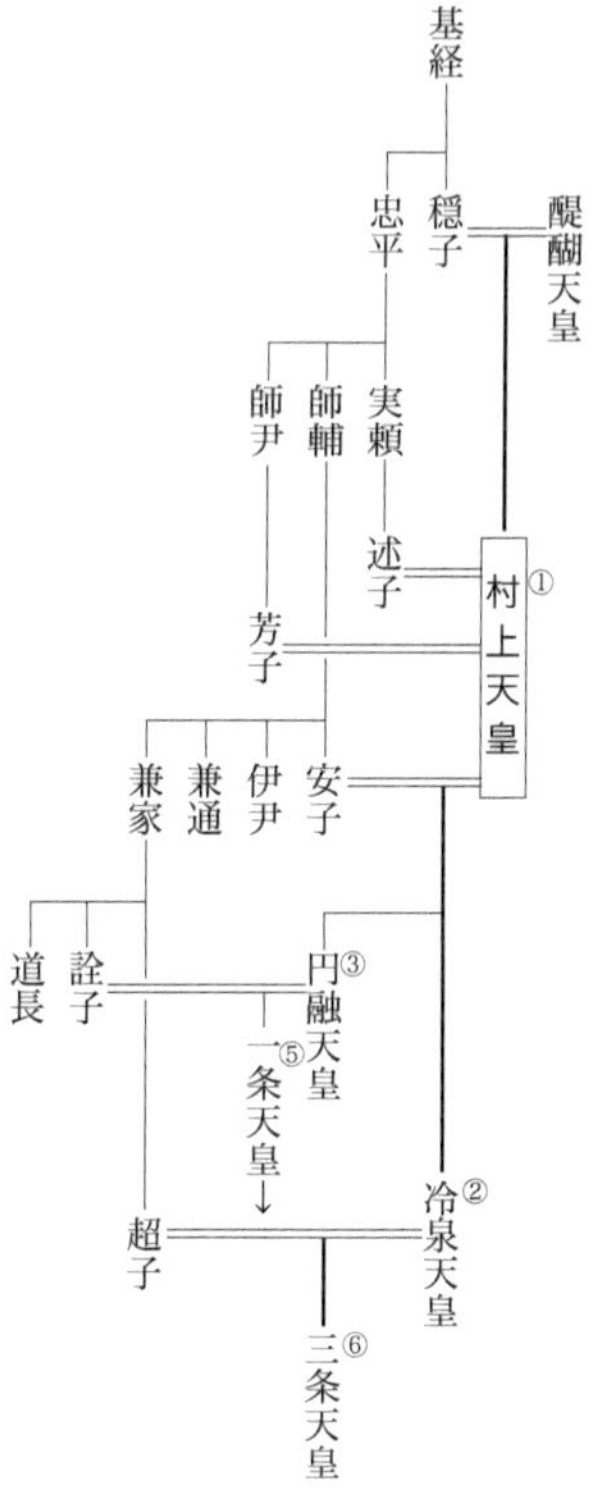

（数字は即位順、太線は天皇家嫡流）

上しているが（『権記』）、完全な補写はできなかったらしく、やがて伝写本も次第に散佚《さんいつ》し、応仁《おうにん》以後の動乱の間に失われてしまった。

しかし、宇多・醍醐両天皇の御記とともに政務・儀式の先例故実《こじつ》を徴すべき重要な記録として儀式書《ぎしきしょ》や公家の日記その他に数多く引載されたため、天慶九年（九四六）から康保四年までの多くの逸文《いつぶん》が知られている。また写本には『醍醐天皇御記』と合わせて部類した『延喜天暦《えんぎてんりゃく》御記抄《ぎょきしょう》』があり、陽明文庫《ようめいぶんこ》に鎌倉時代書写のものが所蔵されている（『国史大辞典』武部敏夫氏執筆、『平安時代史事典』所功氏執筆による）。

それでは、いくつかの記事を見ていくことにしよう。本文は、所功編『三代御記逸文集成』

によるものとするが、意により文字や句読点、日付を改めた場合もある。ちなみに、すべて逸文なので単純に計測はできないが、現在判明している逸文八〇五条は、訓読文で一二万六一七〇字である（一条あたり平均一五七字）。

年次	西暦	天皇	年齢	主な出来事
延長四	九二六	醍醐	一	誕生／親王宣下
天慶三	九四〇	朱雀	一五	元服
七	九四四		一九	立太子
九	九四六	村上	二一	即位／日記始まる
天暦元	九四七		二二	藤原実頼左大臣、藤原師輔右大臣
三	九四九		二四	藤原忠平、薨去
四	九五〇		二五	憲平親王誕生、立太子
五	九五一		二六	和歌所を設置、『後撰集』を撰集
天徳四	九六〇		三五	内裏歌合
康保四	九六七	冷泉	四二	日記終わる／崩御／冷泉天皇、即位

天暦八年（九五四）正月十日条（『西宮記《さいきゅうき》』による）　中宮穏子葬送

亥刻坐二倚廬一〈或曰、発喪日可レ移二件廊一。四日四夜坐不レ可レ然云々。〉。即著二素服一〈鈍色貲布衣・袴、同布頭巾、素帯等也。〉。同刻、左大臣及殿上侍臣・女房等、於二修明門外一皆著二素服一。今夜有二太后御葬事一〈於二鳥部東山辺一奉二火葬一。近習官女等拾二御骨一。〉。

亥《い》刻（午後九時から十一時）、倚廬《いろ》に移った〈或《あ》いは云ったことには、「喪を発した日に、この廊に移らなければならない。四日四夜、本殿にいらっしゃるのは、そうであってはならない」と云うことだ。〉。そこで素服《そふく》〈鈍《にび》色の貲布《さよみ》の衣と袴《はかま》、同じ布の頭巾《ずきん》、素帯《そたい》である。〉を着した。同刻、左大臣（藤原実頼《さねより》）及び殿上人《てんじょうびと》や女房《にょうぼう》たちは、修明門《しゅうめいもん》の外に於《お》いて、皆、素服を着した。今夜、太后《おおきさき》（藤原穏子）の御葬送《そうそう》が行なわれた〈鳥辺野《とりべの》の東山辺りに於いて、火葬し奉った。近習《きんじゅう》の女官《にょうかん》たちが御骨を拾った。〉。

この年の正月四日に死去した醍醐天皇中宮で村上生母の藤原穏子の葬送（火葬）が、この日、行なわれた。宇多および班子《はんし》女王と基経の確執の結果、醍醐に入内《じゅだい》した穏子は、十九歳で皇太子となる保明親王《やすあきら》を産んだが、保明は延長《えんちょう》元年（九二三）に死去し、続いて立太子した保明の子の慶頼《よしより》王（母は時平《ときひら》の女の仁善子《にぜし》）も、延長三年（九二五）に死去してしまった。

現鳥辺野陵

やむなく穏子は、延長元年に三十九歳で寛明《ゆたあきら》親王（後の朱雀天皇）、延長四年に四十二歳で後に村上天皇となる成明親王を産んだのであるが、ここに七十歳で生涯を閉じたのである。「摂関政治《せつかん》」に翻弄された人生であった。

この十日、穏子の葬送が行なわれるというので、村上は倚廬に移御し、素服を着した。倚廬というのは、天皇が諒闇《りようあん》で服喪の際に籠もるために設ける仮殿のこと、素服というのは、凶事に際して、哀悼の意を表する質素な服、貲布は糸が細く織目が粗い平織りの麻布のことである。鳥辺野の東山あたりというから、現在の八坂《やさか》神社から清水寺《きよみずでら》にかけたあたりであろう。なお、現在、宮内庁が泉涌寺《せんにゆうじ》の近くに治定している鳥辺野陵は、古墳時代後期の十五基の円墳と十六基の低墳丘墓（墓所もしくは火葬塚か）を囲んだものである。藤原定子《ていし》陵のほか、藤原穏子・藤原詮子《せんし》・禎子《ていし》内親王・藤原歓子《かんし》・藤原賢子《けんし》・藤原苡子《いし》の火葬塚との由であるが、もちろんその根拠はない。

天徳四年（九六〇）三月十四日条（『西宮記』『北山抄《ほくざんしょう》』による）　賭射

矢取遞論不レ申レ的。仰二左大臣遣レ使見一。大臣召二蔵人藤原守仁一令二検見一〈守仁須下経二前庭一到二垛下一慥実検上。而従二後方一到二兵部官人候所間一。失也。〉。及二四度一又相論。令レ仰下左大臣遣二少納言兼家一見上レ之〈前例遣二五位一検レ之。前度遣二六位一違二旧例一。〉。……若有二的論一有レ勅遣二蔵人一。蔵人従二屛幔東一往返。或遣二五位一。

矢取《やとり》が互いに論じて、的に当たった数を申さなかった。左大臣（実頼）に、使を遣わして見させるよう命じた。大臣は蔵人藤原守仁《もりひと》を召して、実検させた〈守仁は本来ならば前庭を経て垛《あずち》の下に到り、確かに実検しなければならない。ところが後方から兵部省の官人の候所の間に到った。失儀である。〉。四番に及んで、また相論があった。左大臣は、少納言（藤原）兼家《かねいえ》を遣わしてこれを見させるよう命じた〈前例では五位を遣わしてこれを実検する。前回、六位を遣わしたのは、旧例に違《たが》っていた。〉。……もし的の議論が有れば、勅が有って蔵人を遣わす。蔵人は屛幔《へいまん》の東から往復する。或いは五位を遣わす。

賭射《のりゆみ》といって、朝廷《ちょうてい》で本来は正月十八日に行なう、賭物《かけもの》を出して競技をする弓の儀式において的論《まとろん》があった。一般に競馬《くらべうま》や相撲《すまい》、歌合《うたあわせ》など、左右に分かれて勝負を競う行事においては、「帝王方」とされた左方が勝つのが通例であったが（『江家次第《ごうけしだい》』）、これらが判定勝負であったのに対し、弓を射る儀式は当たり外れがはっきりしているので、勝敗は明らかであった。しかし、この日のように議論になる場合もあったのである。

矢取というのは、堋（的をかけるために弓場《ゆば》の正面に設ける山形の盛り土）で放たれた矢を拾い集める役の人のこと。もしかしたら右方が勝っていたからであろうか、矢取は明確に当たった数を申さなかった。そこで村上は実頼に命じて、これを実検させたのである。

その際、蔵人が通った経路が先例と違っていたことを、村上は指摘している。こんな些細《ささい》なことを天皇が気にして、日記に記録するというのも、日本天皇制の特質であった。

天徳四年（九六〇）九月二十三日条（『扶桑略記《ふそうりやっき》』『延喜天暦御記抄』『続左丞抄《ぞくさじょうしょう》』による）　内裏焼亡

此夜寝殿後聞二侍臣等走叫之声一。驚起問二其由緒一。少納言兼家奏云、火焼二左兵衛陣門一。非レ可二消救一。走出見レ之火焔已盛。即著二衣冠一出二南殿庭一。左近中将重光朝臣持二御剣・璽筥一相従。即遣レ人召二御輿一。不レ能二早持来一。又令レ取二侍臣内侍所所レ納大刀・契等一。令下権右中弁国光朝臣行中撥二殿廊一救レ火事上。而雑人甚少無レ力救レ之。侍臣等言、火已着二温明殿一不レ能レ出二内侍所所レ納大刀・契等一。又令下召二御読経僧等一立願上。而火勢弥盛延政門以南廊漸焼、煙満二承明門東辺一。于レ時知二災火不レ可レ止更還二清涼殿一。経二後涼殿及陰明門一微行到二中院一、留二神嘉殿一避レ火。此間心神迷惑宛如二夢裏一。主殿官人持二腰輿一来。皇太子被レ抱二侍臣一来著。左衛門督藤原朝臣参入。仰下向二内裏一令上レ行二救レ火事一。次右大将藤原朝臣参入。仰三行取二出鈴・印・鎰櫃一。次右大臣并公卿等参来。依二火勢漸近一、右大将藤原朝臣相議令レ幸二太政官一。即乗二腰輿一出二中院一到二太政官朝所屋一。乍レ乗レ輿、在二板敷上一。太子相従候二同屋内一。右大将藤原朝臣言、太政官自二内裏一当二御忌方一。又太白在二此方一。須レ移三御職曹司一。仍促二御輿一、向二職曹司一。皇太子乗レ車相従。召二左大臣一詔、朕以二不徳一久居二尊位一、遭二此災殃一。嘆憂無レ極。朝忠朝臣還来奏、火気漸衰不レ可レ延三及八省一。火起レ自二亥四点一迄二于丑四点一。宜陽殿累代宝物、温明殿神霊鏡・大刀・節刀・契印、春興・安福両殿戎具、内記所文書、又仁寿殿太一式盤、皆、成二灰燼一。天下之災无レ過二於斯一。後代之譏不レ知レ所レ謝。鈴・辛櫃置二御所内一。内印并鎰辛櫃納二外記局一。人代以後内裏焼亡三度也。難波宮・藤原宮・今平安宮也。遷都之後既歴二百七十年一始有二此災一。

この夜、寝殿《しんでん》の後ろで侍臣《じしん》たちが走り叫ぶ声を聞いた。驚いて起きて、その事情を問うた。消少納言（藤原）兼家が奏上して云ったことには、「火が左兵衛陣の門を焼いています。消すことはできません」と。走り出てこれを見たところ、火焔はすでに盛んであった。すぐに衣冠を着して、紫宸殿《ししんでん》の庭に出た。左近中将（源）重光朝臣《しげみつあそん》が御剣《ぎょけん》と御璽《ぎょじ》の筥《はこ》を持って供奉《ぐぶ》した。すぐに人を遣わして、御輿《みこし》を召した。早く持って来ることはできなかった。また、侍臣に命じて内侍所《ないしどころ》に納めていた大刀《だいと》と契《けい》を取らせた。権右中弁（藤原）国光《くにみつ》朝臣に命じて、殿舎の廊を撥《は》ねて、火を免れることを行なわせた。ところが雑人《ぞうにん》は甚だ少なく、

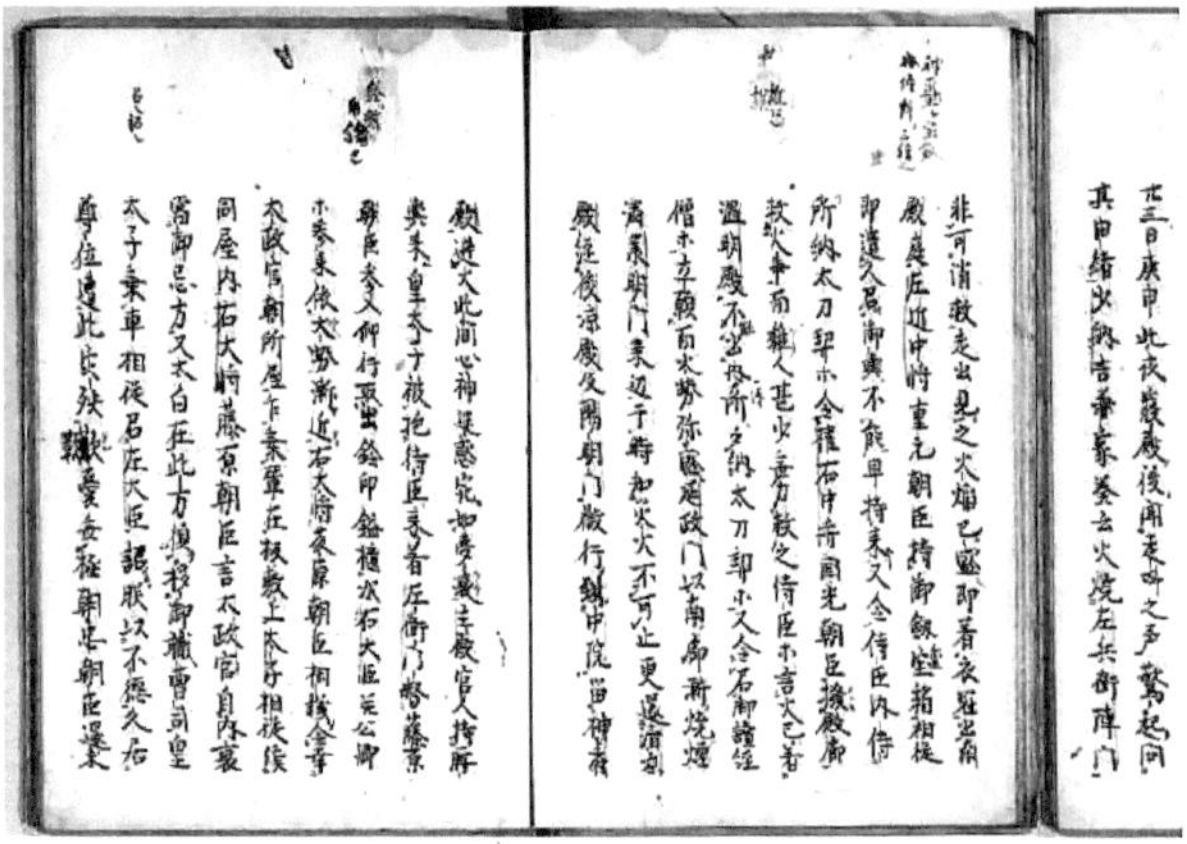

『村上天皇御記』（『扶桑略記』二十六所引．松岡本．宮内庁書陵部蔵）

火を免れることができなかった。侍臣たちが申したことには、「火はすでに温明殿《うんめいでん》に付き、内侍所に納めていた大刀と契を出すことはできません」と。また、御読経僧たちを召して、願を立てさせた。ところが、火勢はいよいよ盛んであって、延政門《えんせいもん》以南の廊はだんだんと焼け、煙は承明門《しょうめいもん》の東辺りに満ちた。時に火災が止めることができないことを知って、更に清涼殿に還《かえ》った。後涼殿《こうりょうでん》及び陰明門《おんめいもん》を経て微行《びこう》し、中和院《ちゅうかいん》に到り、神嘉殿《しんかでん》に留《とど》まって、火を避けた。この間、心神《しんしん》は困惑し、まるで夢のようであった。主殿寮《とのものつかさ》の官人が、腰輿《たごし》を持って来た。皇太子（憲平《のりひら》親王）は侍臣に抱かれて来て、着した。左衛門督《さえもんのかみ》藤原朝臣（師《もろ》氏《うじ》）が参入した。内裏に向かって、火を免れることを行なわせることを命じた。次いで右

大将藤原朝臣（師尹《もろただ》）が参入した。行って鈴・印・鎰《かぎ》の櫃《ひつ》を取り出すよう命じた。次いで右大臣（藤原顕忠《あきただ》）および公卿《くぎょう》たちが参って来た。火勢がだんだん近くなってきたので、右大将藤原朝臣が議して、太政官《だいじょうかん》に行幸させた。そこで腰輿に乗って中和院を出て、太政官の朝所《あいたんどころ》の屋に到った。輿に乗ったまま、板敷《いたじき》の上にいた。皇太子は供奉して同じ屋の内に伺候《しこう》した。右大将藤原朝臣が申したことには、「太政官は内裏から御忌の方角に当ります。また、太白星《たいはくせい》がこの方角にあります。早く職曹司《しきのぞうし》に移御すべきです」と。そこで御輿を督促して、職曹司に向かった。皇太子は車に乗って供奉した。左大臣（藤原実頼）を召して、詔したことには、「朕（村上天皇）は不徳であるのに久しく皇位にいて、この災難に遭った。嘆き憂えることは極まり無い」と。（藤原）朝忠《あさただ》朝臣が還って来て奏上したことには、「火気はようやく衰えて、朝堂院《ちょうどういん》に延焼することはありません」と。火は亥《い》四刻（午後十時半から十一時）から起こり、丑《うし》四刻（午前二時半から三時）に至った。宜陽《ぎよう》殿《でん》の累代の宝物、温明殿の神鏡《しんきょう》・大刀・節刀《せつとう》・契印、春興《しゅんこう》・安福《あんぷく》両殿の武具、内記所《ないきどころ》の文《もん》書《じょ》、また仁寿殿《じじゅうでん》の太一式盤《たいいつしきばん》は、皆、灰燼《かいじん》となった。天下の災いは、これに過ぎたものはない。後世の非難は、謝するところを知らない。鈴と唐櫃《からびつ》は御所の内に置いた。御璽《ぎょじ》および鎰《かぎ》の唐櫃は外記局《げききょく》に納めた。人代以後、内裏の焼亡は三度である。難波宮《なにわのみや》、藤原宮《ふじわらのみや》、今、平安宮《へいあんきゅう》である。遷都の後、既に百七十年を経て、はじめてこの災いが有った。

延暦《えんりやく》十三年（七九四）に遷都して以来、平安宮内裏がはじめて焼亡した日の記事である。災害というものが天の怒りによるものであるという災異《さいい》思想が広まっていた当時、自分の代で内裏を焼亡させてしまった村上の懊悩《おうのう》は、想像に余りある。もっとも、これ以降、内裏焼亡は頻発することになり、この焼亡もあまり目立たなくなってしまった。

一説には、政務・儀式の「夜化」によって、内裏に火の気が多くなったことが原因とされるが、摂関政治の時代になると、執政者に対する反対勢力の手によるものとの推測も可能である。内裏に放火できる者というのは、内裏に出入りできる階層の人ということになるのである。

康保元年（九六四）四月二十九日条（『大鏡裏書』による）　中宮安子崩御

辰刻使二蔵人文利一問二中宮一、兼令レ問下止二産養一否之由上。還来申、伊尹朝臣令レ申云、自二今暁寅刻許一気息雖二纔通一不レ可二敢存坐一。更不レ可レ被レ行二他事一。即令レ召二惟賢一。惟賢参来令二文利申一云、中宮気已絶。但聞二御身頗暖一。依レ有二事疑一不レ能二参上一。兼通朝臣有レ所レ令レ申。為二之如何一。令レ仰云、若未二終給一以前参来者早可二参上一。惟賢参上申云、兼通朝臣令レ申、候レ宮諸司官人等、若可レ被レ忌二御穢一者、不レ可レ令レ通。随レ仰将二進止一。令レ仰云、聞二此由一悲嘆不レ知レ所レ為。宮人暫不レ可レ令レ通二内裏一。又遣二文利一問二中宮已刻崩一。文利還来申云、中宮已崩。加持僧等皆退下。皇后、是前右大臣藤原師輔朝臣第一女。諱安子。母故出羽守藤原経邦之女盛子也。予在藩之時、以二天慶三年四月一配合。為二儲弐一之後、同八年正月以二太弟妃一授二従五位上一。及三于登二帝位一為二女御一授二従四位下一。厥後頻進二階級一又授二従三位一。天暦四年五月生男子。以同年七月立為皇太子。太子初謁見之日、又授従二位。至天徳二年策命為皇后。以応和四年四月廿四日、於主殿寮庁誕生女児。今日巳刻終于同寮。時年卅八。在后位七載。夫栄耀無常、運命有限。何処避之。誰人永存。然而弘仁以来無為正妃之皇后。当時殞命之者、今配偶之後廿有五年。共衾裯同枕席多経春秋。況聞嬰孫・児子比肩恋哭。先言涙下。何日何時敢慰心腹乎。午刻春宮大夫藤原師尹朝臣令学士斉光申云、皇太子今日欲参中宮。而已崩不遂臨問。須避正寝坐下地之所。然而専無有其使之処。令仰可令坐西庇。未刻或人告曰、中宮今間蘇生云々。又遣文利問消息。文利還来申云、兼通朝臣申云、近侍女等以薄紗掩御面。而如風吹。疑此気息歟。又御身体冷畢更以暖熱。仍即加持僧猶令加持。又浄蔵・法蔵等卜可蘇生給之状。故所行也。左衛門督藤原師氏朝臣令文利申云、伊尹朝臣申、穢已入交内裏。惟賢参入此令崩後也。兄弟等皆候此。春宮無候人歟。若有仰者、一人参候東宮如何。即遣文利仰伊尹朝臣参入可侍東宮、兼問人□□□消息。文利還来申云、伊尹朝臣等申、御胸頗暖、雖有事疑更非可憑云々。入夜伊尹朝臣参入。亥刻召伊尹朝臣語。暫退下向凝華舎。

辰刻《たつ》（午前七時から九時）、蔵人（紀）文利《ふみとし》を遣わして、中宮（藤原安子《あんし》）を見舞い、また産養《うぶやしない》を停止《ちょうじ》するか否かについて問わせた。還って来て申したことには、「（藤原）伊尹朝臣《これまさ》が申させて云ったことには、『今朝、寅刻《とら》（午前三時から五時）のころから、呼吸はわずかに通じているとはいっても、敢《あ》えて生きておられることはできないでしょう。まったく他の事を行なわれるわけにはいきません』と」と。そこで（源）惟賢《これかた》を召させた。惟賢が参って来て、文利を介して申させて云ったことには、「中宮の気は、すでに絶えました。但し、御身は頗《すこぶ》る温かであると聞いています。事の疑いが有りますので、参上することはできません。（藤原）兼通《かねみち》朝臣が申させることが有ります。これを如何《いかが》しましょう」と。伝えさせて云ったことには、「もしも未《いま》だ亡くなられていない以前に参って来たのならば、早く参上するように」と。惟賢が参上し、申して云ったことには、「兼通朝臣が申させたことには、『中宮の許《もと》に伺候していた諸司の官人たちは、もし御穢《けがれ》を忌まれるのでしたら、通じさせることはできません。仰せに随《したが》って処置しようと思います』と」と。伝えさせて云ったことには、「このことを聞いて、悲嘆は為すところを知らない。中宮に仕える女官はしばらく内裏に通させてはならない」と。また、文利を遣わして、中宮が巳《み》刻（午前九時から十一時）に死去したことを問うた。文利が還って来て、申して云ったことには、「中宮はすでに死去しました。加持僧《かじそう》たちは、皆、退下しました」と。皇后（安子）はこれは、前右大臣藤原師輔《もろすけ》朝臣の第一女で、諱《いみな》は安子。母は故出羽守《でわのかみ》藤原経邦《つねくに》の女の盛子《せいし》である。私が親王の時、天慶三年四月に婚姻した。東宮となった後、天慶八年（九四五）正月、皇太弟妃であるので従五位上を授けた。帝位に登るに及んで女御《にょうご》とし、従四位下を授けた。その後、頻《しき》りに位階を進め、また従三位《じゅさんみ》を授けた。天暦《てんりゃく》四年（九五〇）五月、男子（憲平親王）を産んだ。同年七月、立てて皇太子とした。皇太子が初めて謁見《えつけん》した日、また従二位を授けた。天徳《てんとく》二年（九五八）に至り、立后《りつこう》して皇后とした。応和四年（九六四）四月二十四日、主殿寮庁《しゆでんりようちよう》に於いて女児（選子内親王《せんし》）を誕生した。今日巳刻、同寮で死去した。時に年三十八歳。后位にあること七年。それ、栄耀《えいよう》は常無く、運命には限りが有る。何処にこれを避けられようか。誰が永く生きられようか。ところが弘仁《こうにん》以来、正妃としての皇后はいない。現在、命を落とした者（安子）は、今、婚姻した後、二十五年。しとねと寝着を共にし、枕と敷物を同じくし、多く年月を経た。ましてや孫や子が肩を並べ、恋哭《れんこく》するのを聞くとなおさらである。言葉に先んじて、涙が下る。どの日、どの時に、敢えて胸中を慰められようか。午刻《うま》（午前十一時から午後一時）、春宮大夫《とうぐうだいぶ》藤原師尹《もろただ》朝臣が、東宮学士《し》（大江）斉光《ただみつ》を介して申させて云ったことには、「皇太子は、今日、中宮に参ろうとしていました。ところがすでに死去し、見舞いを遂げませんでした。本来ならば正殿《せいでん》を避けて、地に下りた所にいらっしゃらねばなりません。ところが専らその都合の良い処はありません」と。西廂《にしびさし》におられるよう命じさせた。未刻《ひつじ》（午後一時から三時）、或《あ》る人が告げて云ったことには、「中宮は、さきほど、蘇生《そせい》しました」と云うことだ。また文利を遣わして、事情を問うた。文利が還って来て、申して云ったことには、「兼通朝臣が申して云ったことには、『近侍の女たちが、薄紗《はくさ》で御面を覆《おお》いました。ところが風の吹くようでした。疑ったことには、これは呼吸でしょうか。また、御身体は冷めてしまいましたが、更に温かくなりました。そこですぐに加持僧になおも加持させました。また、浄蔵《じようぞう》と法蔵《ほうぞう》が、蘇生されたということを卜しました。故に行なったものです』と」と。左衛門督藤原師氏朝臣が、文利を介して申させて云ったことには、「伊尹朝臣が申したことには、『穢はすでに内裏に入り交じりました。惟賢の参入は、これは死去された後です。兄弟たちは皆、これに伺候しました。東宮には伺候する人がいないのでしょうか』と。もし仰せが有れば、一人が参って東宮に伺候させては如何でしょう」と。そこで文利を遣わして、伊尹朝臣が参入し、東宮に伺候するよう命じ、また人□□□の様子を問うた。文利が還って来て、申して云ったことには、「伊尹朝臣たちが申したことには、『御胸は頗る温かであって、事の疑いが有るとはいっても、まったく頼みにすることはできません』と云うことでした」と。夜に入って、伊尹朝臣が参入した。亥刻、そこで伊尹朝臣を召して語った。しばらくして退下し、凝華舎《ぎょうかしゃ》に向かった。

宮中の儀式行事に関する記事が多く、三代御記のなかではもっとも記事が詳しい『村上天皇御記』であるが、時には情感のあふれた名文も存在する。中宮藤原安子が死去したこの日の記事などは、その最たるものであろう。

まず村上は、安子の臨終の様子を詳しく記述し、ついで安子の経歴を記して、その死に際しての感慨を美文で記す。そして穢に関するやりとりを記して、この日の記事を終えるはずであったのだろう。

ところがそこに、安子が蘇生したという情報が入ってきた。当時は生と死の境目が現在のように明確ではなく（現在でも脳死をめぐる議論が盛んであるように、それは難しい問題なのである）、完全な死亡を確定するのは難しかった。特に安子のように強い権力を持ち、皆から仰がれていた、そして村上から重要視されていた人物であれば、なおさらである。あれこれの確認があり、結局は安子は死去したことを聞いて、村上はこの日の記事を終えている。

ところで安子の様子を村上に逐一伝えているのが、左京大夫と官位で先行している兼家ではなく、春宮亮《とうぐうのすけ》の兼通であることに注意すべきであろう。兼通と安子との密接な関係は、後年、大きな意味を持ってくるのである（倉本一宏『摂関期古記録の研究』）。

康保三年（九六六）閏《うるう》八月十一日条（『西宮記』による）　死穢の有無

左近少将懐忠令レ申云、在二私宅一下女已死。未レ知二其由一之間、従者男来着二直盧一。其後聞二其告一、且令レ奏二事由一。即仰、慥尋二問件女死程一令レ申。懐忠令レ申云、件女初夜之間相語寝後、不レ知二宿悩一。今朝依二遅驚一推驚之間、始知二死去之由一。従者男参来、在二人未レ驚以前一。然則不レ弁二知其死程一。即仰二諸卿一令レ定二申可レ為レ穢否之由一。入レ夜民部卿令レ奏、天慶八年十月廿八日外記日記云、有下宮内省置二死児一之穢上、有下入二内裏一之疑上。而不レ知下置二其死人一之程上。依二太政大臣申一令二神祇官卜一レ之。卜云、不レ可レ為レ穢者。件例可二相准一。令レ仰云、令二神祇官卜申一云々。

左近少将（藤原）懐忠《かねただ》が申させて云ったことには、「私宅にいた下女《しもおんな》が、すでに死にました。未だその事情を知らない間に、従者の男が直盧《じきろ》に来て、着しました。その後、その告げを聞いて、まずは事情を奏上させます」と。すぐに命じたことには、「確かにその女が死んだ時刻を尋ね問うて、申させよ」と。懐忠が申させて云ったことには、「この女は、宵の口のころ、私と語らって寝た後、持病があったことを知らず、朝、遅く目覚めたので、揺り起こしたところ、はじめて死去していたことを知りました。従者の男が参って来たのは、人が未だ起きない以前のことでした。ですからつまり、その死んだ時刻はわかりません」と。すぐに諸卿に命じて、穢とすべきか否かについて定め申させた。夜に入って、民部卿（藤原在衡《ありひら》）が奏上させたことには、「天慶八年十月二十八日の『外記日記《げきにつき》』に云ったことには、『宮内省《くないしょう》に死児が置かれていた穢が有る。内裏に穢が入った疑いが有る。ところがその死人を置いた時刻はわからない。太政大臣（忠平）が申したことによって、神《じん》祇官《ぎかん》にこれを卜させた。卜して云ったことには、「穢としてはならない」ということであった』と。この例に准じるべきでしょう」と。命じさせて云ったことには、「神祇官に卜し申させよ」と云うことだ。

触穢《しょくえ》に対する平安時代人の認識がよくわかる例である。藤原懐忠から、自宅の下女（いわゆる「召人《めしうど》」）と宵の口に「相語らって」いたが、共に寝た後、持病があったことを知らず、朝、目覚めると、死去していたことを知ったとのことであった。報告を受けた村上は、死んだ時刻、つまり死穢《しえ》の発生した時刻を問題にして、諸卿に議定《ぎじょう》させた。

懐忠（甲穢《こうえ》）が穢に触れたまま内裏に参っていたら、内裏全体が穢に触れてしまう（乙穢《おつえ》）

からである。議定の結果、天慶八年（九四五）の例に准じて、神祇官に卜させるべきであるという意見が奏上され、それを承《う》けた村上は、卜占《ぼくせん》を命じたのである。

翌十二日、神祇官が卜したところ、穢とすべからずとの結論に達している。触穢に対しても極度に畏れていたわけではなく、平安時代の人々が臨機応変に対応していたことを示す事例である。

以上、『村上天皇御記』を見てきた。それにしても、こんなことまで報告を受け、最終決定を行なわなければならない古代の天皇というのも、大変な仕事なのであった。

4 『貞信公記』と藤原忠平

ここからは天皇ではない、貴族の記した古記録《こきろく》を見ていくことにしよう。まずは藤原忠平《ただひら》の記した『貞信公記《ていしんこうき》』である。

忠平は、元慶《がんぎょう》四年（八八〇）、関白太政大臣藤原基経《もとつね》の四男として生まれた。母は人康親王《さねやす》の女《むすめ》。延喜《えんぎ》九年（九〇九）に長兄時平《ときひら》が死去すると、次兄仲平《なかひら》を超越《ちょうおつ》して権中納言に任じられた。宇多《うだ》上皇や妹穏子《おんし》の力によると言われる。延喜十四年（九一四）、三十五歳で右大臣に任じられて以降は、三十五年間、太政官《だいじょうかん》の首班にあった。延長《えんちょう》八年（九三〇）、外甥《がいせい》の朱雀《すざく》天皇が即位すると、その摂政となり、承平《じょうへい》六年（九三六）に太政大臣、天慶《てんぎょう》四年（九四一）に関白に補された。これが「摂関《せっかん》政治」の定着とされる。天慶九年（九四六）に外甥の村上《むらかみ》天皇が即位した後も、引き続き関白を務めた。天暦《てんりゃく》三年（九四九）、七十歳で死去した。

忠平政権期には、天慶の乱が起きるなど、地方支配の衰退が目立つ一方で、「王朝国家体制《おうちょうこっかたいせい》」と呼ばれる地方支配の新たな体制が整備され、現実に即応した国家支配への転換がはかられた。また、『延喜格式《えんぎきゃくしき》』を完成させるなど、朝廷《ちょうてい》の諸儀式の整備が行なわれ、その儀礼は、息男の実頼《さねより》（小野宮《おののみや》流）や師輔《もろすけ》（九条《くじょう》流）に受け継がれた。

忠平の日記である『貞信公記』は、原形の詳本《しょうほん》は、今は伝わっていない。長男の実頼が抄録

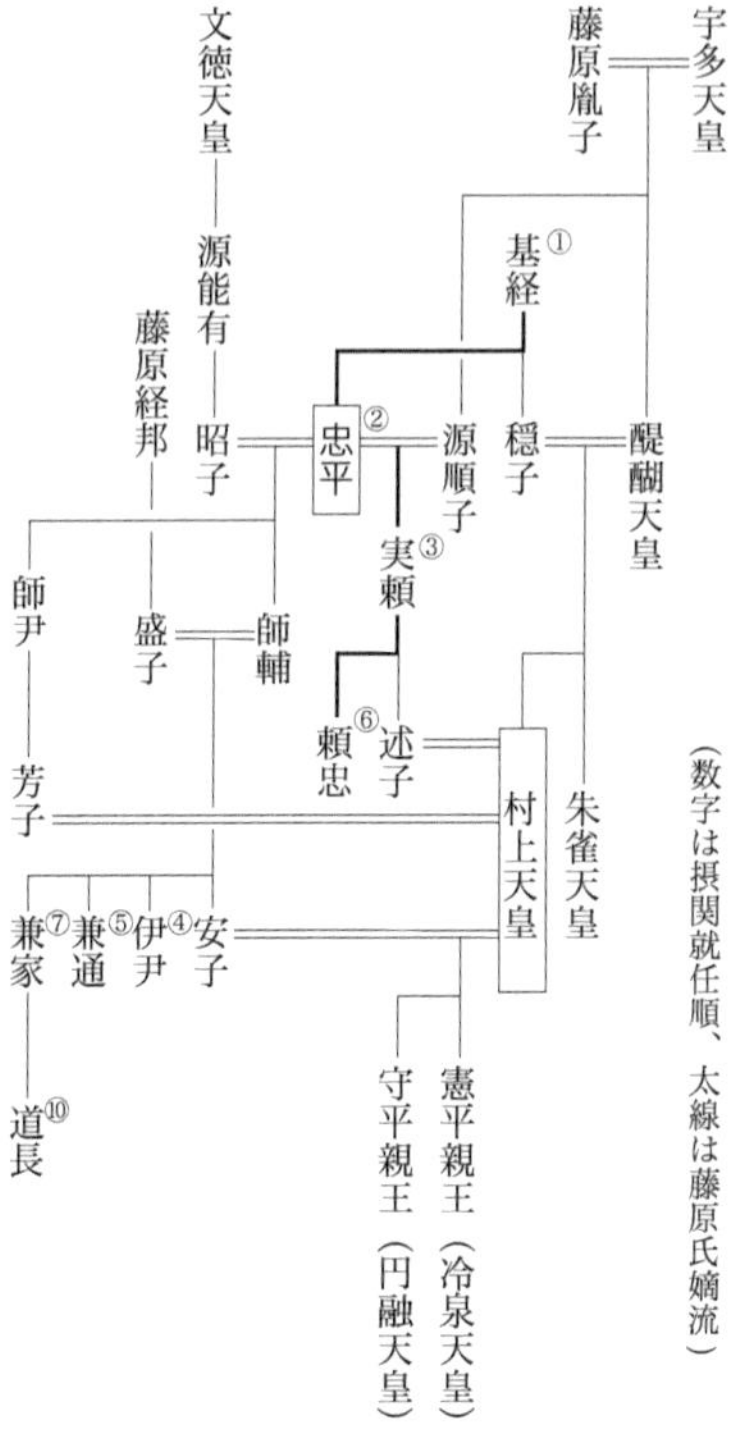

（数字は摂関就任順、太線は藤原氏嫡流）

した延喜七年（九〇七）から天暦二年（九四八）の記事が、『貞信公記抄《ていしんこうきしょう》』として伝存する。別《べっ》記《き》があるものは抄出しなかったことが、実頼の「私記《しき》」によって推測されている。その他に、『西宮記《さいきゅうき》』や『北山抄《ほくざんしょう》』『小野宮《おののみや》 年中行事《ねんじゅうぎょうじ》』などの儀式書《ぎしきしょ》、『御産部類記《ごさんぶるいき》』などの部類記、『小《しょう》右記《ゆうき》』『殿暦《でんりゃく》』『台記《たいき》』などの古記録に引載された逸文《いつぶん》が伝わる。天慶の乱の記事など、十世紀前半の基本史料であるとともに、儀式次第の典礼として、摂関期の貴族にとっても、まず参照すべき古記録とされた。

それでは、いくつかの記事を見ていくことにしよう。本文は、天理《てんり》図《と》書館《しょかん》所蔵（九条《くじょう》家旧蔵）

古写本および京都大学附属図書館所蔵平松本を底本とした東京大学史料編纂所《しりようへんさんじよ》編纂『大日本古記録 貞信公記』によるものとするが、意により文字や句読点、日付を改めた場合もある。ちなみに、逸文を含むので単純に計測はできないが、『貞信公記抄』が二、七五五条、逸文が九七条、合わせて訓読文で一三万八一九三字である（一条あたり平均四八字）。

年次	西暦	天皇	年齢	主な出来事
元慶四	八八〇	陽成	一	誕生
昌泰三	九〇〇	醍醐	二一	参議
延喜七	九〇七		二八	日記始まる
九	九〇九		三〇	権中納言
一〇	九一〇		三一	中納言
一一	九一一		三二	大納言
一四	九一四		三五	右大臣
延長二	九二四		四五	左大臣
八	九三〇	朱雀	五一	摂政
承平六	九三六		五七	摂政太政大臣
天慶二	九三九		六〇	天慶の乱
四	九四一		六二	関白太政大臣
天暦元	九四七	村上	六八	実頼左大臣、師輔右大臣

二	九四八		六九	日記終わる
三	九四九		七〇	薨去

延喜七年（九〇七）二月八日条（『貞信公記抄』）　藤原満子任尚侍の奏慶

大殿門・藤中納言・左衛門督及四位・五位等、於二左近陣頭一、令三少将嗣朝臣奏二尚侍慶一。舞踏了大殿門率二公卿・氏大夫等一、被レ申二梨壺御曹司一。次参二東宮一。而依二御物忌一不レ得レ啓レ之。

大殿門《おおとのと》（藤原時平《ときひら》）・藤中納言（藤原有穂《ありほ》）・左衛門督《さえもんのかみ》（藤原有実《ありさね》）及び四位や五位の者たちが、左近陣頭に於《お》いて、左少将（源）嗣朝臣《つぐるあそん》を介して尚侍《ないしのかみ》（藤原満子《まんし》）の慶賀《けいが》を奏上させた。拝舞《はいぶ》が終わって、大殿門は公卿《くぎょう》や藤原氏の大夫《たいふ》たちを率いて、梨壺《なしつぼ》（満子）の御曹司に申された。次いで東宮（崇象親王《むねかた》）の許《もと》に参った。ところが御物忌《ものいみ》であったので、これを啓上することができなかった。

藤原高藤《たかふじ》の女で、前日に尚侍に任じられた藤原満子の慶賀を、藤原氏の氏人が奏上させた記事。尚侍というのは、令制では後宮《こうきゅう》の内侍司の長官であったが、十世紀末ごろからは女御《にょうご》・更《こう》衣《い》に准じて後宮《こうきゅう》に列する天皇の配偶者となり、実際の女官《にょうかん》としての業務は典侍《ないしのすけ》以下が担うようになった。

東宮崇象親王は後に諱《いみな》を保明《やすあきら》と改める。醍醐天皇の第二皇子で、その皇太子となったが、即位を見ないまま死去した。諡《おくりな》は文献彦《ぶんけんげん》太子。

延喜十二年（九一二）四月七日条（『貞信公記抄』）　擬階奏

上御二南殿一、覧二擬階奏一。但不レ覧二短冊一。其儀臣執二奏文一、率二公卿一入レ自二日華門一列立。二省従レ之。勅曰、将参来。称唯、昇二立座後最後一。立定臣進奉レ覧二奏文一。其道、従二公卿座西一直進二於御帳東一、跪而奉レ之。即文杖給二外記一、還二本所一。覧了上曰、短冊縦之。臣称唯、召二式部一。々々唯。召二兵部一。々々唯。持罷。二省唯、召二各丞名一。丞参入。荷二辛櫃一退出。頃公卿退出。

上（醍醐天皇）が紫《し》宸殿《しんでん》に御出《ぎょしゅつ》して、擬階奏《ぎかいのそう》を覧《み》た。但し短冊《たんざく》を覧なかった。その儀は、私（忠平）が奏文を執り、公卿を率いて日華《にっか》門《もん》から入り、列立した。二省がこれに従った。勅して云ったことには、「持って参って来い」と。称唯《いしょう》して、座の後ろの最後に昇り立った。立ち定まって、臣（忠平）は進んで奏文を覧《み》せ奉った。その道は、公卿の座の西から、直ちに御帳の東に進み、跪《ひざまず》いてこれを奉った。すぐに文杖《ふづえ》を外記《げき》に給い、元の所に還《かえ》った。覧じ終わって、上が云ったことには、「短冊、よし」と。臣は称唯して、式部省を召した。

式部省は称唯した。兵部省を召した。兵部省は称唯した。「持って罷《まか》れ」と。二省は称唯して、各々《おのおの》、丞の名を召した。丞が参入した。唐櫃《からびつ》を荷《にな》って、退出した。しばらくして、公卿が退出した。

擬階奏というのは、諸司の官人のうち、六位以下に叙すべき者の前年八月一日よりその年七月末日までの一年間の勤務成績を考査し、翌年二月十一日の列見《れつけん》（太政官または式部・兵部二省に並ばせ、それぞれ大臣・省の卿が引見《いんけん》・点呼し、評価の当否を検すること）を経て、四月七日に成選人《じようせんにん》の位階を擬定し、その名簿を奏上する儀式のこと（『国史大辞典』による。橋本義彦氏執筆）。

ここでは忠平が儀式を取りしきる上卿《しようけい》として、醍醐に奏文を覧せ、式部・兵部二省を召す様子を的確に記録している。こうして先例が蓄積され、やがて儀式の次第が整備されるのである。

延長六年（九二八）三月二十一日条（『西宮記』による）　方略試の問頭博士

博文朝臣可ㇾ令ㇾ問二紀在昌一之宣旨、仰二久永宿禰一。前例上宣也。仍准二故実一仰也。寛平年中奉勅宣旨也。可ㇾ謂二違失一。貞観・仁和・延喜之例皆上宣也。又主上曰、此宣旨非二朕之所ㇾ知云々。

（藤原）博文《ひろふみ》朝臣を紀在昌《ありまさ》の方略試《ほうりやくし》の問頭博士《もんとうはかせ》とするようにとの宣旨《せんじ》を、（伴）久永宿禰《ひさながのすくね》に伝えた。前例では上宣《しようせん》である。そこで故実《こじつ》に准じて命じたのである。寛平年中は奉勅宣旨《ほうちよくせんじ》であった。違失と称すべきである。貞観《じようがん》・仁和《にんな》・延喜《えんぎ》の例は、皆、上宣であった。また、主上《しゆじよう》（醍醐天皇）が云ったことには、「この宣旨は、朕の関知するところではない」と云うことだ。

ここは『西宮記』に引かれた逸文を挙げてみた。藤原博文を紀在昌の方略試の問頭博士（試問する博士）とするよう、宣旨で命じたことに対し、左大臣の忠平は、これは上宣で命じるのが故実で、寛平年中の奉勅宣旨が違失であったと非難している。

方略試は対策《たいさく》ともいって、文章得業生試《もんじようとくごうしようし》をいう。方略《ほうりやくのしやく》策という論文二題が出題され、広い知識や識見を必要とする論文二篇が課された（『国史大辞典』による。久木幸男氏執筆）。

在昌は紀長谷雄《はせお》の孫で、文章博士を経て、式部大輔《しきぶのたいふ》に任じられた。学者としては最高の出世である。

奉勅宣旨は天皇の勅を奉じた宣旨、上宣は儀式を主宰する上卿の判断のこと。実際、醍醐は、この宣旨は天皇の関知するものではないと述べている。

天慶二年（九三九）六月九日〜天慶三年（九四〇）六月十八日条　天慶の乱

天慶二年に勃発した天慶の乱（承平年間は平将門《まさかど》も藤原純友《すみとも》も国家に対する叛乱《はんらん》を起こしていないので、近年は天慶の乱と呼ぶことが多い）は、将門の乱に関しては『将門記《しょうもんき》』、藤原純友の乱に関しては『純友追討記《すみともついとうき》』を基にして叙述されることが多い。しかし、両書とも史料的には問題が多く、やはり一次史料としての古記録や、せいぜい『日本紀略《にほんきりやく》』『本朝世紀《ほんちょうせいき》』といった二次史料を基にして考えるべきである（倉本一宏「『将門記』の史実性」）。以下、もっとも信頼できる史料である『貞信公記』によって、天慶の乱の概略を追って見よう。なお、将門も純友も忠平の家人《けにん》であった。

天慶二年（九三九）六月九日条（『貞信公記抄』）　平将門を密告した源経基を拘禁

大納言来令レ見下可レ禁二告人一忠明勘文上。即示下可レ令レ禁二経基左衛門府一事、諸興・是茂等可レ為二押領使一、但以二五位一充例可レ勘、又推問使官符可レ令二早仰一事上。

大納言（平伊望《これもち》）が来て、密告人（源経基《つねもと》）を拘禁《こうきん》すべきであるという（檜前《ひのくまの》）忠明《ただあき》の勘文《かんもん》を見せた。すぐに経基を左衛門府に拘禁させる事、（小野）諸興《もろおき》と（橘《たちばなの》）是茂《これもち》を押領使《おうりょうし》とす

る事、但し五位の者を充てる例を勘申《かんじん》する事、また推問使《すいもんし》の官符《かんぷ》を早く伝えさせるべき事を命じた。

三月三日、武蔵介の源経基が将門の謀反《むへん》を密告した。ただし、この時点ではたんなる武蔵国府《むさしこくふ》における国司と郡司の紛争に過ぎなかった。この六月九日、密告が誣告《ぶこく》の疑いがあるというので、摂政になっていた忠平は、経基を拘禁させた。また、密告が事実であった場合に備えて、将門を鎮圧する押領使も任命している。十六日に諸興は武蔵権介、是茂は相模権介にも任じられている。

天慶二年（九三九）十二月二十六日条（『貞信公記抄』） 備前介、藤原純友の兵士に虜略される

……子高朝臣従者馳来云、子高於二摂津国一、為二純友兵士一被レ虜云々。因レ之招二公卿一令レ定二所レ行之事一。

……（藤原）子高朝臣《さねたか》の従者が馳《は》せて来て云ったことには、「子高は摂津国《せっつ》に於いて、純友の兵士（藤原文元《ふみもと》）の為に虜《とら》われました」と云うことだ。これによって、公卿を招いて、行なう事を定めさせた。

西国では、純友の士卒《しそつ》が摂津国須岐駅《すき》（葦屋駅《あしや》の誤記）で備前介《びぜんのすけ》藤原子高を取り囲み、矢を放って合戦となった結果、子高を縛《ばく》して子高の子を殺害した（『貞信公記抄』『日本紀略』『本朝世紀』）。また、播磨介《はりまのすけ》島田惟幹《これみき》も虜掠《りょりゃく》された（『日本紀略』）。朝廷は東西に兵乱を迎えなければならなくなったのである。

天慶三年（九四〇）正月十四日条（『貞信公記抄』）　東国の掾を任じ将門を追討させる

任二東国掾八人一。平公雅等也。……

東国の掾《じょう》八人を任じた。平公雅《きんまさ》たちである。……

忠平は元旦から諸国追捕使《ついぶし》を定め、十一日には東海・東山道の諸国司に宛てて将門追討を命じる官符が出された（『本朝文粋《ほんちょうもんずい》』『扶桑略記《ふそうりゃっき》』）。「まさに格別な功績が有った輩《やから》を抜擢《ばってき》して、破格の賞を加える事」というもので、「たとえ蝦夷《えみし》・田夫《でんぷ》・野叟《やそう》であっても、将門を討滅《とうめつ》した者は貴族としての位階に上り、功田《こうでん》を賜わって子孫に伝えることができる」という官符が各国にもたらされた時、将門の運命は決したと称すべきであろう。

この十四日に任じられた坂東《ばんどう》諸国の掾八人は、追捕《ついぶ》凶賊使《きょうぞくし》とされた（『日本紀略』）。常陸掾《ひたちのじょう》には平貞盛《さだもり》、下野掾《しもつけのじょう》には藤原秀郷《ひでさと》が任じられ、ここに貞盛と秀郷は公的な追討使《ついとうし》の地位に就いた

国王神社（下総国石井）

ことになる。

天慶三年（九四〇）二月三日条（『貞信公記抄』）藤原純友の位記を下給

明方還来、進二伊予解文・純友等申文一。純友位記給二蜷淵有相一遣レ之。……

（藤原）明方《あきかた》が還って来て、伊予《いよ》の解文《げぶみ》と純友の申文《もうしぶみ》を進上した。純友の位記《いき》は、蜷淵有相《みなぶちのありすけ》に給わって、これを遣わした。……

忠平は意外な動きに出た。正月三十日に、純友を従五位下に叙爵《じょしゃく》することとなったのである。承平六年の海賊追討の功績を認めて、その恩賞を与えたと考えられている。二月三日には純友の位記を伊予国に遣わしているし、四日には山陽道追捕使の下向を止めさせている。一方、同じ二月三日には、伊予国の解文と純友の申文を携えた藤原明方（純友の甥《おい》）が帰京している。純友の要求は具体的にはわからないが、中央ではそれに対する措置が取られたことであろう。

しかし、伊予国に純友の位記が届いたのは、おそらくは二月中旬から下旬のことで、それ以降、純友の反逆行為はしばらく起こっていない。純友の方としても、自分の出した要求に対する中央政府の出方を見守っていたのであろう。三月二日に、蜷淵有相が、純友が五位に叙された悦《よろこ》びを申す状を持ってきた。

天慶三年（九四〇）二月二十五日条（『貞信公記抄』）　信濃飛駅、将門伏誅を奏状

左大臣入坐。慶幸率二兵士一向二山崎関一。……信濃国飛駅、言下上平将門為二貞盛・秀郷師一被二射殺一之状上。

左大臣（藤原仲平）が入って坐《すわ》った。（藤原）慶幸《よしゆき》が兵士を率いて、山崎関《やまさきのせき》に向かった。……信濃《しなの》国の飛駅《ひえき》が、平将門が貞盛・秀郷の軍兵の為に射殺されたという状を言上した。

将門討滅の報は、二月二十五日に信濃国から、二十九日に遠江《とおとうみ》・駿河《するが》・甲斐《かい》国から、それぞれ都に知らされた。三月五日には秀郷自身の奏上も届いている。

これで忠平たちは純友対策に専念できることになった。はたして純友の耳に、将門討滅の報は届いたのであろうか。

天慶三年（九四〇）六月十八日条（『貞信公記抄』）　山陽道追捕使に純友の士卒を追捕させる

左中弁公卿定縁レ兵事、左丞相許不二等伝告一。随二其議定一可レ給二官符一仰了。其一、可レ令三山陽道使追二捕純友暴悪士卒一事也。自余在レ別。

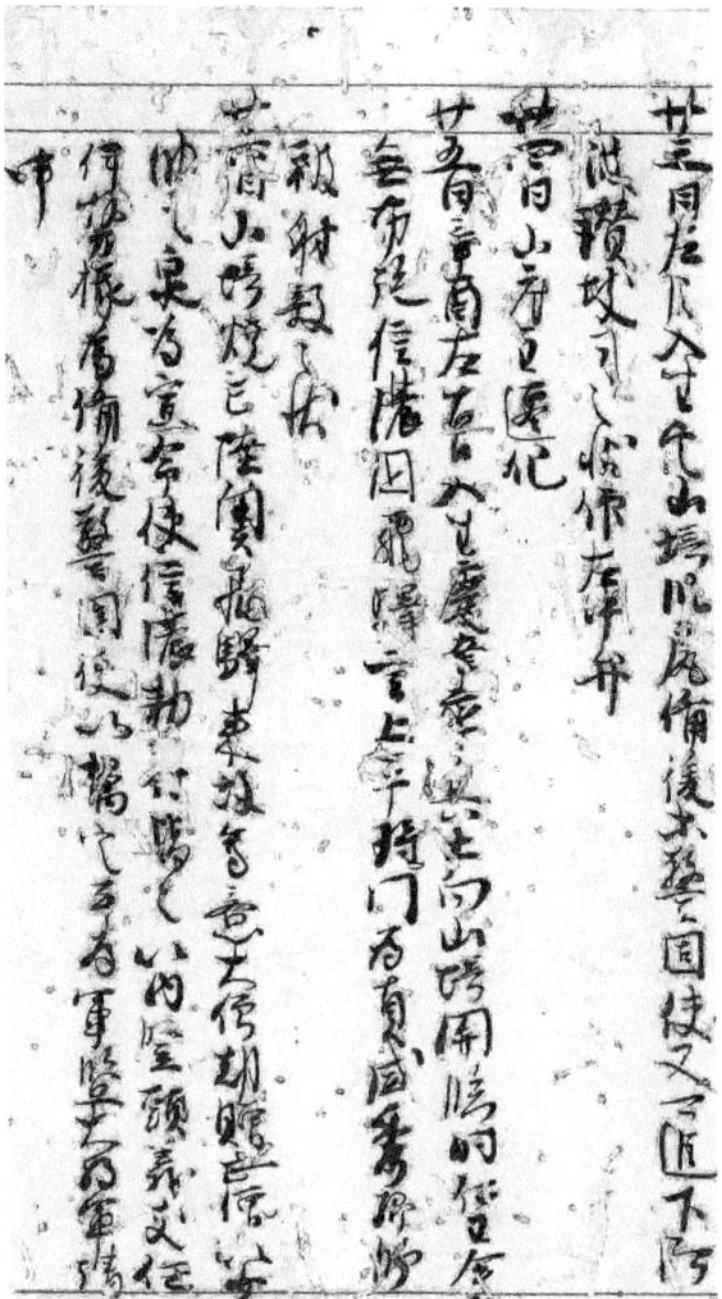

『貞信公記抄』（九条家本．天理図書館蔵）

左中弁が、公卿の定めた兵に関わる事を、左大臣の許に等しく伝え告げなかった。その議《ぎ》定《じよう》に随《したが》って官符を下給するよう命じておいた。その一、山陽道追捕使に純友の暴悪の士卒を追捕《ついぶ》させるようにとの事である。他は別にある。

五月二十日に博多津において純友は山陽道追捕使小野好古《よしふる》のために敗れ、伊予国に逃げ帰った（『本朝世紀』）。この六月十八日には、純友の士卒を追捕するよう命じている。そして二十日、伊予国に逃亡した純友と息男を伊予国警固使《けいごし》橘遠保《とおやす》が斬獲《ざんかく》した。この後も各地に残る純友の残党を、経基たちが掃討《そうとう》している（『本朝世紀』）。

将門や純友を討伐したのは、もともと貴族社会に連なる者たちであって、秀郷・貞盛・経基の子孫が後世、「兵《つわもの》の家」として中央における軍事貴族の地位を独占する。

天慶九年（九四六）十一月八日条（『貞信公記抄』）　豊楽院行幸・大嘗祭叙位の議／伊勢大神宮正殿の扉

大嘗祭畢還二御本宮一。更可レ幸二豊楽院一。而近代例、従二大嘗宮一便幸二豊楽院一。為二之何一。叙位議承平例丑日行也。可レ依二彼例一歟。卯日供二奉神饌一采女前例須二叙位一。仍彼此望申。其中一人最子可二奉仕一。今一人桜井男子・河内有子、若競申。而男子陪膳方多。有子年方勝也。以レ誰可レ令二奉仕一乎。又伊勢大神宮正殿度々使申二不レ開之由一。仍造二借殿一奉レ遷。可レ直二正殿一之状宣命使奉レ遣了。而告二斎王薨由一使維時王申云、開二正殿一了云々。為二之何一。

大嘗祭《だいじょうさい》が終わって、天皇は本宮（清涼殿《せいりょうでん》）に還御《かんぎょ》した。更に豊楽院《ぶらくいん》に行幸することになっている。ところが近代の例では、大嘗宮《だいじょうきゅう》から直接、豊楽院に行幸する。これを何としよう。叙位《じょい》の議は、承平の例では、丑《うし》の日に行なったのである。その例によるべきであろうか。卯《う》の日は、神饌《しんせん》に供奉《ぐぶ》する采女《うねめ》を、前例では、本来ならば叙位することになっている。そこであれこれの者が望み申している。その中の一人の（小田）最子《さいし》が奉仕することになっている。もう一人は、桜井男子《なんし》と河内有子《ゆうし》が、もしかしたら競い申すであろうか。ところが男子は陪膳《ばいぜん》の方が多い。有子は年数が勝っているのである。誰を奉仕させるべきであろうか。また、伊勢《いせ》大神宮《だいじんぐう》の正殿《せいでん》は、度々の使が開かないとのことを申した。そこで仮殿《かりどの》を造営して、遷《うつ》し奉った。正殿を改築するとのことについて、宣命使《せんみょうし》を遣わし奉っておいた。ところが斎王《さいおう》（英子《えいし》内親王）が死去したことを告げる使の維時《これとき》王が申して云ったことには、「正殿を開きました」と云うことだ。これを何としよう。

この年の四月二十日に践祚《せんそ》した村上天皇の大嘗会《だいじょうえ》は、十一月十六日に行なわれることになった。その際の雑事について、この日は定めている。大嘗会の後の豊楽院行幸、大嘗会叙位の日時、またどの女官に叙位を行なうかについてである。

また、十一月六日に大嘗会を行なうということを伊勢《いせ》神宮《じんぐう》に奉告《ほうこく》する使者を発遣し、ついでに伊勢神宮正殿の扉が傾いて開かないのでご神体を仮殿に遷宮することを申させたのであるが、扉が開いたという報告を受けたことが記されている。

扉が開いたことを報告したのは、この年の五月二十七日に二十六歳で斎宮に卜定《ぼくじょう》されたものの、伊勢に群行《ぐんこう》しないまま九月十六日に二十六歳で死去してしまった醍醐天皇の第十六皇女英子内親王の死去を伊勢神宮に告げるために発遣された維時王であった。

何とも大変なことが続いたこの年であるが、忠平は適切に処理している。

以上、『貞信公記』を見てきた。天慶の乱に関する記事を除けば、概して儀式や政務の淡々とした記述が続いている。それはまさに、「王朝国家」の成立に大きく寄与した忠平にふさわしいものであると言えよう。

5 『清慎公記』と藤原実頼

次は藤原忠平《ただひら》の長男である実頼《さねより》が記した『清慎公記《せいしんこうき》』を見てみよう。実頼は昌泰《しょうたい》三年（九〇〇）に生まれた。母は宇多《うだ》天皇の女《むすめ》である源順子《じゅんし》。承平《じょうへい》元年（九三一）に三十二歳で参議、承平四年（九三四）に三十五歳で中納言、天慶《てんぎょう》二年（九三九）に四十歳で大納言、天慶七年（九四四）に四十五歳で右大臣、天暦《てんりゃく》元年（九四七）に四十八歳で左大臣に任じられ、天暦三年（九四九）に父関白太政大臣忠平が死去した後は政権の首班となった。

しかし、朱雀《すざく》天皇に入内《じゅだい》させた女の慶子《けいし》、村上《むらかみ》天皇に入内させた述子《じゅつし》は皇子を産まず（これは小野宮流《おののみや》の后妃《こうひ》に共通する傾向である）、弟の右大臣師輔《もろすけ》の女の村上天皇女御《にょうご》（後に中宮）安子《あんし》が産んだ憲平《のりひら》親王（後の冷泉《れいぜい》天皇）が皇太子となり、実頼は師輔に圧《お》されがちであったという。康保《こうほう》四年（九六七）に冷泉天皇の受禅《じゅぜん》（前帝の譲りを受けて即位すること）により関白、ついで太政大臣、安和《あんな》二年（九六九）に円融《えんゆう》天皇の受禅により摂政に補されたが（師輔はすでに天徳《てんとく》四年〈九六〇〉に死去していた）、その権力は師輔の子たち（「外戚不善《がいせきふぜん》の輩《やから》」）に圧されがちで、「揚名関白《ようめいかんぱく》（名ばかりの関白）」と自嘲《じちょう》した。天禄《てんろく》元年（九七〇）に死去した。七十一歳。

『清慎公記』は、実頼の諡《おくりな》である清慎公《せいしんこう》の「清慎」両字の偏をとって『水心記《すいしんき》』とも呼ばれる。延長《えんちょう》二年（九二四）から死去する年の天禄元年まで存したというが、現在は写本としてはまっ

小野宮故地

たく残っていない。実頼の養子で小野宮家の後継者とした実資《さねすけ》が所持していた。実資などは自分が儀式や政務の先例として『清慎公記』を引いてあらかじめ学習するのみならず、求められれば（見せるにふさわしい）他の貴族にも閲覧させていた。

しかし、従兄弟《いとこ》（実頼の孫）の公任《きんとう》が婿の藤原教通《のりみち》のために儀式書《ぎしきしょ》を作成するというので実資から借り出しているうちに、火事で焼失してしまったのである（『小右記《しょうゆうき》』）。

しかし、儀式や政務の先例として『小右記』その他の文献に引かれた逸文《いつぶん》が残されている。今回、延喜《えんぎ》十六年（九一六）から天禄元年までの逸文を発見することができた（国際日本文化研究センター「摂関期古記録データベース」）。

それでは、いくつかの記事を見ていくことにしよう。本文は、木本好信「藤原実頼の

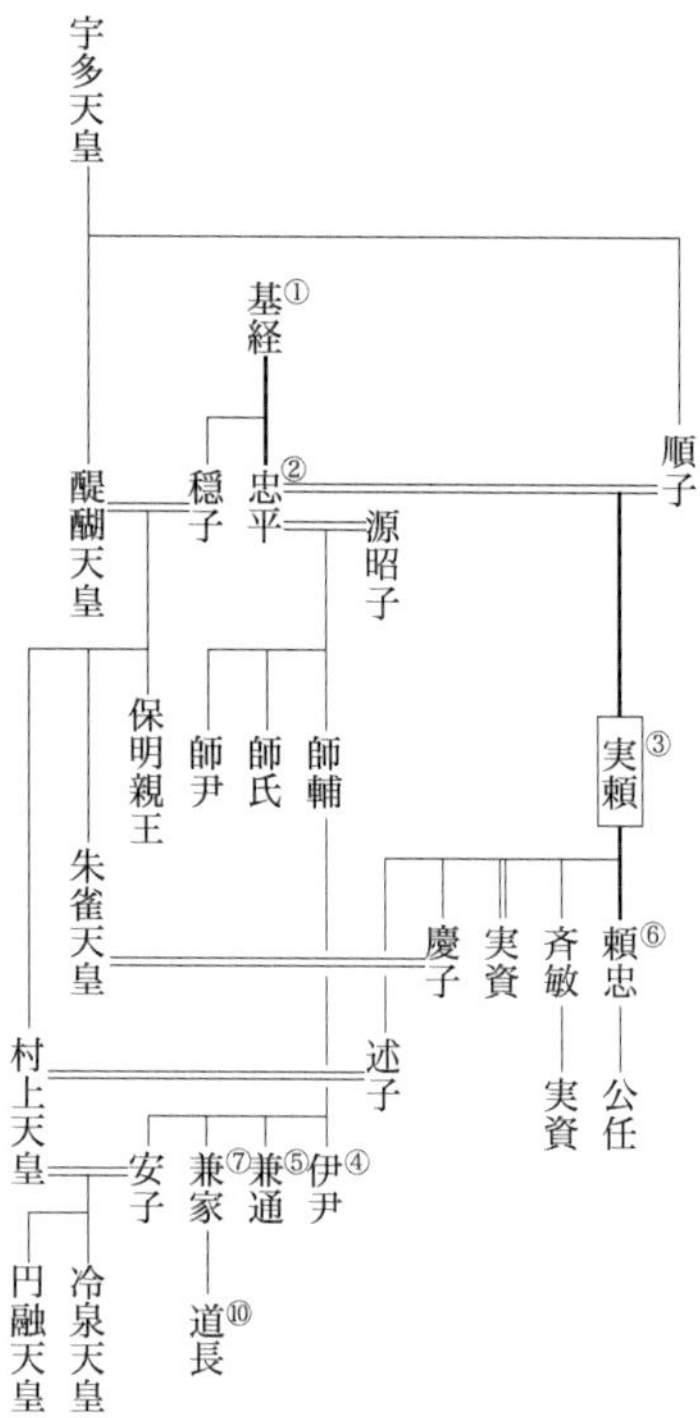

（数字は摂関就任順、太線は藤原氏嫡流）

『清慎公記』逸文」（木本好信『平安朝日記と記録の研究』）によったが、基になった史料も参照した。意により文字や句読点、日付を改めた場合も多い。ちなみに、すべて逸文なので単純に計測はできないが、現在判明している逸文二〇三条は、訓読文で二万三六〇七字である（一条あたり平均一一六字）。

年次	西暦	天皇	年齢	主な出来事
昌泰三	九〇〇	醍醐	一	誕生
延喜一六	九一六		一七	阿波権守／日記始まる
延長八	九三〇	朱雀	三一	蔵人頭
承平元	九三一		三二	参議
四	九三四		三五	中納言
天慶二	九三九		四〇	大納言
四	九四一		四二	慶子入内
七	九四四		四五	右大臣
九	九四六	村上	四七	述子入内、女御
天暦元	九四七		四八	左大臣
康保四	九六七	冷泉	六八	関白・太政大臣
安和二	九六九	円融	七〇	摂政
天禄元	九七〇		七一	日記終わる／薨去

承平四年（九三四）四月五日条（『洞院家《とういんけ》二十巻部類《にじっかんぶるい》』による）　外記政

著二外記一。中納言・治部卿参著。弁官申政如レ恒。式部・治部位記・度縁請印踏レ印。史生若江善邦先踏二位記一、申二捺印之由一。上宣賜。又踏二度縁一。又申二此由一。随上毎度宣賜。庁例云、位記・度縁に印捺つと申、上宣賜へ者、而段々申レ之可レ謂レ誤矣。

外記庁《げきちょう》に着した。中納言（藤原扶幹《すけもと》）と治部卿《きょう》（藤原当幹《まさもと》）が参り着した。弁官の申政は恒例のとおりであった。式部省と治部省の位記《いき》と度縁《どえん》に請印《しょういん》し、印を捺《お》した。史生若江善邦《わかえのよしくに》が先《ま》ず位記に捺し、捺印したことを申した。上卿《しょうけい》が宣したことには、「賜え」と。また度縁に捺した。また、このことを申した。随《したが》って上卿が毎度、宣したことには、「賜え」と。庁例《ちょうれい》に云ったことには、「『位記と度縁にまとめて印を捺した』と申し、上卿が宣すことには、『賜え』と」と。ところが段毎にこれを申したのは、誤りと称すべきである。

外記政というのは太政官《だいじょうかん》政務の一形態で、公卿《くぎょう》が外記庁において諸司の申請した政《まつりごと》を聴取裁定することをいう。休日《きゅうじつ》や廃務《はいむ》の日を除いて、原則として毎日行なわれた。

まず外記庁の南舎に弁・少納言・外記・史らが参着して結政《かたなし》（政のための文書《もんじょ》整理）を行ない、ついで上卿以下の公卿が庁座に着き、弁以下が列座し、弁が史に諸司の申文《もうしぶみ》を読ませ、上卿が裁決する。ついで請印（公文に捺印《なついん》すること）の儀があり、終わって上卿が座を起《た》って退出し、続いて下臈《げろう》から順次退出した（『国史大辞典』による。橋本義彦氏執筆）。

ここで実頼（当時は参議で三十五歳。右衛門督《えもんのかみ》と検非違使別当《けびいしべっとう》を兼ねていた。十二月に中納言に任じられる）は、請印の際の史生と上卿の問答について、違例《いれい》を指摘している。史生が、「位記と度縁を捺印した」と申して、上卿が「賜え」というのが外記庁の例なのに、位記と度縁をそれぞれ一回ずつ問答を繰り返したのが誤りであるというのである。

天慶元年（九三八）六月十四日条（『小右記』による）　伊勢宣命を奏上／禰宜の叙位

参㆑内。奏㆓伊勢宣命㆒。依㆓旧例㆒有㆓二枚㆒。又神宮無㆓辞別㆒。豊受宮載㆓禰宜叙位之由㆒。次位記入眼。令㆓内侍奏㆒。先㆑是禰宜晨晴申文、従㆓殿下㆒給㆑之。内記奏了云々。給㆓位記㆒度、可㆑有㆓宣命二枚㆒。以㆑近可㆑□歟。

内裏に参った。伊勢《いせ》の宣命《せんみよう》を奏上した。旧例によって、二枚有った。また、皇太神宮《こうたいじんぐう》に辞《こと》別《わけ》は無かった。豊受宮《とようけのみや》に禰宜《ねぎ》の叙位《じよい》について載せた。次いで位記に入眼《じゆげん》した。内侍を介して奏上させた。これより先に、禰宜（度会《わたらいの》）晨晴《あさはる》の申文を、殿下《てんが》（忠平）から給わった。「内記が奏上した」と云うことだ。位記を下給する度に、宣命が二枚なければならない。近きを以《もつ》て□べきか。

長元《ちょうげん》四年（一〇三一）八月に伊勢内外宮《ないげくう》の禰宜に加階《かかい》することになった際、実資が先例として引いた『清慎公記』の記事である。

実頼は、伊勢の宣命は二枚なければならないと、二度にわたって記している。もちろん、皇太神宮（内宮）と豊受宮（外宮）の分である。現在でも、片方しか参拝しないのを「片参り《かたまい》」と言うのは、古代以来の伝統ということであろう。

天慶八年（九四五）十二月十六日条（『小右記』による）　数箇所の別当に補される

下官奏云、一度補二数所一。甚所レ恐也。奉レ仰云、雖二数所一、是大臣奉仕所也。仍所レ補也者。勘二前例一、已有二延喜九年一。贈太政殿下薨。以二右大臣源卿一兼二補其所一。八所也。所レ謂、東・西・延暦等寺、内記・内豎所、内蔵寮、穀倉、陰陽寮等也云々。同九年五月六日、以二小臣一為二蔵人所別当一。宣旨已下云々。彼所雑色以下為二慶賀一来。

下官（実頼）が奏上して云ったことには、「一度に数箇所に補された。甚だ恐縮するものである」と。仰せを承って云ったことには、「数箇所とはいっても、これは大臣が奉仕するものである。そこで補したものである」ということだ。前例を調べると、すでに延喜九年に有る。「贈太政殿下《ぞうだいじょうてんが》（藤原時平《ときひら》）が死去した。右大臣源（光《ひかる》）卿をその所に兼補《けんぽ》した。

八箇所である。それは東寺《とうじ》・西寺《さいじ》・延暦寺《えんりやくじ》、内記《ないき》・内豎所《ないじゆどころ》、内蔵寮《くらりよう》、穀倉院《こくそういん》、陰陽寮《おんみようりよう》である」と云うことだ。延喜九年五月六日、小臣（実頼）を蔵人所別当《くろうどどころべつとう》とした。「宣旨《せんじ》はすでに下った」と云うことだ。あの所の雑色《ぞうしき》以下が、慶賀《けいが》の為に来た。

これも長元四年九月に蔵人所別当に補されることになった実資が、先例として引いた『清慎公記』の記事である。

さまざまな「所」の別当は、公卿が兼任するのであるが、何箇所もの別当に補されるのはいかがなものかと思った実資は、実頼の日記からよく似た記事を探したのである。実頼は実資と同じ蔵人所別当に補されたというのであるが、何と延喜九年には源光は八箇所の別当に兼補されている。

それにしても、当時は膨大な量があったはずの『清慎公記』から、求める記事を探し出すというのは、索引もデータベースもなかった当時、どうやって行なっていたのであろうか。日記は冊子本《さつす》ではなく、巻子本《かんす》であったから、巻ごとに開いては読んで巻き直すということを何度も繰りかえしていたのであろうか。それともすでに行事ごとに部類した部類記《ぶるいき》が、ある程度できていたのであろうか。実頼にも部類記を作成する意思があったことは『清慎公記』からうかがえるが、『小野宮《おののみや》 年中行事《ねんじゆうぎようじ》』を完成させたのは実資であった。

天暦十年（九五六）四月八日条（『北山抄《ほくざんしょう》』による）　御灌仏

御灌仏云々。作法如レ恒。御料灌了後、公卿已下一々灌レ之。或出三入従二額間一、或入レ従二額南〈孫庇。〉一。赴二乾行一入二額間一。彼此不レ同。下官及左右衛門督・伊与守出三入自二額間一、源大納言・民部卿・左大弁入二孫庇一、入二額間一〈置二鉢杓一之机立二額間一。〉。殿上侍臣多出三入額間一云々。

御灌仏会《かんぶつえ》は云々《うんぬん》であった。作法は恒例のとおりであった。村上天皇の御料の水を灌《そそ》ぎ終わった後、公卿以下は、一々、これを灌いだ。或《ある》いは額の間から出入し、或いは額の南〈孫廂《まごびさし》。〉から入った。北西方向に赴いて、額の間に入った。あれこれ、同じではなかった。下官（実頼）及び左右衛門督（藤原師尹《もろただ》・藤原師氏《もろうじ》）・伊予守（源重光《しげみつ》）は、額の間から出入し、源大納言（源高明《たかあきら》）・民部卿（藤原在衡《ありひら》）・左大弁（藤原有相《ありすけ》）は孫廂に入り、額の間に入った〈鉢や杓を置いた机は、額の間に立てた。〉。「殿上人《てんじょうびと》は、多く額の間を出入りした」と云うことだ。

灌仏は四月八日の釈迦《しゃか》の誕生日に誕生像を香水《こうずい》で洗浴する儀式である。これは内裏清涼殿《せいりょうでん》で行なわれた灌仏会であるが、その際、実頼は公卿や殿上人が誕生像の前に入る経路を問題にしている。額の間とは、たとえば「清涼殿」と書かれた額が掲げられている正面中央の間のことであるが、そこから出入りするか、孫廂から入るかを問題にしている。

さすがは儀式にうるさい実資の養父である、と言うより、この実頼の儀式の確立にかける熱意（と性格）が、実資に伝わったと考えるべきであろう。当時はまだ儀式次第が確立しておらず、各人が父祖の先例を持ち寄っている段階であったが、実資はいつも実頼の行なった先例を基準にしている。それが家としての権威の確立に結び付くと考えたのであろう。

康保四年（九六七）七月二十二日条（『魚秘抄《ぎょひしょう》』『源語秘訣《げんごひけつ》』による）　冷泉天皇の「狂気」／外戚不善の輩／揚名関白

宰相中将来、言二雑事一次、言二主上追レ日本病発給之由一、左兵衛佐々理云、高声歌二給田中之井戸、或法用一云々。左衛門督又来云、今日候二殿上辺之渡殿一。放歌御声甚高。其御歌者こならは云々。近衛官人皆承二御声一。頗以不レ便。明日可レ有二除目一云々。如レ此之間、何被レ行二公事一乎云々。往代聞二武猛・暴悪之王一、未レ聞二狂乱之君一。如レ此之間、外戚不善之輩、競成二昇進之望一。左衛門督云、藤納言望二大納言一云々。入レ夜後、右少将為光朝臣来云、明日除目、一昨右大将與二藤納言一議定畢之由、伝承云々。揚名関白早可レ被二停止一之者也。

宰相中将（源延光《のぶみつ》）が来て、雑事を申したついでに、主上《しゅじょう》（冷泉天皇）が日を追って、本《ほん》

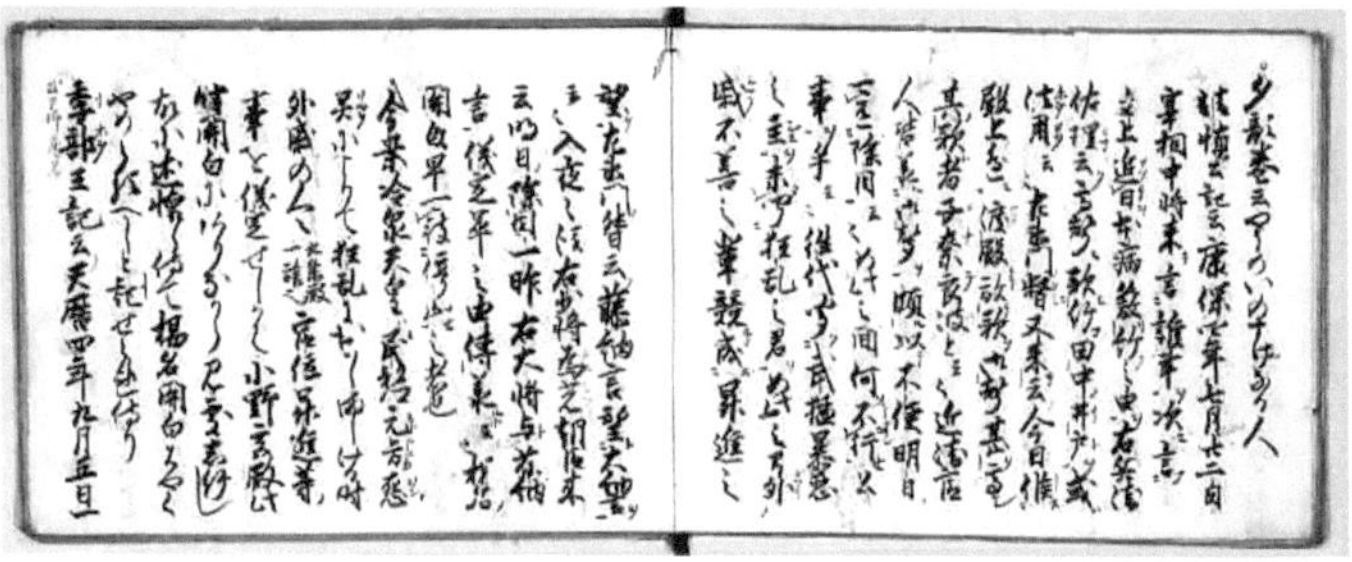

『清慎公記』（『源語秘訣』揚名介の事（夕顔巻）所引．図書寮文庫本．宮内庁書陵部蔵）

病《びょう》を発《おこ》されたことを申した。左兵衛佐（藤原）佐理《すけまさ》が云ったことには、「高声で田中井戸《たなかのいど》、或いは法用《ほうよう》を歌われていた」と云うことだ。左衛門督《さえもんのかみ》（師氏）がまた、来て云ったことには、「今日、殿上間《てんじょうのま》の辺りの渡殿《わたどの》に伺候《しこう》していたところ、放歌されていた。御声は甚だ高かった。その御歌は、子奈良波《こならは》であった」と云うことだ。「近衛府の官人は皆、御声を聞いた。頗《すこぶ》る都合の悪いことだ。『明日、除目《じもく》が行なわれることになっている』と云うことだが、このような折、どうして公事《くじ》を行なえようか」と云うことだ。昔、武猛・暴悪の王（陽成《ようぜい》天皇）というのは聞いたことがあるが、未《いま》だ狂乱の君というのは聞いたことがない。このような折、外戚不善《がいせきふぜん》の輩《やから》が、競って昇進の望みを抱いている。左衛門督が云ったことには、「藤納言（藤原伊尹《これまさ》）は大納言を望んでいる」と云うことだ。夜に入った後、右少将（藤原）為光朝臣《ためみつあそん》が来て云ったことには、「明日の除目は、一昨日、右大将（師尹）が藤納言と議定《ぎじょう》してしまったということについて、伝え承りました」と云うことだ。揚名の関白は、早く停止《ちょうじ》されるべきものである。

『源語秘訣』に引かれたこの記事は、一条家当主が相続していた『魚秘抄』の略述であることが、渡辺滋氏の研究によって明らかになっている（渡辺滋「冷泉朝における藤原実頼の立場」）。関白実頼が記した『清慎公記』のこの記事の主眼は、後半部分の「外戚不善の輩（伊尹・兼《かね》通《みち》・兼家《かねいえ》）」が昇進を望んでおり、小一条流《こいちじょう》の師尹や九条流の伊尹といった連中が除目以前に人事を定めてしまったとした部分にあり、続けて実頼は自らを「揚名（名ばかり）の関白」と自嘲するのである。

前半の冷泉の「病状」に関する報告は、日を追って「本病」を発しているという延光の報告、高声で催馬楽《さいばら》や梵歌《ぼんか》を歌っていたという佐理の報告、高声で渡殿で放歌していたという師氏の報告であるが、諸氏が説くようにこれで冷泉が「狂気だということが明らかだったのである」と推断できるほどの根拠とは言えまい。内裏で大声で歌を歌うということは、年も若かったうえに、陽気な性格を表わすものだとしても、「狂気」を決定付ける根拠と見なしがたいことは、言うまでもなかろう（倉本一宏『敗者たちの平安王朝　皇位継承の闇』）。もちろん、天皇にふさわしい品格を備えていたかどうかは、また別の問題であるが。

以上、『清慎公記』の記事は、政務や儀式の確立にかける実頼の熱意が込められたものであると言えよう。もっとも、逸文の多くは儀式書や儀式に詳しい実資の『小右記』に引かれたものであり、儀式に関する記事が多くなったのかもしれないが。

6 『九暦』と藤原師輔

平安時代中期の古記録《こきろく》の最後として、藤原忠平《ただひら》の二男である師輔《もろすけ》の記録した『九暦《きゅうれき》』を見てみよう。師輔は延喜《えんぎ》八年（九〇八）に生まれた。母は文徳《もんとく》天皇皇子の源能有《よしあり》の女《むすめ》である昭子《しょうし》。承平《じょうへい》五年（九三五）に二十八歳で参議となった。天慶《てんぎょう》元年（九三八）には七人を超えて三十一歳で権中納言となり、天慶五年（九四二）に三十五歳で大納言、天暦《てんりゃく》元年（九四七）に四十歳で右大臣に上った。

つねに異母兄の実頼《さねより》の次席にあったが、天暦四年（九五〇）、村上《むらかみ》天皇の女御《にょうご》となっていた女の安子《あんし》の産んだ憲平《のりひら》親王（後の冷泉《れいぜい》天皇）が立太子《りったいし》して、師輔は外戚《がいせき》としての地位を固め、後世、子孫（九条《くじょう》流）は摂関《せっかん》の地位を独占することとなった。

しかし、師輔自身は外孫《がいそん》の即位を見ることなく、天徳《てんとく》四年（九六〇）に五十三歳で死去した。藤原経邦《つねくに》の女の盛子《せいし》との間に伊尹《これまさ》・兼通《かねみち》・兼家《かねいえ》・安子など、醍醐《だいご》天皇皇女の雅子《がし》内親王との間に為光《ためみつ》など、同じく醍醐皇女の康子《こうし》内親王との間に公季《きんすえ》などの子があった（他に醍醐皇女の勤《きん》子《し》内親王とも結婚している）。

有職故実《ゆうそくこじつ》の流儀を確立し、『九条 年中行事《くじょうねんじゅうぎょうじ》』を編んで、九条流の祖とされた。

『九暦』は原形のままでは存在せず、抄録本（『九暦抄《きゅうれきしょう》』）、別記《べっき》の部類（『九条殿記《くじょうどのき》』）、父忠平の教命《きょうみょう》（貴人や先達の教え）を筆録した『貞信公教命《ていしんこうきょうみょう》』（『九暦記《きゅうれきき》』）などが現存している。師輔が九条殿《くじょうどの》に住んでいたこと、極官《ごっかん》が右大臣であったところから『九条右大臣記《くじょううだいじんき》』『九記《きゅうき》』『九条記《くじょうき》』など、多くの呼び名がある。『九暦』という呼び名が一般的であることから、この日記も具注暦《ぐちゅうれき》に記録されたものであったことがわかる。

『西宮記《さいきゅうき》』『北山抄《ほくざんしょう》』『小右記《しょうゆうき》』他に逸文《いつぶん》が多く引載されており、それらも総合すると、現存のものは延長《えんちょう》八年（九三〇）から天徳四年に至っている。現存の『九暦抄』は、平安時代中期に抄出され、目録のような簡単な部分と年中行事に関する詳しい記事の存するものとがある。本記だけでなく別記の抄略をも含んでいる。『九条殿記』は、古文書《こもんじょ》の紙背《しはい》に書写した部分があり、その文書は承徳《じょうとく》元年（一〇九七）のものであることから、現存の『九条殿記』の書写は、それ以後のことであることが知られる。内容は年中行事を部類分けした別記（部類記《ぶるいき》）であり、『九条年中行事』に直接つながるものである。『九暦記』は、父忠平の儀式に関する教命を師輔が記したもので、これも日記とは別に独立して作られたものである（『国史大辞典』による。山中裕氏執筆）。

それでは、いくつかの記事を見ていくことにしよう。本文は、『九暦抄』は秘閣本《ひかく》（国立公文書館蔵）、『九条殿記』は天理《てんり》図《と》書館所蔵本《しょかん》、『九暦記』は陽明文庫本《ようめいぶんこ》を底本とした東京大学史料編纂所編纂《しりょうへんさんじょ》『大日本古記録 九暦』によるものとするが、意により文字や句読点、日付を改めた場合もある。ちなみに、逸文を含むので単純に計測はできないが、『九暦抄』が二二八条、『九条殿記』が一一二条、『九暦記』が一七条、『九暦断簡《だんかん》』が二一条、逸文が三三七条、

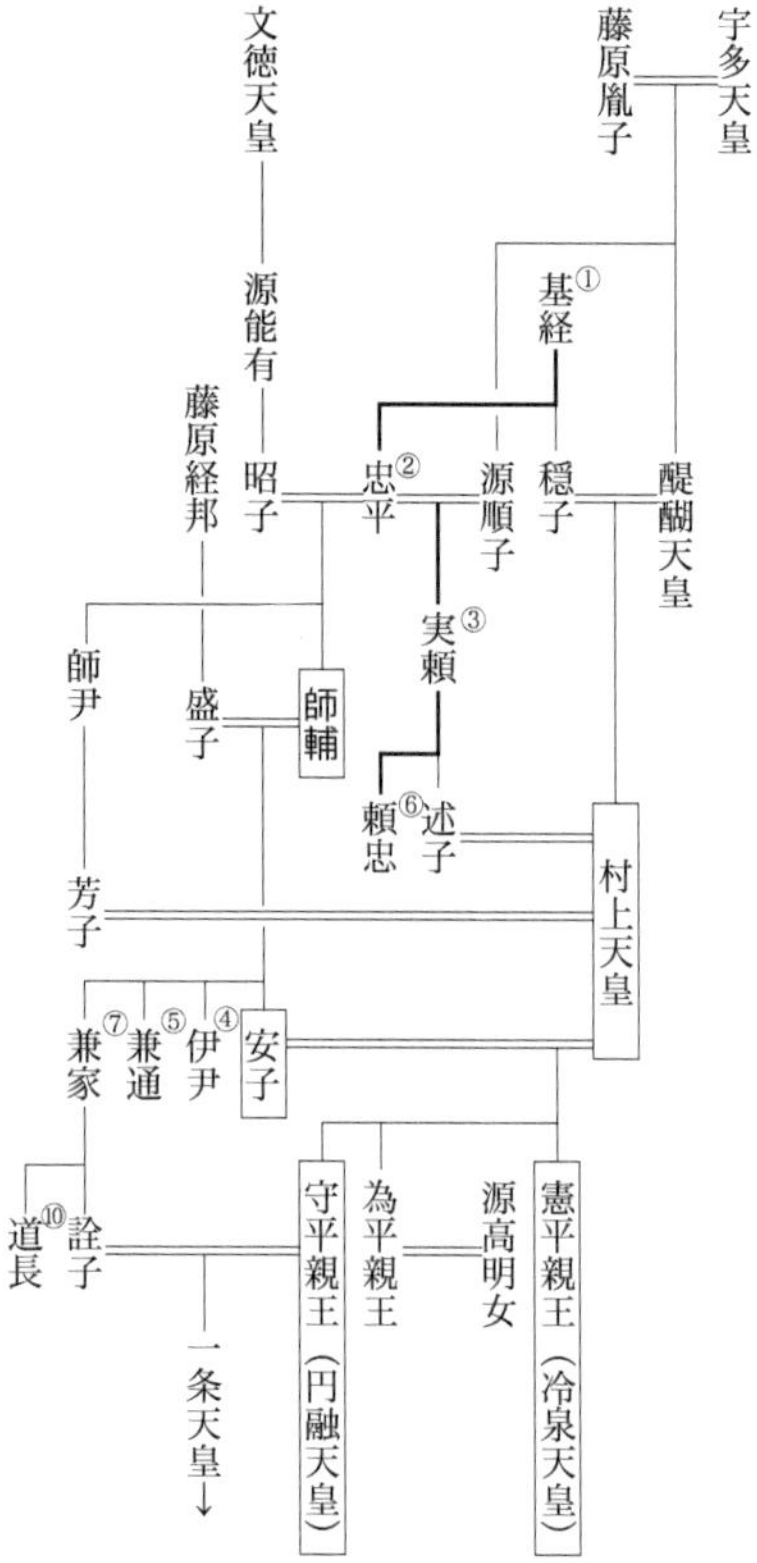

（数字は摂関就任順、太線は藤原氏嫡流）

合わせて七一五条は、訓読文で一七万五九九四字である（一条あたり平均二四六字）。

年次	西暦	天皇	年齢	主な出来事
延喜八	九〇八	醍醐	一	誕生
延長元	九二三		一六	叙爵
八	九三〇	朱雀	二三	日記始まる
承平元	九三一		二四	蔵人頭
五	九三五		二八	参議
天慶元	九三八		三一	権中納言
三	九四〇		三三	安子、成明親王に入侍
五	九四二		三五	大納言
七	九四四		三七	成明親王立太子
九	九四六	村上	三九	成明親王即位（村上）／安子女御
天暦元	九四七		四〇	右大臣
四	九五〇		四三	安子憲平親王出産／憲平親王立太子
天徳二	九五八		五一	安子中宮
四	九六〇		五三	日記終わる／薨去

延長八年（九三〇）八月十七日条（『仁和《にんな》寺《じ》記《き》録《ろく》』による）　円仁、夢に空海を見る

蓮舟語云、円仁和尚存生日、或法師等、彼大師前和談曰、高野大師真言、上古可㆓荒涼㆒云々。還去、其夜慈覚大師夢見㆓空海㆒。大師弟子康修来告云、為㆑謁㆓和尚㆒真言之師已来㆓於斯㆒云々。慈覚大師即束帯出逢、求㆓彼弘法大師㆒。庭中只有㆓一茎蓮花㆒、其上有㆓五鈷金剛杵㆒。更无㆑人。慈覚大師驚怪、求㆓弘法大師㆒。康修即指㆑彼曰、金剛杵是吾大師云々。現㆓其攸㆒。

蓮舟《れんしゅう》が語って云ったことには、「円仁和尚《えんにんかしょう》が存生していた日、ある法師たちが円仁大師の前で談《かた》って云ったことには、『空海大師《くうかい》の真言は、上古《じょうこ》はいい加減だったのだろう』と云うことでした。還《かえ》り去って、その夜、慈覚《じかく》大師（円仁）は夢で空海を見ました。大師（空海）の弟子の康修《こうしゅう》が円仁の所に来て、告げて云ったことには、『和尚（円仁）に会うために、真言《しんごん》の師（空海）は、すでにここに来ています』と云うことでした。慈覚大師はすぐに束帯《そくたい》を着して出て、かの弘法《こうぼう》大師（空海）を探しましたが、庭中にただ一茎の蓮の花が有るだけでした。その上に五鈷《ごこ》の金剛杵《こんごうしょ》が有り、まったく人はいませんでした。慈覚大師は驚き怪しみ、空海を探したところ、康修がそれを指さして云ったことには、『金剛杵こそが、これがわが空海大師なのです』と云うことでした。その所に現われました」と。

第三代天台座主《てんだいざす》であった円仁が、真言宗《しんごんしゅう》の開祖《かいそ》であった空海が会いに来るという夢を見たというものである。ところが空海の姿はなく、蓮の花の上に金剛杵（杵《きね》形で、取っ手の両端に利刃《りじん》〈鈷《こ》・股《また》・鋒《ほう》〉を付けた密教《みっきょう》法具）があり、それが空海であるという。空海はその所に現われたということになっている。

天台宗《てんだいしゅう》の円仁がこの夢を本当に見たとするならば、空海の真言に関する放談を聞いたという記憶と、真言宗をも究める密教僧としての自覚によるものであろうか。

密教の奥義は師から弟子へ代々伝える「師資相承《ししそうじょう》」を原則とするが、真言宗においては空海が唐より請来《しょうらい》した密教法具こそが、真言宗の正流であることを示す象徴であるとされているのである（倉本一宏『平安貴族の夢分析』）。

承平六年（九三六）九月二十一日条（『九暦記』）　基経、忠平を嗣子と語る／藤原氏一門の墓所

殿下依二太政大臣御慶一被レ参二後山科御陵並宇治御墓所一。還レ殿之後至二于亥剋一、候二御前一。仰云、曾我尚幼少時前閤仰云、我嗣在二汝所一者。此事已及二数度一。而今不レ違二彼命一、被レ授二摂政之職一。其後至二今年一我任二太政大臣一。聖人一想可レ謂二神妙一。感嘆之深落涙霑レ胸者。又仰云、及二左大臣御病時一宣、我骨置二前閤御墓所辰巳方一云々。是若象二皇太子宮一乎。前々太政大臣並内麿大臣墓在二其辺一云々。慥不レ知二其所一者。

木幡陵現況（宇治陵総拝所）

殿下《てんが》（忠平）は、太政大臣に任じられた御慶《ぎよけい》によって、醍醐天皇の後山科御陵《のちのやましなのみささぎ》および（藤原）基経《もとつね》公の宇治《うじ》御墓所に参られた。殿に還った後、亥《い》刻（午後九時から十一時）に至って、御前に伺候《しこう》した。おっしゃって云ったことには、「かつて我（忠平）がまだ幼少の時、前閤《ぜんこう》（基経）がおっしゃって云ったことには、『我が継嗣《けいし》は、汝《なれ》（忠平）である』ということであった。この事は、すでに数度に及んだ。そうして今、その仰せに違《たが》わず、摂政の職を授けられた。その後、今年に至って、我は太政大臣に任じられた。聖人（基経）の想《おも》いは、神妙と称すべきである。感嘆の深いことは、落涙が胸を濡《ぬ》らす」ということだ。また、おっしゃって云ったことには、「左大臣（藤原時平《ときひら》）が御病の時に及んで、おっしゃったことには、『我が骨は、前闇の御墓所の南東の方に置け』と云うことであった。これはもしかしたら皇太子宮を模したものであろうか。『前々太政大臣（藤原良房《よしふさ》）および（藤原）内麻呂《うちまろ》大臣の墓は、その辺りにある』と云うことであった。確かにその所を知らない」ということだ。

本条は、基経が忠平を後継者と語ったという故事と、木幡《こはた》の藤原氏墓所について、忠平が師輔に語ったという言葉を記録している。そのうち、前者については、基経が長子の時平ではなく忠平を後継者と決めていたということを何度も語ったと記している。いかにも摂政、そしてこの時に太政大臣の地位に上った忠平らしいが、はたして本当のことであろうか。時平がすでに死去している以上、嫡流が忠平に移ったという事実を、基経の言葉に仮託《かたく》して語っているのかもしれない。また、忠平の嫡流が長子の実頼ではなく師輔に移るということを、これは示唆しているのかもしれない。

また、木幡の藤原氏墓所は、六地蔵駅から黄檗《おうばく》駅にかけての東側の山腹にあたる。現在では住宅地になっているが、もともとは基経が一族の埋骨地として墓所を集結した地であった。後に道長の時代にはすでに荒廃していたので、道長はここに菩提《ぼだい》所としての浄妙寺《じょうみょうじ》の造営を思い立ち、寛弘《かんこう》二年（一〇〇五）に三昧堂《さんまいどう》、寛弘四年（一〇〇七）に多宝塔《たほうとう》が造られた。近年の発掘調査によって、木幡小学校の校庭に遺構が確認された。

なお、現在、宮内庁が治定《じじょう》している「宇治《うじ》陵《のみささぎ》」は、一八七七年（明治十）に藤原氏出身の皇室関係者十七陵三墓を定めたものであるが、多くは古墳時代後期の円墳である。当時の墳墓は他所で火葬した遺骨を埋葬しただけのものであるから、大きな墳丘は必要ない。

本条では、時平が死ぬ前に、自分の墓は基経の墓の南東に造るよう語ったというものと、良房と内麻呂といった藤原北家嫡流の墓はその近辺にあると語ったという忠平の言談を記録している。当時は墓参の習慣もないので、北家嫡流といっても、その墓所はわからなくなっていたのであろう。

天慶三年（九四〇）二月二十六日条（宮内庁書陵部蔵九条家本『九条殿記』による）**平将門、陸奥・出羽を襲撃との飛駅奏状**

陸奥国言上飛駅奏状云、平将門率二一万三千人兵一、欲レ襲二撃陸奥・出羽両国一云々〈其事多端。不レ能二具言一。〉。

件奏状下官披見。即令レ持二外記一参二詣御所一奏聞。

陸奥《むつ》国が言上した飛駅奏状《ひえきそうじよう》に云ったことには、「平将門《まさかど》は一万三千人の兵を率いて、陸奥・出羽《でわ》両国を襲撃しようとしています」と云うことだ〈その事は多端であった。詳しく申すことはできない。〉。

この奏状は、下官（師輔）が披見《ひけん》した。すぐに外記《げき》に持たせて、御所に参り、奏聞した。

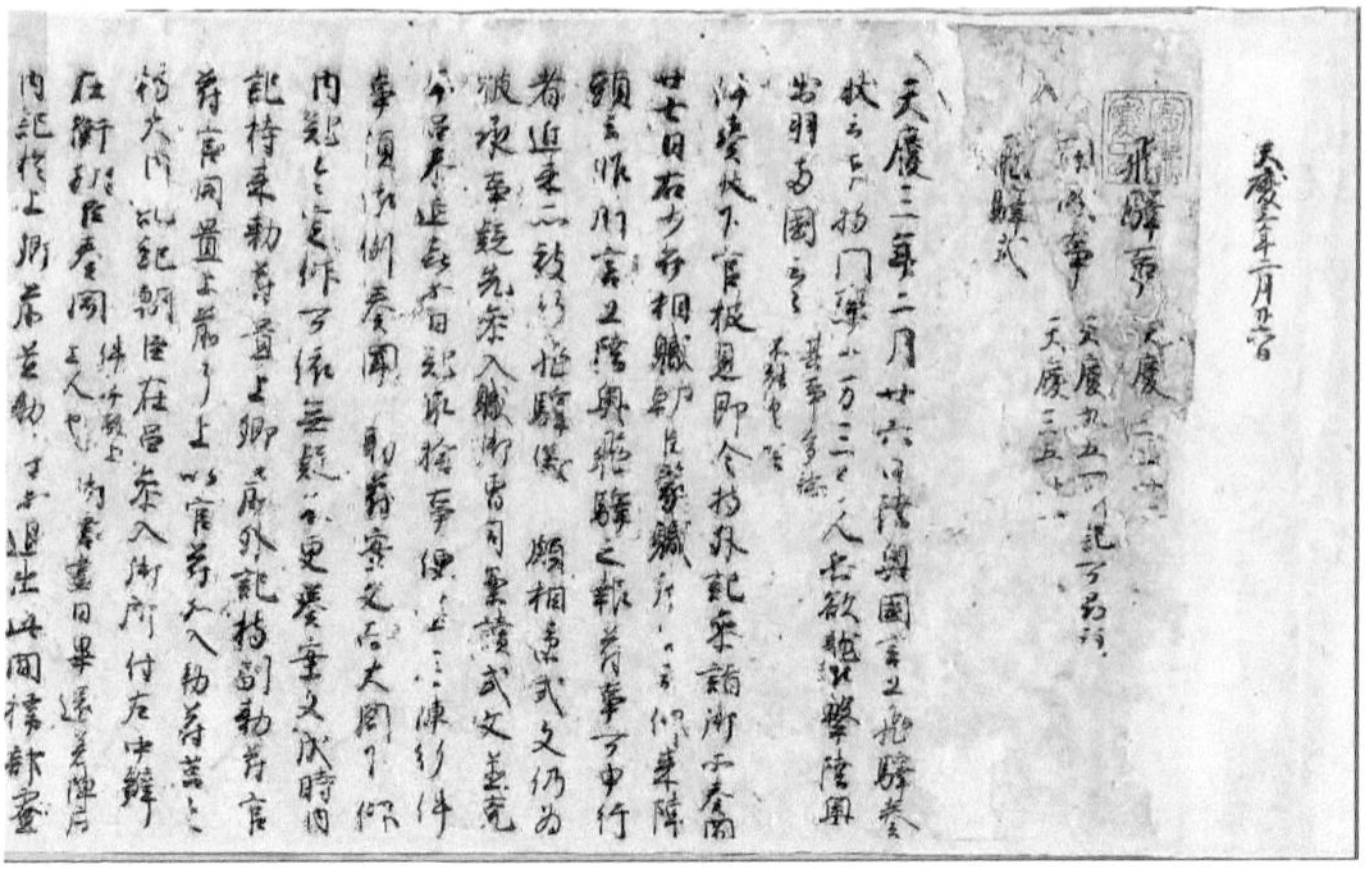

『九条殿記』（書陵部蔵九条家本『九条殿記』臨時・飛駅事，宮内庁書陵部蔵）

本条は宮内庁書陵部蔵九条家本『九条殿記』に載っている記事で、『大日本史料』や『大日本古記録 九暦』には収められていない。

実際には将門はこの年の二月十四日に誅殺《ちゅうさつ》されており、その報は二月二十五日に信濃《しなの》国から都にもたらされているのであるが（『貞信公記抄《ていしんこうきしょう》』）、翌二十六日、将門が一万三千人の大軍を率いて陸奥・出羽国を襲撃しようとしたという報告が、陸奥国府《こくふ》からもたらされた（『九条殿記』『師守記《もろもりき》』）。

この情報が本当であれば、将門が東北地方も含めた独立国家をめざしていたという評価になるのであろうが（川尻秋生『平将門の乱』）、当時の陸《む》奥守《つのかみ》が貞盛《さだもり》ゆかり（元上司）の平維扶《これすけ》であったことを考えると、将門の坂東《ばんどう》制覇の報を得た陸奥国府が、出羽で俘囚《ふしゅう》（国家に服属した蝦夷《えみし》）の反乱が起こっていたこの時期、やがて陸奥にも遠征してくることを怖れてパニックに陥ったものかとも考えてしまう。

なお、『貞信公記抄』でも、同じ二十六日条で、「陸奥の飛駅が来た」とだけ記録されている。

天暦四年（九五〇）六月十日条（『御産部類記《ごさんぶるいき》』による）憲平親王立太子の議

依二固物忌一閉レ門。左近少将伊尹来云、昨夜主上有二所レ被レ仰之事一。相会之次可レ申者。即仰二晩頭可レ来之由一。為レ慎二午上一也。酉剋召二伊尹一。申云、昨夜夕召二御前一。良久被レ仰二雑事一、就中皇太子位不レ可二暫曠一之由、古今所レ誡。近者陣中并后宮頻示二物怪一。不慮之妖非レ可二測知一。加以如二云々一者、有下成二祈願一之輩上者。若早不レ行、恐有二噬臍之悔一。而大臣期二明年一云々。頗似二緩怠一。抑件事或依二公卿上表一、或雖レ不レ表請而定二行之一。今所レ思者、依二上表一、請二益於太上天皇一、有二便宜一歟。具由大臣参入之日可二相談一者。答云、此仰不レ可三更出二口外一。但期二明春一之由、是所レ不二答申一也。皇子降誕之後、第四夜少納言乳母来着、談説之次曰、天皇聞二食皇子降誕之由一後、歓悦之気尤深。即仰云、数年之願、已以円満。尋二勘先例一、誕育之後、三・四月間、有下立二儲弐一之例上者云々。其時答云、事之速者、還有レ所レ畏。縦非二今年一、何有二其恨一云々。此事者言談之次、私所レ語二彼命婦一也。若命婦以二此事一漏奏歟。左右進退、只可レ順二叡慮一者也云々。

固い物忌《ものいみ》であったので、門を閉じた。左近少将（藤原）伊尹が来て云ったことには、「昨

夜、主上《しゆじよう》（村上天皇）がおっしゃられた事が有りました。会う際に申すことにします」ということだ。すぐに晩方に来るよう命じた。午《うま》の上刻（午前十一時から十二時）を慎まなければならない為である。酉刻《とり》（午後五時から七時）、伊尹を召した。申して云ったことには、「昨夜、夕方に天皇の御前に召されました。長い時間、雑事をおっしゃられたことには、『中でも皇太子の位は、しばらくも空しくしてはならないということは、古今、誡《いまし》めているところである。近ごろは陣中および后宮《きさいのみや》で、頻《しき》りに怪異《かいい》を示している。不慮の妖事《ようじ》は、測り知ることはできない。のみならず、云々《うんぬん》しているとおりであれば、「呪詛《じゆそ》を行なう輩《やから》が有る」ということだ。もし早く行なわなければ、恐らくは臍《ほぞ》をかむ悔いが有るであろう。ところが、「大臣（師輔）は明年を期している」と云うことだ。頗《すこぶ》る緩怠《かんたい》なようなものである。そもそも立太子の事は、或《ある》いは公卿《くぎよう》の上表《じようひよう》により、或いは上表しないといっても請うて定め行なう。今、思うところは、上表によって太上天皇（朱雀《すざく》上皇）に教えを願うのが、都合が良いであろうか。詳しいことは、大臣が参入する日に、相談することにする』ということでした」と。答えて云ったことには、「この仰せは、絶対に口外に出してはならない。但し明春を期すということは、これは答え申さなかったものである。皇子（憲平）が降誕した後、第四夜に少納言乳母《しようなごんのめのと》が来て着し、談説のついでに云ったことには、『天皇は、皇子が降誕したことを聞かれた後、歓悦の様子はもっとも深いものでした。すぐにおっしゃって云ったことには、「数年の願いは、すでに円満となった。先例を調べて勘申《かんじん》したところ、『誕育の後、三・四月の間、皇太子に立てる例が有る』ということであった」と云うことでした』と。その時、答えて云ったことには、『事の速やかであることは、かえって畏れるところが有る。たとえ今年でなくても、どうしてその恨みが有るであろうか』と云うことだ。この事は、言談のついでに、ひそかにあの命婦《みようぶ》（少納言乳母）に語ったところである。もしかしたら命婦は、この事を天皇に漏らし奏するであろうか。あれこれの進退は、ただ天皇の叡慮《えいりよ》に従うべきものである」と云うことだ。

この年の五月二十四日、安子は待望の皇子を出産した。後に憲平と名付けられ、冷泉天皇として即位する皇子である。師輔は誕生以来、乳付《ちつけ》の儀、御湯殿《おゆどの》の儀、読書鳴弦《どくしよめいげん》の儀、三夜の産養《うぶやしない》、五夜の産養、七夜の産養、三七夜の産養と、克明にその儀式を記録している。これらは『御産部類記』という、天皇誕生の記事を集めた部類記に収められている。

この六月十日、村上天皇は師輔の嫡子である伊尹を召し、早期の立太子について伝えた。これを伝えられた師輔は、少納言乳母という女官《にようかん》（命婦）が語った憲平誕生時の村上の様子を語っている。

この日は師輔は、立太子は明年でもかまわないと言ったことになっているが、十五日には立太子の先例を挙げて村上に伝えている。二十六日には東宮御所を定め、二十八日には立太子を醍醐陵に奉告《ほうこく》している。七月二日に石清水八幡宮《いわしみずはちまんぐう》をはじめとする諸社に皇子の息災《そくさい》を祈り、十五日に憲平という諱《いみな》を定め、二十二日に立太子を諸司に仰せた後に、二十三日、親王宣下《しんのうせんげ》を行なったうえで立太子の儀を行なっている。

これらの日々について、詳細な記事を記録しているのであるから、師輔の筆まめさは特筆すべきである。一般に摂関家の官人が記録した古記録は、文法も記事も大雑把であると説かれることが多いが（峰岸明「古記録と文体」）、それは『御堂関白記《みどうかんぱくき》』を見た印象に過ぎない。もっとも、師輔は将来の摂政を約束されたものの、この時点では外戚の右大臣に過ぎなかったのだが。

天徳元年（九五七）正月一日条（『九暦抄』）　東宮拝賀／小朝拝

参レ内。暫著二陣座一。即参二東宮梅壺一。申刻経二藤壺并後涼殿東廂等一参上給。奉レ抱兼家自二侍北壁辺一進給。此間王公不二動座一。是若理歟。東宮御拝礼畢。暫著二給侍座一。供二円座一。其後小朝拝。已及二秉燭一。拝了儲君令二還参一給。有二御肴六打敷一。余又蒙レ召候二御前一。給二酒肴一。此間引レ列。不レ御二南殿一。以二如在礼一被レ行二宮御禄一。青色御衣・下襲・袴。又御拝舞。余不レ着二南殿一、退出。

内裏に参った。しばらく陣座《じんのざ》に着した。すぐに東宮（憲平親王）の梅壺《うめつぼ》に参った。申《さる》刻（午後三時から五時）、藤壺《ふじつぼ》および後涼殿《こうりようでん》の東廂《ひがしびさし》を経て、参上された。抱き奉って、（藤原）兼家が、侍の北壁あたりから進まれた。この間、王卿《おうけい》は動座《どうざ》しなかった。これはもしかしたら道理であろうか。東宮の御拝《ぎよはい》の礼が終わった。しばらく侍の座に着された。円座《わろうだ》を供した。その後、小朝拝《こちようはい》が行なわれた。すでに秉燭《へいしよく》のころに及んでいた。拝が終わって、儲《もうけの》君《きみ》（憲平親王）は還り参られた。御肴《さかな》は六つの打敷《うちしき》が有った。私はまた、召しを蒙《こうむ》って、天皇の御前に伺候した。酒肴《しゆこう》を給わった。この間、列を引いた。天皇は紫宸殿《ししんでん》に御出《ぎよしゆつ》しなかった。如在《じよさい》の礼で、宮の御賜禄《しろく》の儀を行なった。青色の御衣《おんぞ》・下襲《したがさね》・袴《はかま》。また、御拝の拝舞《はいぶ》が行なわれた。私は紫宸殿に着さず、退出した。

憲平親王が皇太子となってから七年目の元日の記事。実は元日には私第をはじめ、各所でさまざまな行事があるのだが、本条は東宮拝賀《はいが》と小朝拝のみ記している。あるいはこの両事のみ『九暦抄』に抄出したのであろうか。

これだけ読んでいると、平穏に儀式が進んだようにも見えるが、実は師輔には心配事があった。憲平は幼少時から病弱で、後世には「狂気」を伝える説話まで作られた。

ただしそれは、冷泉系が村上皇統《こうとう》の嫡流でありながら、後に同母弟の円融《えんゆう》（守平《もりひら》親王）の皇統に嫡流が移動してしまった結果、冷泉皇統の天皇たち（冷泉・花山《かざん》・三条《さんじよう》）には狂気や病悩の傾向があるという説話が作られたに過ぎない（倉本一宏『敗者たちの平安王朝 皇位継承の闇』）。「狂気」ではなかったにせよ、師輔が憲平の健康状態を心配していたのは確実だったであろう。いずれにしても、この憲平が師輔とその子孫に栄華をもたらすことになることは確実なのであった。

師輔が憲平の即位を見ずに死去したのは、この三年後のことであった。

以上、『九暦』の記事を見てきた。それは意外に、といっては失礼だが、きわめて詳細な記録であった。いまだ摂政の座に上っていない時期に書かれたせいもあるかもしれない。この詳細な記録態度は、兼家—道長—頼通—師実といった九条流の摂関家嫡流に受け継がれることはなく、むしろ実頼—実資《さねすけ》—資平《すけひら》—資房《すけふさ》といった小野宮家に受け継がれていったのである。

Ⅲ　男の古記録——平安時代後期

それでは「摂関《せっかん》政治」、および古記録《こきろく》の最盛期である平安時代後期の古記録について見ていくことにしよう。この時代の代表的な公卿《くぎょう》である藤原行成《ゆきなり》の『権記《ごんき》』、藤原道長《みちなが》の『御堂関白記《みどうかんぱくき》』、藤原実資《さねすけ》の『小右記《しょうゆうき》』、そして少し時代が降って、そろそろ摂関家の権力にも陰りが見え始めた時期の源経頼《つねより》の『左経記《さけいき》』、藤原資房《すけふさ》の『春記《しゅんき》』といった五つの古記録を順に見ていくこととする。

それぞれいくつかの記事を挙げて解説していくが、基本的にはなるべく今まで私が著書で扱わなかった記事を取りあげることとする。

1　『権記』と藤原行成

藤原行成《ゆきなり》は、摂政伊尹《これまさ》の孫、右少将義孝《よしたか》の子として、天禄《てんろく》三年（九七二）に生まれた。母は醍醐《だいご》源氏の源保光《やすみつ》の女《むすめ》。九条《くじょう》流藤原氏の嫡流とも言える家系で、祖父伊尹の猶子《ゆうし》になったが、伊尹が天禄三年十一月、義孝が天延《てんえん》二年（九七四）に死去してしまい、行成は青年期は不遇であった。

長徳《ちょうとく》元年（九九五）に二十四歳で備後権介《びんごのごんのすけ》から蔵人頭《くろうどのとう》に抜擢《ばってき》され、一条《いちじょう》天皇や東三条院詮子《せんし》、藤原道長《みちなが》の信任を得た。あまりに実直で有能であったので、なかなか参議に進めなかったが、長保《ちょうほう》三年（一〇〇一）に三十歳で参議に任じられてからは累進し、寛弘《かんこう》六年（一〇〇九）に三十八歳で権中納言、寛仁《かんにん》元年（一〇一七）に四十六歳で中納言、寛仁四年（一〇二〇）に四十九歳で権大納言に上った。この間、弁官を歴任し、右大弁や左大弁も兼任した。源俊賢《としかた》・藤原公任《きんとう》・藤原斉信《ただのぶ》とともに、後世「寛弘の四納言《しなごん》」と称された。

公務に精励し、また諸芸に優れ、特に書では小野道風《みちかぜ》の様式を発展させた温雅な書風で和様書道の大成者とされ、後世、三蹟《さんせき》の一人と称された。その書流は行成の創建した世尊寺《せそんじ》にちなんで世尊寺流という。万寿《まんじゅ》四年（一〇二七）十二月四日、奇《く》しくも道長と同日に五十六歳で死去した。

行成の日記である『権記《ごんき》』の名は、極官《ごっかん》の権大納言による。二十歳の正暦《しょうりゃく》二年（九九一）から四十歳の寛弘八年（一〇一一）までの写本が伝存し、これに『天皇御元服記《てんのうごげんぷくき》』『後《ご》二条師《にじょうもろ》通記《みちき》』『院号定部類記《いんごうさだめぶるいき》』などの諸書に、五十五歳の万寿《まんじゅ》三年（一〇二六）までの逸文《いつぶん》が引載されている。特に蔵人頭在任中の活動や政務・儀式の様子が詳細に記されており、当時の政務運営の様相や権力中枢の深奥（宮廷の秘事）を把握するための第一級の史料である。

『権記』には、略記や別記《べっき》・別紙・部類記《ぶるいき》・目録なども存在したようである。行成自身が、儀《ぎ》式書《しきしょ》を撰述《せんじゅつ》する基にするためであろうか、さまざまな部類記を整理していたことがわかる。

それでは、いくつかの記事を見ていくことにしよう。本文は、伏見宮本《ふしみのみや》（宮内庁書陵部《くないちょうしょりょうぶ》蔵）を底本とした渡辺直彦・厚谷和雄校訂『史料纂集 権記』、および同じく伏見宮本を底本とした増補「史料大成」刊行会編『増補史料大成 権記』によるものとするが、意により文字や句読点を改めた場合もある。ちなみに、現存するのは三、六〇七条、また逸文が八〇条、合わせて

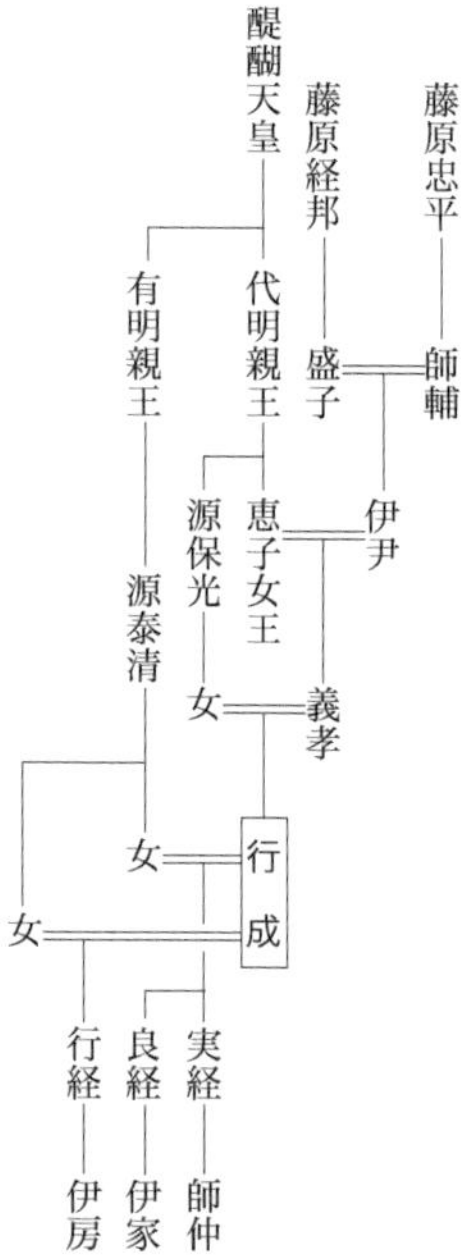

訓読文で五六万三九八六字である（一条あたり平均一五三字）。

年次	西暦	天皇	年齢	主な出来事
天禄三	九七二	円融	一	誕生
正暦二	九九一	一条	二〇	日記始まる
長徳元	九九五		二四	蔵人頭
長保元	九九九		二八	彰子立后を一条天皇に説得
三	一〇〇一		三〇	参議
寛弘六	一〇〇九		三八	権中納言
八	一〇一一	三条	四〇	敦成立太子を一条天皇に説得
寛仁元	一〇一七	後一条	四六	中納言
三	一〇一九		四八	兼大宰権帥
四	一〇二〇		四九	権大納言
万寿三	一〇二六		五五	日記終わる
四	一〇二七		五六	薨去

長徳四年（九九八）正月十一日条（伏見宮本　宮内庁書陵部蔵）　一条天皇の恩言

早朝参二左府一。蔵人弁〈為任。〉為二勅使一同参会。仰旨叙二行成一階一也。即参レ内、令レ奏二慶

由一。有レ召参二御前一。仰云、従レ事以後勤公可レ称。為レ励二後輩一臨時所レ叙也。

早朝、左大臣（道長）の許《もと》に参った。蔵人弁〈（藤原）為任《ためとう》。〉が、勅使《ちょくし》として同じく参会した。仰せの趣旨は、「行成に一階を叙す」ということであった。すぐに内裏に参って、慶賀《けいが》を奏上させた。召しが有って、一条天皇の御前に参った。おっしゃって云ったことには、「（蔵人頭の）職務に従事して以来、勤公は評価すべきである。後輩を励ます為に、臨時に叙すものである」と。

この日、行成は従四位上に叙された。『公卿補任《くぎょうぶにん》』では「四月十一」としているが、これは「四年正月十一」の誤写であろう。

一条天皇は蔵人頭としての勤公を賞して、臨時に叙したのである。慶賀に参った行成に対して、一条は恩言を述べている。

行成はこれをありがたいと思ったであろうが、心の中では、早く参議に任じてほしいと思っていたことであろう。しかし、一条は行成をなかなか側近から手放さないのであった。

この恩言を記録した心情としては、自分が一条から信任されていることを後世にまで残し、子孫の出世に有利にしようとしたのであろう。これは後年までしばしば見られる『権記』の特徴である。

貴族社会における昇進のみが、その地位を子孫に残すことのできる方途とあってみれば、誰も行成の出世志向を非難することはできまい。

長保二年（一〇〇〇）六月二十日条（伏見宮本・宮内庁書陵部蔵）　疫病流行／一条天皇は寛仁の君、好文の賢皇

……近日疫癘漸以延蔓。此災年来連々無レ絶。昔崇神天皇御宇七年有レ疫、天下之人大半亡没。于レ時天皇知二其祟一。忽以解謝、治二馭天下一百余年也。而今世路之人皆云、代及二像・末一。災是理運也。予思不レ然。聞二最勝説一、自以相叶。後漢末歳、災異重畳。後代之史、当時之謡、以為賞不レ当二其功一、罰不レ当二其罪一。又如二王法論一、不レ治二罰悪人一、不レ親二近善人一者、禍胎二災孽一何処転之哉。彼済陰彩鳳、巴郡黄竜、皆出二訛言一、多為二妖孽一。今年夏招俊堂災、其後不レ幾、応天門壊。皆是怪異之極。有識者定応レ有レ所レ見。主上寛仁之君、天暦以後、好文賢皇也。万機余閑、只廻二叡慮一、所レ期澄清也。所二庶幾一者、漢文帝・唐太宗之旧跡也。今当二斯時一、災異鋒起。愚暗之人不レ知二理運之災一。堯水・湯旱難レ免。忽迷二白日蒼天一、雖レ訴無二答者一也。

……近ごろ、疫病《えきびょう》が徐々に蔓延《まんえん》している。この災厄《さいやく》は、長年、連々として絶えることは無い。昔、崇神《すじん》天皇の御代《みよ》の七年、疫病が有り、天下の人は大半が死亡した。時に天皇はその祟《たた》りを知り、すぐに神を祀《まつ》って祓《はら》い、天下を治め君臨したことは百余年であった。ところが今、世間の人が皆、云うことには、「時代は像法《ぞうぼう》や末法《まっぽう》に及んでいる」と。災厄はこ

れは理運《りうん》である。私が思うに、像法や末法とは関係ない。最勝王経《さいしょうおうきょう》の説を聞くと、自《おの》ずから適《かな》っている。後漢《ごかん》の末年、災異《さいい》が重なった。後代の史書や現代の歌謡には、「思うに、賞はその功に当たらず、罰はその罪に当たらない」とある。また、王法論《おうほうろん》のとおりであれば、「悪人を治罰せず、善人に親近しなければ、禍《わざわい》は災厄を胎《はら》んで、何処に転じるであろうか」とある。後漢の済陰《さいいん》の彩鳳《さいほう》や、巴郡《はぐん》の黄竜《こうりゅう》は、皆、訛言《かげん》を生じ、多くは妖言《ようげん》となった。今年の夏、招俊堂《しょうしゅんどう》の火災があり、その後、幾《いく》ばくもなく応天門《おうてんもん》が崩壊した。皆、これは怪異《かいい》の極みである。有識《ゆうしき》の者の定めは、まさに見えるところが有るのであろう。主上《しゅじょう》（一条天皇）は寛仁《かんにん》の君であって、天暦《てんりゃく》（村上《むらかみ》天皇）以後では、好文《こうぶん》の賢皇《けんこう》である。万機《ばんき》の政務の余閑《よかん》には、ただ叡慮《えいりょ》を廻《めぐ》らし、期すところは澄清《ちょうせい》である。請い願うところは、漢《かん》の文帝《てい》や唐《とう》の太宗《たいそう》の旧跡《きゅうせき》である。今、この時に当たって、災異が鋒起《ほうき》している。愚暗《ぐあん》の人は、理運の災厄を知らない。堯帝《ぎょうてい》の代の洪水や湯王《とうおう》の代の旱魃《かんばつ》も、免れなかった。たちまち白《はく》日蒼天《じっそうてん》に迷い、訴えるといっても答えることは無いのである。

この時期、毎年のように疫病や自然災害が起こった。世間の人は、これは像法や末法に入るからであると言っているという。像法は釈尊入滅《しゃくそんにゅうめつ》後、正法《しょうぼう》の時を過ぎて、教えや修行が行なわれるだけで、悟りが得られなくなった時期、末法は仏の教えがすたれ教法だけが残る最後の一万年の間のことである。日本では正法・像法の後、永承《えいしょう》七年（一〇五二）に末法に入ったとする。この年、頼通《よりみち》は平等院《びょうどういん》を造立している。

それに対し行成は、そうではない、これは像法や末法とは関係なく、理運、つまり道理にかなっためぐり合わせ、当然出会うべき運によるものであると解釈している。中国の堯帝や湯王といった伝説上の聖代《せいだい》であっても、災異は免れなかったと言っている。

それに続けて、一条天皇のことを「寛仁の君」「好文の賢皇」と賞揚している。まだ二十一歳の天皇に対して、これほどの評価をしているというのも、側近ならではである。もっとも、「天暦（村上天皇）以後では」と言っているのは、村上以降の冷泉《れいぜい》、円融《えんゆう》、花山《かざん》天皇と比べれば、という実感も込められているのであろう。

なお、崇神七年の疫病というのは、『日本書紀《にほんしょき》』の記事に見える、「……今、我が治世になってから、しばしば災害に襲われた。これは、朝廷《ちょうてい》に善政がないために、天神地祇《てんじんちぎ》のお咎《とが》めを受けたのではあるまいか。ここはどうして神亀《じんき》の占いを行なって災害の起こるいわれを究めずにいられようか」という崇神の「詔」を指しているのであろう。なお、行成は治世は百余年と言っているが、実際は六十八年である。『日本書紀』では死去した時の年齢を百二十歳としているから、これを誤解したものであろう。

長保三年（一〇〇一）閏《うるう》十二月十六日条（伏見宮本・宮内庁書陵部蔵）　東三条院御所に行幸／行成第、東三条院渡御の準備／藤原伊周を本位に復す／東三条院、出家早朝参㆑院。可㆑有㆓行幸㆒也。参㆑内。午剋行幸。依㆓少納言遅参㆒、以㆓左近少将重尹㆒為㆓代官㆒鈴奏。自㆓大宮㆒於㆓三条㆒東行。自㆓高倉小路㆒南行。今日不㆑設㆓饗禄㆒。但公卿料湯仰㆓厨家㆒令㆑設。然而不㆑召。行幸之後、左大臣被㆑仰㆔三条家院可㆓渡御㆒者。仍令㆔□□移㆓光尹朝臣家㆒。入㆑夜参㆑院。無㆓御渡㆒。仍亦帰。今日員外帥叙㆓正三位㆒云々。今日還御後、院剃㆓御髪㆒為㆑僧。以㆓法橋覚運㆒為㆓戒師㆒。

早朝、東三条院《ひがしさんじょういん》（藤原詮子《せんし》）の許に参った。行幸が行なわれることになっている。内裏に参った。午刻《うま》（午前十一時から午後一時）、一条天皇は行幸された。少納言の遅参《ちさん》によって、左近少将（藤原）重尹《しげただ》を代官として、鈴奏《すずのそう》を行なった。大宮《おおみや》大路から三条《さんじょう》大路を東行した。高倉《たかくら》小路から南行した。今日、饗禄《きょうろく》を準備しなかった。ただし、公卿《くぎょう》の為の湯は、厨家《くりや》に命じて準備させた。ところが召さなかった。「行幸の後、左大臣は、私の三条の宅に院が渡御《とぎょ》されるということを命じられた」ということだ。そこで□□に命じて、（藤原）光尹《みつただ》朝臣《あそん》の家に移らせた。夜に入って、院の許に参った。渡御されることは無かった。そこでまた、帰った。「今日、大宰権帥《だざいのごんのそち》（藤原伊周《これちか》）を正三位に叙した」と云うことだ。今日、還御《かんぎょ》の後、院は御髪《おぐし》を剃《そ》って僧となられた。法橋覚運《ほっきょうかくうん》を戒師《かいし》とした。

東三条院藤原詮子は、この年の九月以来、病悩していた。「腫物《しゅもつ》」とされる。閏十二月五日ごろから、いよいよ危急《ききゅう》となった。この十六日には、一条が見舞いのために東三条院御所（平

行成三条第故地

惟仲《これなか》邸か）に行幸し、かつて詮子を呪詛《じゅそ》したというので流罪となった伊周を本位の正三位に復した。最後まで詮子の病悩には、伊周の影が付きまとっていたことになる。

十六日に剃髪《ていはつ》した詮子は、翌十七日に行成の三条第《さんじょうてい》に渡御し、十八日に東三条院に還御したものの、二十二日、ついに死去した。時に四十歳。政治に深く関与した国母《こくも》の死によって、一条は二十二歳で父母ともに喪《うしな》ってしまったのである。

寛弘元年（一〇〇四）三月七日条（伏見宮本・宮内庁書陵部蔵）　所充文／諸国申請雑事定／季御読経定／受領功過定／諸卿、行成の意見に同調

参レ内。左大臣就レ陣給。申二所充文一〈左大弁被レ候。史忠国。〉。被レ定二安房守秀俊申

雑事六个条、上総国司申三个条、下総国守忠良申五个条、近江守知章朝臣申六个条、下野守為元申四个条、陸奥守道貞朝臣申五个条、丹後守行衡申二个条、因幡国言上于陵島人十一人事等一。定文在レ別。又被レ定二季御読経事、又西大寺別当仁宗秩満替、紀伊国前司景理過事一。々々余申下好明寺加挙本稲有二見物一之由上。有二新司返牒一。殊可レ被レ削二過字一。亦仁宗替者、以二薬師寺権別当輔静一可レ被レ任歟。諸卿一同被レ申二此由一。有二内文一。左衛門督・左大弁。

内裏に参った。左大臣（道長）が陣座《じんのざ》に就かれた。所充《ところあて》の文を上申した〈左大弁（藤原忠《ただ》輔《すけ》）が上卿《しょうけい》を務められた。史は（坂本）忠国《ただくに》であった。〉。安房守《あわのかみ》（姓不明）秀俊《ひでとし》が申請した雑事六箇条、上総《かずさ》国司（藤原兼忠《かねただ》）が申請した三箇条、下総《しもうさ》国守（源）忠良《ただよし》が申請した四箇五箇条、近江守《おうみのかみ》（藤原）知章《ともあきら》朝臣が申請した六箇条、下野守《しもつけのかみ》（藤原）為元《ためもと》が申請した四箇条、陸奥守《むつのかみ》（橘《たちばなの》）道貞《みちさだ》朝臣が申請した五箇条、丹後守《たんごのかみ》（但波《たんばの》）行衡《ゆきひら》が申請した二箇条、因《いな》幡《ば》国司（藤原惟憲《これのり》）が言上した于陵《うるま》（鬱陵島《ウルルン》）の島人十一人について定められた。定文《さだめぶみ》は別にある。また、季御読経《きのみどきょう》について、また西大寺《さいだいじ》別当仁宗《べっとうにんそう》の任期満了の替わり、紀伊《き い》国前《ぜん》司《じ》（大江）景理《かげまさ》の過失について定められた。過失について私は、好明寺《こうみようじ》の加挙《かこ》の本稲は現物が有るということを申した。新司（橘儀懐《よしかね》）の返牒《へんちょう》が有るのであるから、特に「過失」の字は削られるべきであろう。また仁宗の替わりは、薬師寺《やくし》権別当輔静《じごんのべっとうほじょう》を任じられるべきであろうか。諸卿は一同して、この意見に同調された。内文《うちぶみ》の儀が行なわれた。左衛門督《さえもんのかみ》（公任）と左大弁が上卿を務めた。

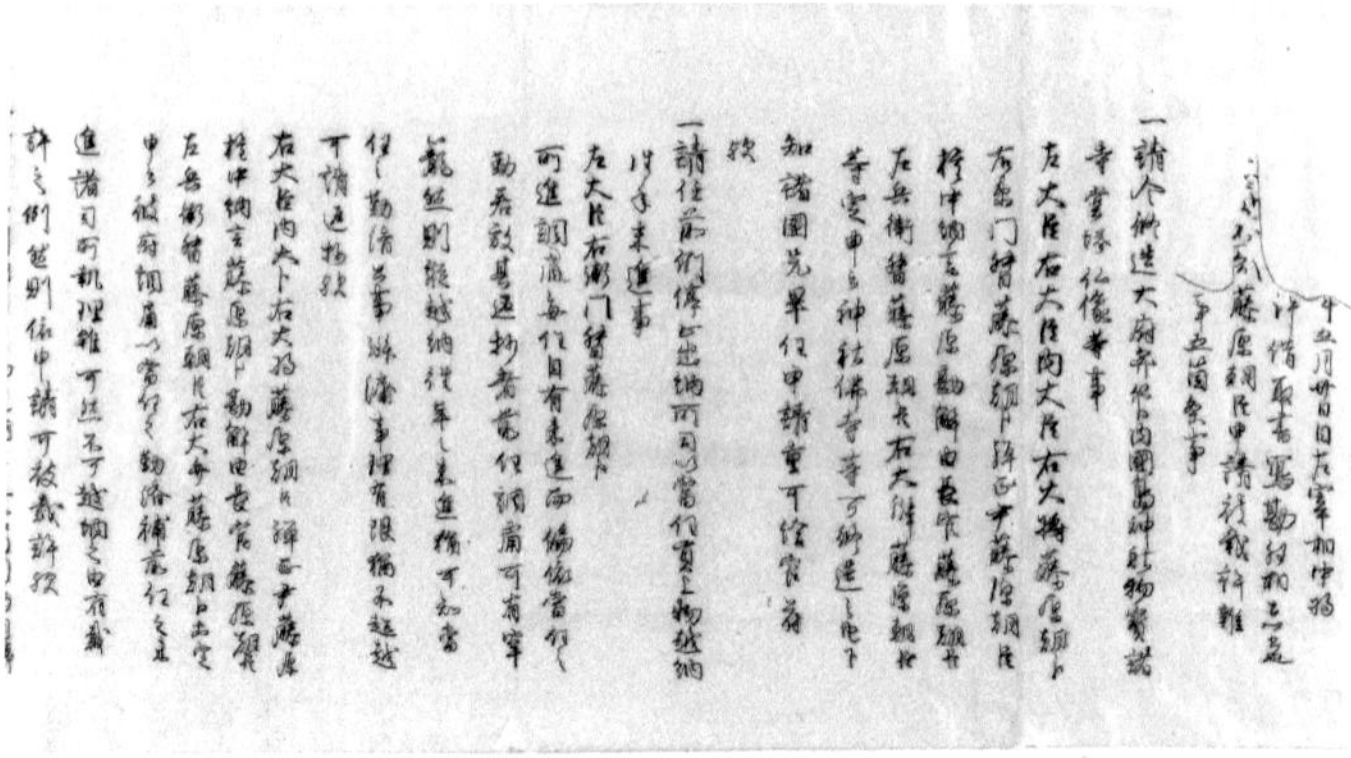

「諸国条事定定文写」（平松家文書．京都大学総合博物館所蔵）

この日、所充（職務を主宰する別当を任命する儀式）の文を上申した後、陣定《じんのさだめ》（陣座で行なわれる公卿議定《ぎじょう》）において、八箇国の諸国申請雑事《しょこくしんせいぞうじ》、季御読経、西大寺別当交替、受領功過《ずりょうこうか》を議定した。陣定は最下位の参議から順に意見を言うのであるが、この時は行成は藤原正光《まさみつ》に次いで最下位から二人目の参議であった。この日の陣定の出席者についてはわからないが、行成は正光に次いで二人目に意見を言ったか、あるいは正光が欠席していれば最初に意見を言ったものと思われる。

上位の者はそれまでに出た意見のいずれかに同意すればいいので、楽と言えば楽なのであるが、本条で特筆すべきは、行成が、「諸卿は一同して、この意見に同調された」と特記している点である。皆が自分の意見に同意してくれたことがよほど嬉《うれ》しかったのか、それともそれを記録して後世にまで残そうとしたのであろうか。

なお、末席の参議は、公卿の意見をまとめて、項目ごと、意見ごとに整理し、地位の高い者から順番に記した定文を執筆しなければならない。陣定の上卿であり、内覧《ないらん》でもある道長は、それを携えて蔵人頭と共に天皇の許に赴き、最終決定である勅定《ちょくじょう》を仰ぐ。

なお、寛弘元年閏九月五日と寛弘二年（一〇〇五）四月十四日に行なわれた陣定の行成自筆の定文の草案が残されている（個人蔵）。右に掲げたのはその写しであるが、能筆《のうひつ》ぶりがよくわかるとともに、その能吏《のうり》ぶりもうかがえる。

寛弘三年（一〇〇六）七月五日条（伏見宮本・宮内庁書陵部蔵）　一条天皇、神鏡定を御記に記す

詣二左府一。寝御云々。仍参レ内。依レ召候二御前一。仰云、一昨之定可レ入二御記一。可二書進一云々。令二読申一之間無二事難一云々。

左大臣（道長）の許に参った。「寝ていらっしゃる」と云うことだ。そこで内裏に参った。召しによって、天皇の御前に伺候《しこう》した。天皇がおっしゃって云ったことには、「一昨日の議定を御記《ぎょき》に入れることにする。定文を書いて進上するように」と云うことだ。「勘文《かんもん》を読み申させた際、難点は無かった」と云うことだ。

前年十一月の内裏焼亡の際に焼損した神鏡改鋳《しんきょうかいちゅう》に関する諸道博士の勘文は、この年の六月十

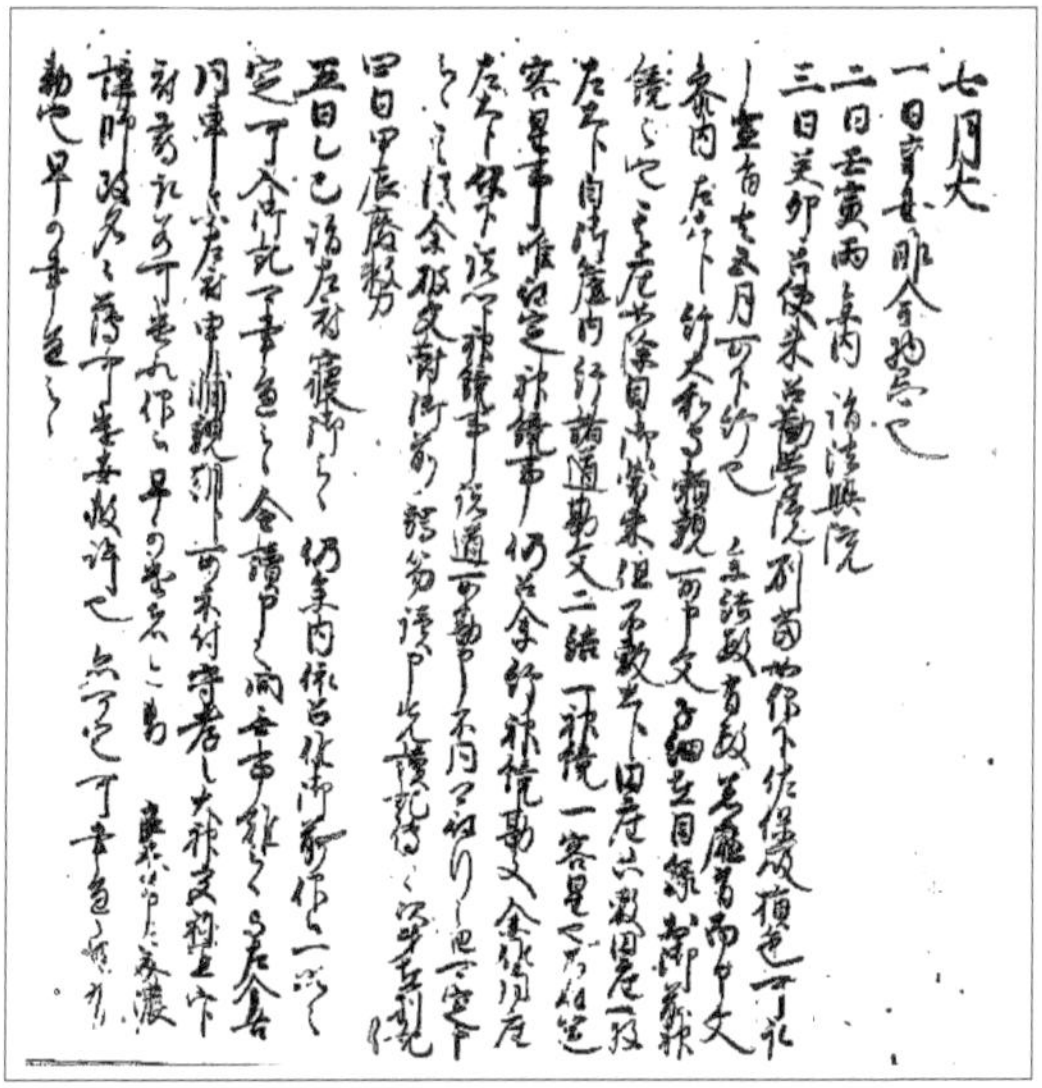

『行成卿記』（伏見宮本，宮内庁書陵部蔵）

三日に奏上され、七月三日、一条天皇の御前において議定されたが、意見の一致は見られなかった。一条が、「申すところは、まとまっていない。また相定めよ」と命じても、結局は意見の一致を見ないまま、議定が終わってしまった（『御堂関白記《みどうかんぱくき》』）。その結果、道長が主張したとおり、結局は御卜《みうら》が行なわれ（『権記』）、そのまま神鏡（の残骸）が賢所《かしこどころ》に安置された（『日本紀略《にほんきりやく》』）。

この御前定《ごぜんのさだめ》において、行成は諸道博士の勘文を公卿に読み上げるという大役を務めた。法令や先例を多く引用したさまざまな分野の勘文を正確に読むという作業は、誰にでもできるものではなく、ここは行成の学識を道長が重視したということであろう。

本条は、一条が行成に、この議定の定文を御記に入れるから、定文を書いて奉呈せよと命じたというものである。なお、この時の勘文と定文は九条《くじょう》家本「諸道勘文 神鏡」に引載されている（印南志帆「九条家旧蔵『諸道勘文 神鏡』所引、行成作「寛弘三年七月三日陣定文」の紹介と成立背景」）。なお、『一条天皇御記《いちじょうてんのうぎょき》』は、宇多《うだ》・醍醐《だいご》・村上以来、三代の空白期をおいた天皇御記の復活ということとなる。そして一条以降は、後朱雀《ごすざく》・後冷泉《ごれいぜい》・後三条《ごさんじょう》と、ふたたび直系の天皇によって御記が記されることとなるのである（松薗斉『日記の家 中世国家の記録組織』）。『花園天皇宸記《はなぞのてんのうしんき》』の正和《しょうわ》二年（一三一三）の記事によれば、伏見《ふしみ》上皇が蔵していた寛弘年間の『一条院記《いちじょういんき》』は七巻であったというが、残念なことに、現在、逸文として残されているのは、寛弘七年（一〇一〇）五月七日と同年九月十一日の二条のみである。

寛弘六年（一〇〇九）二月六日条（伏見宮本・宮内庁書陵部蔵）　道長の籠居について源経房と協議

奉レ送二書状於左宰相中将一。一日左府被二仰下一所令二憚申一之旨也。返事云、相府命云、一日面前所レ申之事々、為二身大事一、仍辞所レ申也。専不レ可レ被二籠居一。如レ此非常大事、今間不レ見二給事一不レ便事也。立過給者。仍参詣。入レ夜退出。

書状を左宰相中将（源経房《つねふさ》）の許に送り奉った。先日、左大臣が仰せ下されたところは、

出仕を憚《はばか》り申されるという趣旨である。返事に云ったことには、「大臣（道長）がおっしゃって云ったことには、『先日、面前で申した事々は、我が身の大事の為のものである。そこで辞し申したものである。もっぱら籠居《ろうきょ》するわけにもいかない。このような非常の大事である。今、政務に関与しないならば、都合の悪い事である』ということでした。訪ねてきてください」ということだ。そこで左宰相中将の許に参った。夜に入って、退出した。

道長長女の彰子《しょうし》から敦成《あつひら》親王が生まれた翌年の寛弘六年正月三十日、何者かが彰子と敦成を呪詛していたことが発覚した。一条天皇が含まれていないことが、摂関《せっかん》政治の本質を示している。「玉《ぎょく》」である天皇まで失っては、元も子もないからである。『政事要略《せいじようりやく》』によると、道長も呪詛の対象になっていた。

捕らえられた藤原伊周《これちか》の外戚《がいせき》や縁者の勘問日記《かんもんにっき》によると、呪詛は前年の十二月中旬から計画され、その理由は、「中宮（彰子）、若宮（敦成）、及び左大臣（道長）がいらっしゃると、帥殿（伊周）が無徳《むとく》（台無し）でおられる。世間にこの三箇所がおられないように、厭魅《えんみ》し奉った」というものであった。

二月五日、これらの人々の罪名を勘申《かんじん》せよとの命が下り、一条は二十日、「事の根元は、藤原朝臣（伊周）にある」ということで、伊周の朝参《ちょうさん》を停めるという決定を下した（『政事要略』）。ただ、事件の関与者が皆、伊周も含め翌年には赦免されていることは、この事件の本質を語っていると言えよう。

この事件によって、特に呪詛に際しては小心な道長は、二月一日、出仕を憚るということを言い出していたが、六日になって、やっと気を取り直したようである。ちなみに、この年の二月には、道長は『御堂関白記』の記事は何も記すことができていない。

寛弘七年（一〇一〇）六月十九日条（伏見宮本・宮内庁書陵部蔵）**一条天皇、敦康親王の元服について仰す／『新楽府』等を書写して献上**

五君假可レ有。然而今日一宮御元服事可レ被レ仰之由、自二右大弁一示送。先左府、次参レ内。奉レ仰。内御物忌。仍於二弓場殿一相逢。先日自レ内所レ給続色紙六巻所レ書、楽府二巻〈先日献二二巻一。〉・坤元録詩二巻・詩合一巻・其日記一巻・後撰集五巻〈先日所レ進八巻。〉。村上御記天徳四年夏巻等書レ之。付二惟規一令レ奏。

五君《ごのきみ》（藤原伊尹五女）の喪假《そうか》が有ることになっていた。ところが今日、天皇が一宮（敦康《あつやす》親王）の御元服についておっしゃられるということを、右大弁（源道方《みちかた》）から伝え送ってきた。先《ま》ず左大臣の許、次に内裏に参った。仰せを承った。天皇の御物忌《ものいみ》であった。そこで弓場殿《ゆばどの》において逢《あ》った。先日、天皇から賜わった続色紙《つぎしきし》六巻に書写したのは、『新楽府《しんがふ》』二巻〈先日、二巻を献上した。〉・『坤元録詩《こんげんろくし》』二巻・『詩合《しあわせ》』一巻・その『日記《にっき》』一巻・『後撰集《ごせんしゅう》』五巻〈先日、進上したのは八巻。〉である。『村上天皇御記《むらかみてんのうぎょき》』の天徳《てんとく》四年夏の巻を書いた。（藤原）惟規《のぶのり》に託して奏上させた。

行成は、中宮藤原定子《ていし》が遺《のこ》した敦康親王家の別当を務めていた。本条は、その元服について、一条の仰せを承っている。実は敦康の元服は、前年の九月二十四日には、十月十三日に予定されていたものを、彰子の御産（十一月二十五日に敦良《あつなが》親王を出産している）によって延期することを、一条の方から言い出した。翌二十五日には、御産も済んでいるであろう十二月に吉日《きちにち》があれば、その間に行なうべしとの一条の命が伝えられたが（『御堂関白記』）、結局は寛弘六年のうちに敦康の元服が執り行なわれることはなかった。

そして本条である寛弘七年の六月十九日に一条と行成の間で調整が行なわれ、七月十七日にようやく行なわれている（『御堂関白記』）。

後半では、一条から賜わった続色紙（色紙を貼り継いだもの）に、『新楽府』以下の漢籍《かんせき》を書写したものを、一条に献上している。行成筆となると、是非とも見たいものである。

なお、その後に記されている『村上御記』というのは、前年に一条院《いちじょういん》内裏が焼亡した際に焼失したもので、この年から行成が十巻分を書写して献上しているが、完全な補写はできなかった。ついでながら、これを一条に奏上した藤原惟規は、紫式部《むらさきしきぶ》の弟である。

寛弘八年（一〇一一）十月八日条（伏見宮本・宮内庁書陵部蔵）　**藤原顕光に宣命の作法を問う**

及二秉燭一詣二右府一。奉レ問二宣命作法一。大臣被レ勤二一条院御即位日宣命事一。所レ被レ示無レ拠。此次被レ示云、大臣自レ陣退出之時、有二御前一。大臣比レ出二左衛門陣一、逼二北架一出。外記者出二大臣南、史北架小戸一。是故実也。又左右大臣共出之例無レ所レ見。仍一日留二於壁後一也云々。

秉燭《へいしょく》のころに及んで、右大臣（藤原顕光《あきみつ》）の許に参った。宣命《せんみょう》の作法を問い奉った。大臣（顕光）は、故院《こいん》（一条天皇）の御即位の日の宣命の上卿を務められた。教えられたことに、参考になることは無かった。そのついでにおっしゃって云われたことには、「大臣が陣座から退出する時は、前駆《ぜんく》がいる。大臣が左衛門陣に出る際は、北架に迫って出る。外記《げき》は大臣の南、史《し》は北架の小戸《こど》から出る。これは故実《こじつ》である。また、左右大臣が共に出る例は、見たことが無い。そこで先日、壁の後ろに留《とど》まったのである」と云うことだ。

この年の六月十三日、一条は東宮居貞親王《おきさだ》に譲位《じょうい》して、三条天皇《さんじょう》が位に即いた。その即位式は十月十六日に行なわれることになったが、『権記』に詳述されている、この即位式と、翌年に行なわれた大嘗会《だいじょうえ》（三条の父である冷泉院《れいぜい》が十月二十四日に死去したため、延期された）における儀典《ぎてん》の確立をめぐる公卿たちのやりとりが、後の儀式の確立に大きく寄与したように思えてならない。

行成は大嘗会御禊《ごけい》の御前次第司《ごぜんしだいし》（道の往来や行列などに乱れがないように事務を掌《つかさど》った職）の長官として、装束司（設営を掌った職）長官の源俊賢と綿密に打ち合わせを行ない、数々の行事の次第を固めていった。その過程で、行成はさまざまな人に問い合わせているのであるが、何せ一条の治世が二十五年も続いた結果、前回の即位式や大嘗会に参加した人はほとんど死去したか、あるいは当時はまだ若くて儀式の中枢には参画していなかったのであろう。

そこで行成は、右大臣の顕光にも宣命の作法を問いに行っている。顕光は二十五年前は四十三歳で中納言、中堅の公卿として、即位宣命の上卿を務めていたのである。しかし、顕光は若年時から無能な公卿として名を馳《は》せており（『小右記《しょうゆうき》』）、当然のことながら、参考になることは無かったのである。

ここはむしろ、顕光にさえ聞きに行くという、行成の熱意を酌みとるべきであろう。続けて顕光が語った、大臣の陣座退出の儀式次第については、行成は一応、書き留めている。自分が将来、大臣になると思っていたかどうかはわからないが。

寛仁元年（一〇一七）八月六日条（『立坊部類記《りつぼうぶるいき》』による）　東宮のことについて、人々、参集／行成、敦康親王に面談

右近府生公忠参来、申云、大殿可下参二皇太后宮一給上。是依二東宮事一云々。未剋許良経来レ自レ殿云、人々被レ候。其気色等依二儲君事一歟。殿下被レ問二在処一歟。其気色若可レ被レ参歟云々。即先参二式部卿宮一。次参レ殿。二位中将云、依二皇太后宮御消息一殿下被レ参云々。参二御前一。命云、明日可レ来。即被レ参二皇太后宮一。帰京便参二李部宮一。謁二源相公一。

右近府生（下毛野《しもつけのの》）公忠《きんただ》が参って来て、申して云ったことには、「大殿《おおとの》（道長）が皇太后宮《こうたいごうぐう》（彰子）の許に参られることになりました。これは東宮（敦明《あつあきら》親王）の事によるものです」と云うことだ。未刻《ひつじ》（午後一時から三時）のころ、（藤原）良経《よしつね》が殿（頼通）の許から来て、云ったことには、「人々が伺候されています。その様子は、儲君《もうけのきみ》（敦明親王）の事によるのでしょうか。殿下《てんが》（頼通）が居処を問われるでしょうか。あの様子では、もしかしたら参られることになるのでしょうか」と云うことだ。すぐに先ず、私は式部卿宮（敦康親王）の許に参った。次に殿（道長）の許に参った。二位中将（藤原能信《よしのぶ》）が云ったことには、「皇太后宮の御書状によって、殿下が参られた」と云うことだ。御前に参った。おっしゃって云ったことには、「明日、来るように」と。すぐに皇太后宮の許に参られた。帰京して、すぐに李部宮《りほうのみや》（敦康親王）の許に参った。源相公（源道方《みちかた》）に会った。

この年の五月九日に三条院が死去すると、三条が譲位と引き換えに立太子《りったいし》させた敦明親王の権力基盤は、きわめて脆弱《ぜいじゃく》なものとなった。しかも、本人に皇位への執着がなく、その外戚（藤原通任《みちとう》や藤原為任《ためとう》）も姻戚《いんせき》（顕光）も頼りにならず、道長が後一条《ごいちじょう》天皇の同母弟である藤原彰子所生の敦良親王の立太子を望んでいることが自明である以上、敦明が東宮の地位から降りることは、時間の問題であった。

敦明が東宮の地位を辞めたがっているという情報は、八月四日に、道長の四男である能信からもたらされた。六日、敦明と道長との会談が行なわれ、敦明の遜位《そんい》が決定した（『御堂関白記』）。

この日、行成はこれらの動きを知り、道長の許に参上した。道長は行成に、ここには明日、来るようにと言って、彰子の許に参っている。「皇太后宮のご様子は、云うべきではない」というのは（『御堂関白記』）、いまだに敦康の立太子を望んでいた彰子の対応（おそらくは怒り）を指しているのであろうか。行成は敦康親王の許に参っているが、敦康にとって最後の立太子のチャンスに、行成は何を敦康に語ったのであろうか。なお、敦康は翌寛仁二年（一〇一八）十二月に死去している。

八日に敦明生母である藤原娍子《せいし》の許を訪れた盛算《じょうさん》は、娍子の怒りを目の当たりにして、これを行成に伝えている。その時、敦明は、口を閉じて色を失い、頗る《すこぶ》後悔した様子があったという。娍子は、道長と談判するようにと語っているが、すでに遅かった。

行成は、この記事に続けて、競馬行幸《くらべうまぎょうこう》の日に諸皇子と同列に並んでいた敦明を見て、「（天皇になるべき）竜顔《りようがん》は無かった」と記している（倉本一宏『三条天皇』）。

以上、『権記』の記事を見てきた。実直な側近にして、また能吏としての活動がよく表われた記事ばかりである。その一方で、これまで何度も本に書いてきたので、ここでは挙げなかったが、道長の意を承《う》けて彰子立后《りつこう》や敦成立太子を一条に説得したりする姿もまた、行成の本質なのである。こういった宮廷の秘事を記録して残しておくのも、行成にとって、その子孫の存続のために必要なことだったのである。

2 『御堂関白記』と藤原道長

次に藤原道長《みちなが》の記録した『御堂関白記《みどうかんぱくき》』を見ていこう。道長は兼家《かねいえ》の五男として康保《こうほう》三年（九六六）に生まれた。母は藤原中正《なかまさ》の女《むすめ》の時姫《ときひめ》。時姫が産んだ男子としては、三男となる。父の摂政就任後に急速に昇進し、長徳《ちょうとく》元年（九九五）、同母兄である道隆《みちたか》・道兼《みちかね》の死去により一条《いちじょう》天皇の内覧《ないらん》（太政官《だいじょうかん》から天皇に奏上したり天皇から宣下する文書《もんじょ》を、あらかじめ読んで処置する、関白に准じる職）となって政権の座に着いた。右大臣、次いで左大臣にも任じられ、内覧と一上《いちのかみ》（太政官首班）の地位を長く維持した。

道隆嫡男の伊周《これちか》が失脚した後は政敵もなく、三条《さんじょう》天皇とは確執も生じたが、女の彰子《しょうし》・妍《けん》子《し》・威子《いし》を一条・三条・後一条《ごいちじょう》天皇の中宮《ちゅうぐう》として「一家三后《いっかさんこう》」を実現するなど（嬉子《きし》も東宮敦《あつ》良《なが》親王〈後の後朱雀《ごすざく》天皇〉の妃としている）、摂関《せっかん》政治の最盛期を現出させた。

長和《ちょうわ》五年（一〇一六）には後一条天皇の摂政となり、翌寛仁《かんにん》元年（一〇一七）にはこれを嫡男の頼通《よりみち》に譲り、太政大臣となった。その後も「大殿《おおとの》」「太閤《たいこう》」と呼ばれて権力を振るったが、寛仁三年（一〇一九）に出家《しゅつけ》、「禅閤《ぜんこう》」と呼ばれて権力を振るった。法成寺《ほうじょうじ》を建立し、その阿弥陀堂において万寿《まんじゅ》四年（一〇二七）、六十二歳で死去した。

道長の日記である『御堂関白記』は、はじめは『入道殿御暦《にゅうどうどのごりゃく》』『入道殿御日記《にゅうどうどのごにっき》』『御堂御日《みどうごにっ》

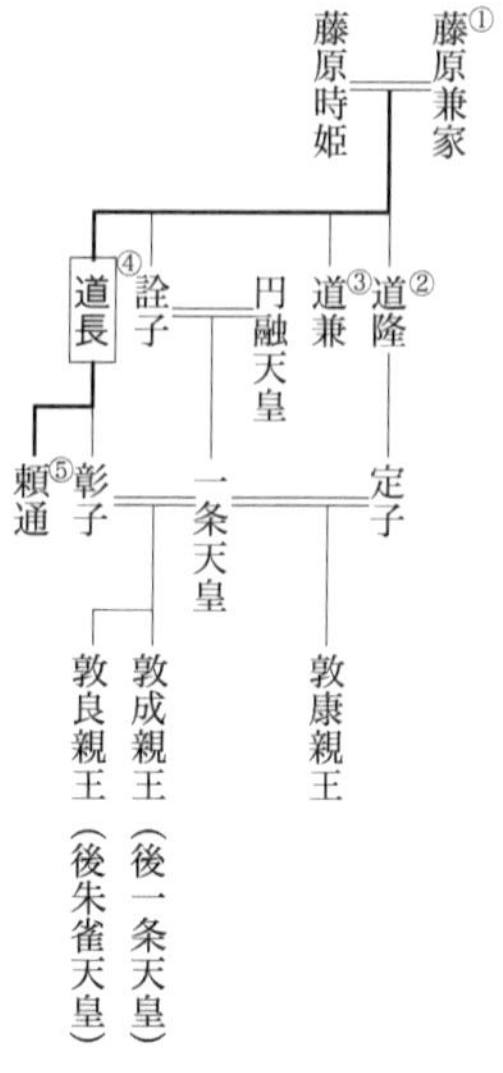

（数字は摂関就任順、太線は嫡流）

記《き》』『御堂御暦《みどうごりやく》』『法成寺入道左大臣記《ほうじようじにゆうどうさだいじんき》』などと称され、後に『御堂御記《みどうぎよき》』という呼称が通称されていた。道長は関白に就いたことはないので、これがふさわしかったのであるが、江戸時代の写本に『御堂関白記』という呼称が現われ、これが流布して公刊本にも用いられたため、現在も通用してしまっている。

道長は、政権を獲得した長徳元年から日記を記し始め（『御堂御記抄《みどうぎよきしよう》』）、寛弘《かんこう》元年（一〇〇四）からは継続的に書き続けている。現存するものは、長徳四年（九九八）から治安《じあん》元年（一〇二一）の間の記事である。摂関政治の全盛期を、豪放磊落《らいらく》な筆致と独自の文法で描いている。

もともとは半年分を一巻とした具注暦《ぐちゆうれき》に記した暦記《れきき》が三十六巻あったと考えられる（『旧記《きゆうき》目録《もくろく》』『御堂御暦記目録《みどうごりやくきもくろく》』）。道長の孫である師実《もろざね》の代に古写本十六巻が書写された。鎌倉時代初期に近衛《このえ》家と九条《くじょう》家に分割所蔵され、その後、五《ご》摂家《せっけ》で分割所蔵した後、陽明文庫《ようめいぶんこ》に近衛家所蔵の自筆本十四巻・古写本十二巻が伝わっている以外は散逸《さんいつ》してしまった。古写本を師実の代に抄出した『御堂御記抄』と称する七種の断簡《だんかん》もある。宮内庁書陵部《くないちょうしょりょうぶ》他には、江戸時代に古写本を書写した何種もの新写本も伝わっている。

なお、二〇一三年六月、国際連合教育科学文化機関（ユネスコ）の三大遺産事業の一つである「世界の記憶」（Memory of the World）に登録された。

それでは、いくつかの記事を見ていくことにしよう。本文は、自筆本（陽明文庫蔵）、古写本（陽明文庫蔵）、および平松本（京都大学附属図書館蔵）を底本とした東京大学史料編纂所・陽明文庫編纂『大日本古記録 御堂関白記』によるものとするが、意により文字や句読点を改めた場合もある。ちなみに、自ら破却《はきゃく》したと思われる長和三年を除いて現存する三，八二四条は、訓読文で三八万六八七字である（一条あたり平均一〇〇字）。

年次	西暦	天皇	年齢	主な出来事
康保三	九六六	村上	一	誕生
永延二	九八八	一条	二三	権中納言
正暦二	九九一		二六	権大納言
長徳元	九九五		三〇	内覧兼右大臣／日記始まる
二	九九六		三一	内覧兼左大臣

長保元	九九九		三四	彰子入内、女御
二	一〇〇〇		三五	彰子立后、中宮
寛弘五	一〇〇八		四三	彰子、敦成親王を出産
六	一〇〇九		四四	彰子、敦良親王を出産
八	一〇一一	三条	四六	敦成立太子／内覧兼左大臣
長和元	一〇一二		四七	妍子立后、中宮
四	一〇一五		五〇	准摂政兼左大臣
五	一〇一六	後一条	五一	摂政兼左大臣
寛仁元	一〇一七		五二	敦良立太子／太政大臣
二	一〇一八		五三	威子立后、中宮
三	一〇一九		五四	出家
治安元	一〇二一		五六	嬉子、東宮敦良に入侍
				日記終わる
二	一〇二二		五七	法成寺金堂落慶供養
万寿二	一〇二五		六〇	寛子・嬉子、薨去
四	一〇二七		六二	顕信・妍子、薨去
				薨去

長保元年（九九九）十月十九日条（自筆本・陽明文庫蔵）　武蔵守、馬を献上／実資に下賜

武蔵守寧親朝臣献二馬六疋一。此間太皇太后宮大夫来。仍一疋志。

武蔵守《むさしのかみ》（藤原）寧親朝臣《やすちかあそん》が馬六疋《ぴき》を献上してきた。その時、太皇太后宮大夫《たいこうたいごうぐうだいぶ》（藤原実資《さねすけ》）がやって来た。そこで一疋を贈った。

道長はまだ漢文に習熟しておらず、口語をそのまま漢字にして並べた感じである。これは道長が大学はもちろん、弁官などの実務官人も経験しておらず、加えて参議も飛び越して権中納言に出世してしまったために、陣定《じんのさだめ》の定文《さだめぶみ》を執筆することもなかったためである。

さて、従来、受領《ずりょう》が自分の人事を有利にしてもらうための賄賂《わいろ》として、道長に牛馬を貢進してきたと説かれてきた。しかし、受領たちは必ずしも除目《じもく》の前に貢進してきたわけでもないし、貢進の結果がすぐさま除目に有利にはたらいたわけでもない。

実は道長は、貢進されてきたと『御堂関白記』に記録されている四二五疋余の馬のうちの三四九疋余を、皇族や他の貴族、寺社に分与している。しかも、そのうちの七七疋は、当日もしくは翌日に分与したものである。

しかも多くの場合、賀茂祭《かものまつり》や御禊《ごけい》、行幸、大嘗会《だいじょうえ》など、特定の行事の前に貢進されてくることが多い。つまり道長は、あらかじめ分与先と使途を把握したうえで、受領に貢進を求めていたのであり、貢進されるとすぐに、その用途に充てているのである。

たとえば本条では、武蔵守藤原寧親が道長に馬六疋を献上してきたが、ちょうど実資が彰子の入内《じゅだい》について聞きに来ていたので、上機嫌の道長は、実資に一疋を贈った。ところが十一月九日、寧親はふたたび馬一疋を道長に献上している。実資に贈った分の補塡《ほてん》ということであろう。道長はどうしても六疋の馬が、何らかの用途で必要だったのである。また、この短時日で武蔵国からふたたび馬がもたらされるはずはなく、寧親は京都近辺のいずれかの地に馬を備蓄していたか、どこかで買い求めたのであろう（倉本一宏『藤原道長の日常生活』）。

寛弘元年（一〇〇四）十一月三日条（古写本〈平定家筆〉・陽明文庫蔵）　内裏羹次／一条天皇、中宮御在所に渡御／『文選集注』

奉二仕羹次一。乃酩酊間、渡二御中宮御方一。上達部・侍臣候。巡行数度。有二歌笛声一。時御出。垂二母屋御簾一、上二廂御簾一。上達部候二簀子敷一。殿上人候二渡殿一。管絃侍臣五六人許候二遣水辺一。召二御笛一数曲後、宮御衣賜二上卿等一。主上御衣賜レ余。殿上人疋見。事了間集注文選内大臣取之。右大臣問。内大臣申云、宮被レ奉二集注文選一云々。事了還御。

内裏の羹次《あつものついで》を奉仕した。そして一条天皇は酩酊《めいてい》されて、中宮（彰子）の御在所に渡御《とぎょ》された。公卿《くぎょう》や侍臣《じしん》が伺候《しこう》した。盃《さかずき》の巡行が数度あった。歌笛《かてき》の声が有った。時に天皇は出《しゅつ》御《ぎょ》された。母屋《もや》の御簾《みす》を垂れて、廂《ひさし》の御簾を上げた。公卿は簀子《すのこ》敷《じき》に伺候した。殿上人《てんじょうびと》は渡殿《わたどの》に伺候した。管絃《かんげん》の侍臣《じしん》が、五、六人ほど、遣水《やりみず》の辺りに伺候した。天皇は御笛を召して数曲吹かれた後、中宮の御衣《おんぞ》を公卿たちに賜わった。殿上人には疋絹《ひつけん》を賜わった。主上《しゅじょう》（一条天皇）は、ご自分の御衣を私に賜わった。殿上人には疋絹を賜わった。楽遊《がくゆう》が終わるころ、『文選集注《もんぜんしゅうちゅう》』を内大臣（藤原公季《きんすえ》）が取り次いだ。右大臣（藤原顕光《あきみつ》）が、その名を問うた。内大臣が申して云ったことには、「中宮が『文選集注』を天皇に献上される」ということだ。献上が終わって、天皇は還御《かんぎょ》された。

当時、羹次とか地火《じか》鑪次《ろついで》という饗宴《きょうえん》が行なわれていた。羹次というのは羹（野菜や魚肉を熱く煮た吸い物）を肴《さかな》として行なわれた饗宴、地火鑪次というのは、泥を塗り固めて作った土の上で火をおこす炉で煮られる料理を肴として行なわれた饗宴のことである。冷えた食べ物が多かった当時にあっては、これらは例外的に熱い食べ物を肴とした宴会である。寒い京都では堪《たま》らないご馳走《ちそう》だったであろう。

このころにはこういった饗宴が流行したようで、十月十日、十月十七日、十一月三日、翌寛弘二年（一〇〇五）十月十一日には内裏羹次、この年十二月十二日には道長の土御門第《つちみかどてい》で地火鑪次が開かれている。

それはまさに一条朝の君臣和楽《くんしんわらく》を現出させたものであろう。三条天皇の時代になると、こういった饗宴は行なわれなくなっている。

寛弘二年（一〇〇五）正月二十三日条（自筆本・陽明文庫蔵）　除目について一条天皇の仰せ

参レ内。被レ仰云、除目必可二奉仕一。若不レ参、非レ可レ行者。依二恐仰一、奏下可二奉仕一由上。候宿。申二障事一、是今年満二卌算一。并大臣後十一年。不肖身有二数年奉仕一。仍所レ申也。

内裏に参った。天皇がおっしゃって云われたことには、「除目は必ず奉仕しなさい。もし汝《なれ》（道長）が参らなければ、除目を行なうことはできない」と。畏れ多い仰せによって、奉仕することを奏上した。候宿《こうしゅく》した。障る事を申したのは、今年で四十歳になった。また、大臣に任じられた後、十一年になる。不肖《ふしょう》の身であって、数年、除目に奉仕してきた。そこで申したものである。

長保《ちょうほう》二年（一〇〇〇）八月二十五日、道長は除目に奉仕することを辞退し、顕光に執筆《しゅひつ》（除目の上卿《しょうけい》）を行なわせることを奏上した。これに対し一条は、「任官は国家の重事である。一上（道長）がこれを行なうのが、古今の定例《じょうれい》である」と言いながらも、道長の奏上を容《い》れて顕光に執筆奉仕を命じた（『権記』）。これに含むところがあるのか、以降の一条朝を通じて、叙《じょ》位《い》と除目のたびに、道長と一条との間には、このようなやりとりが繰り返された。

この寛弘二年の除目では、正月二十二日に、一条から二十五、六日に除目を行なってはどうかとの打診があった。道長は二十五日がよろしかろうと言いながらも、やはり含むところがあるのか、「但し今年は、参る事は、思い憚《はばか》る事が有ります。他の人に行なわせては如何《いかが》でしょう」と奏上し、除目への不参を表明した。翌二十三日、一条が特に道長に除目の執筆を奉仕するよう依頼し、「もし参らなければ、行なうことはできない」と述べると、道長は奉仕することを奏上した。ところが当日の二十五日、一条からの召しがあっても、道長はなかなか議所に参上しなかった。道長の方は二十七日の日記に、「今年の除目は、京官から初め受領に至るまで道理に行なわれた」と記している。

寛弘六年（一〇〇九）九月八日条（自筆本・陽明文庫蔵）　陣定／大宰府・筑後国申請雑事／宋人来着

天晴。候二上宿一間、丑時燈炉火付。而無二殊事一。諸卿参会。有二陣定一。定下大宰中宇佐宮宝蔵焼亡事、同宮々司邦利與二講師元命一愁糺定解、成子懐妊等事上。一々無レ所二糺定一。似レ無二首尾一。又糺定可二言上一由定申。宋人仁旺等来着事、定下申可二返遣一由上。又、筑後国八日。守文信愁申廿箇条、所レ行府非例事。定申云、如レ申、所レ行府一無二其理一。事々相二違法式一。又文信若件等事有、可レ有二証文書一。随レ彼可レ被レ行二軽重一。中条中、不善郎等及有二事聞一者等、早給二召官符一、可レ被二召上一歟。又申レ進二済調庸京庫一、是近年無二其例一。非哉者。入レ夜罷出。

天が晴れた。内裏の直廬《じきろ》にいた時、丑《うし》刻（午前一時から三時）に、燈炉《とうろ》の火が付いた。ところが大した事は無かった。諸卿が参会した。陣定《じんのさだめ》が有った。大宰府の上申した宇佐《うさ》八幡《はちまん》宮《ぐう》の宝蔵《ほうぞう》が焼亡した事、宇佐宮宮司（大神《おおみわの》）邦利《くにとし》と講師元命《こうじげんみょう》との間の愁訴《しゅうそ》を糺《ただ》し定めることを請う解文《げぶみ》、（大神）成子《なりこ》の懐妊《かいにん》の事について議定《ぎじょう》した。一々について、糺し定めた結論は出なかった。首尾が無いのに等しい。ふたたび糺し定めて言上するということを定め申した。宋《そう》人仁旺《じんおう》たちが来着した事については、返し遣わすべきであるということを定め申した。また、筑後《ちくご》国守（菅野）文信《ふみのぶ》の愁訴した二十箇条は、行なった大宰府の非例の事である。これについて議定して云ったことには、「文信が申したとおりならば、行なったことは、大宰府はまったくその道理は無い。事々に法式に相違している。また、文信は、もしこのような事が有るのならば、証拠となる文書が有るはずである。その文書に随《したが》って軽重を勘案した処罰を行なわれるべきであろう。申してきた条々の中で、不善の郎等《ろうどう》や、それに関わったという風聞《ふうぶん》の有る者たちは、早く召す官符《かんぷ》を下給して、召し上げられるべきであろう。また、筑後国の調庸《ちょうよう》を京庫《きょうこ》に直接進済《しんさい》することを申してきたが、これは近年、そのような例は無い。認めるわけにはいかないのではないか」と。夜に入って、退出した。

この日の記事は、まず小火《ぼや》騒ぎについて触れた後、陣定について記録している。小火騒ぎは

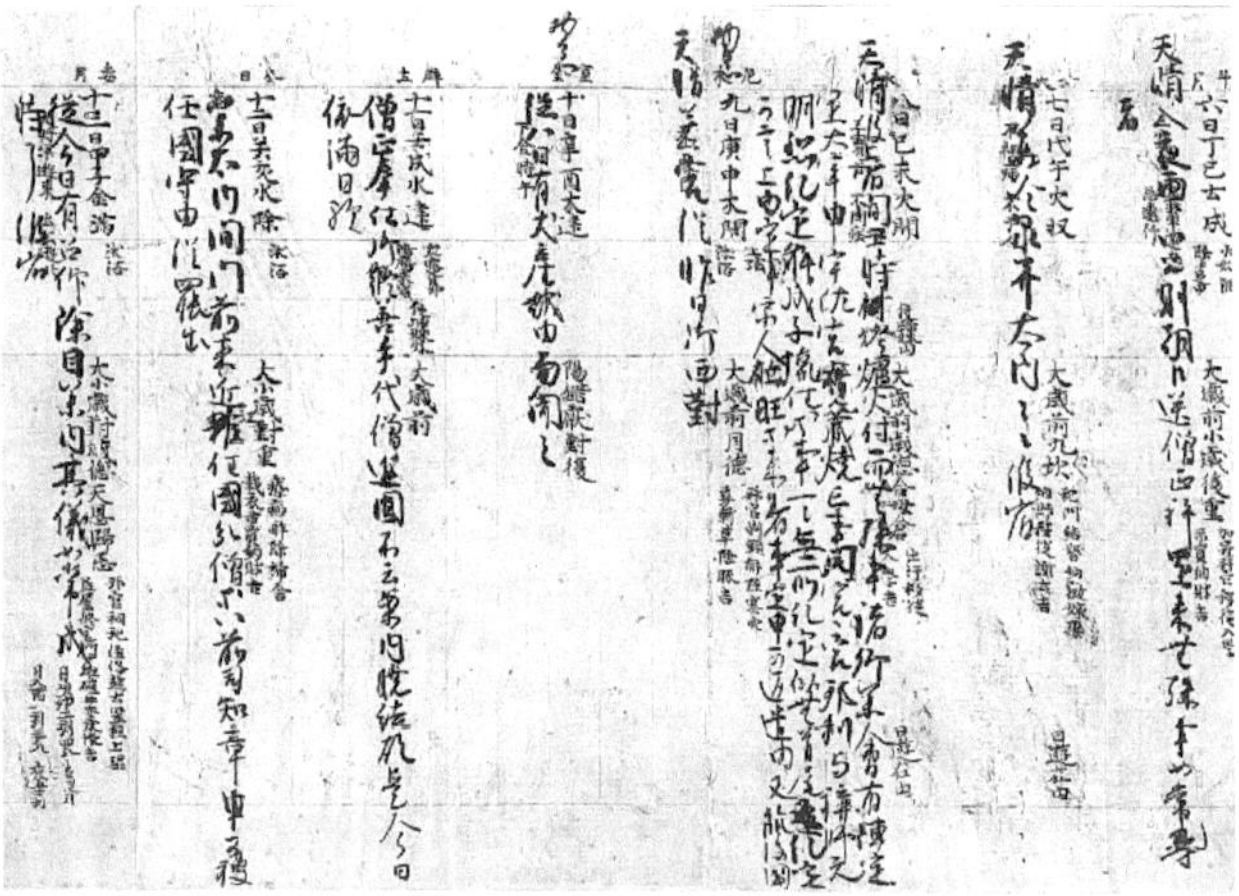

『御堂関白記』（自筆本・表．陽明文庫蔵）

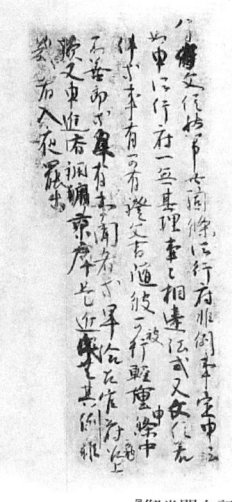

『御堂関白記』（自筆本・裏．陽明文庫蔵）

丑刻と深夜だったが、道長は強く印象に残った出来事から先に書くので、陣定はその前に行なわれていた。

議定されたのは、まず長保年間から続く大宰府と宇佐八幡宮の紛争について。これは大宰大弐平惟仲《これなか》と宇佐八幡宮の紛争から始まり、宇佐八幡宮と神宮寺の弥勒寺《みろくじ》との紛争につながっている。その過程で、弥勒寺講師元命が宇佐八幡宮禰宜の大神成子を懐妊させたとの訴えなども加わって、事態は紛糾した。この陣定でも結論は出ず、先送りとなった。

また、来着した宋人は追却《ついきゃく》させること、筑後守が大宰府を愁訴したことについては、証拠となる文書を勘案して処罰を行なうべきであることを議定している。

このような議定が月に二、三回、開かれるのであるが、陣定は最終決定を出す審議機関ではなく、その結果を天皇に奏上して、その勅定《ちょくじょう》を求めるものである。

なお、文の途中で行が替わり、また日付が記されているのは、そこから裏書《うらがき》となり、また日付を記したものである。道長は裏書の冒頭に日付を書く場合と書かない場合がある。また、裏書には出席者や禄の内訳など表の記述とは独立した内容を書く場合が多いが、ここは表の記述に続けて裏書を記している。

長和元年（一〇一二）正月二十七日条（自筆本・陽明文庫蔵）　除目／右大臣遅参の言い訳

不レ着二議所一。依レ召参上如レ常。……右大臣遅参。我殿上昇後、入レ従二明義門一渡二公卿上一入

レ殿。依レ無二便宜一、
廿七日、問二其案内一、命云、先々大臣遅参如レ此者。又問云、若有二日記一歟、又見給歟。示云、華山御時、一条左大臣、一条後太政大臣為二右大臣一時、右大臣遅参。其時如レ此所レ見云々。我示云、被レ命所甚無レ便。彼太政大臣任二右大臣一事、一条院御即位後、故殿御時除目也。摂政御時大臣也。無レ候二御前除目一。云レ無レ所レ陳。為レ避二当時難一為レ無人。時々かゝる事云人也。内大臣又遅参。事初後着レ座。依レ仰召レ之。取レ笏唯称、着二円座一。

私は除目の議所に着さなかった。天皇の召しによって、御前に参上したことは、常と同じであった。……右大臣（藤原顕光）が遅参《ちさん》した。私が殿上間《てんじょうのま》に昇った後に、明義門《めいぎもん》から入って、公卿の座の上を通って殿に入った。都合の悪いことであったので、その事情を問うたところ、おっしゃって云ったことには、「これまでにも、大臣の遅参の際には、このようなものであった」と。また、私が問うて云ったことには、「それは、もしかしたら日記に有るのですか。または見られたのですか」と。右大臣が云ったことには、「花山院《かざん》の御代《みよ》に、一条左大臣（源雅信《まさのぶ》）がいて、後一条太政大臣（藤原為光《ためみつ》）が右大臣であった時に、右大臣が遅参した。その時、このような例を見たのである」と。私が云ったことには、「おっしゃったことは、甚だ不都合であります。あの太政大臣（為光）が右大臣に任じられたのは、故一条院《いちじょういん》が御即位なされた後で、故殿《こどの》（藤原兼家《かねいえ》）の御時の除目のことでした。摂政（兼家）がいる御時の大臣でした。天皇の御前の除目に伺候したのでは無かったはずです。おっしゃるような例は無かったのです」と云った。目先の非難を避けるために、無かったことを作る人である。時々、このような事を云う人である。内大臣（藤原公季）も、また遅参した。除目の議を始めた後に座に着した。天皇の仰せによって、内大臣を召した。内大臣は、笏《しゃく》を取り唯称《いしょう》して、円座《わろうだ》に着した。

長和元年正月二十七日の除目に遅刻した右大臣顕光は、「これまでにも、大臣の遅参の際には、このようなものであった」などと言って、自分は花山朝の藤原為光の例を見たのである、と開き直った。これに対し道長は、そのような例はなかったことを論破し、「目先の非難を避けるために、無かったことを作る人である。時々、このような事を云う人である」と記している。

いつも遅参の多い顕光はこのような言い訳をするのであるが、その際、道長が、「それは、もしかしたら日記に有るのですか。または見られたのですか」と詰問している点が重要である。先例は日記に記録していると、その証拠となるのである。もちろん、顕光の言い訳はでたらめであった。

なお、通常は「称唯」と書いて「いしょう」と読むのであるが（「しょうい」だと「譲位」と通じるためという）、道長の場合、「唯称」と書くこともあるので、やはり「称唯」も「いしょう」と読むのだなとわかるのである。これは「定考」と書いて「こうじょう」と読むのも同様（「じょうこう」だと「上皇」と通じるためとか）、道長はだいたい「考定」と書いている。

土御門第故地

長和二年（一〇一三）六月三日条（自筆本・陽明文庫蔵）敦良親王、土御門第を訪れる

午時許出レ従レ内。途中暴雨。前駆者如レ落二入水一。参二皇太后宮一。天晴後、与二女方一退出。三宮乗レ車不二下給一。仍渡御座。中宮以二小釵一奉二三宮一給。又奉二還御一。……

午《うま》刻（午前十一時から午後一時）のころ、内裏から退出した。途中、暴雨が降った。前駆《ぜんく》の者は、水に落ち入ったようであった。皇太后宮《こうたいごうぐう》（彰子）の許《もと》に参った。天が晴れた後、女方《にょうぼう》（源倫子《りんし》）と退出した。三宮（敦良親王）が、車に乗ってきて、降りようとなさらなかった。そこで土御門第にお越しいただいた。中宮（藤原妍

子）が小釼《こだち》を三宮に献上された。また三宮を枇杷殿《びわどの》にお送り申し上げた。……

寛弘八年（一〇一一）に即位した三条天皇の東宮に、定子《ていし》所生の敦康《あつやす》親王を却《しりぞ》けて彰子所生の敦成《あつひら》親王を立てた道長であったが、その次の東宮には、同じく彰子が産んだ敦良親王を望んでいたことは周知のことであった。

五年後の長和五年（一〇一六）に三条天皇の退位と引き換えに、藤原娍子《せいし》所生の敦明《あつあきら》親王を東宮に立てることを承諾した道長であったが、やはり敦明には圧迫を加え続けた。寛仁元年（一〇一七）に三条が死去すると、さっそく敦明は東宮の地位を降り、代わって道長は敦良を東宮に立てた。この敦良（後の後朱雀天皇）が、今日まで皇統《こうとう》を伝えていくことになる。

本条は、当時五歳の敦良と外祖父《がいそふ》道長との良好な関係を物語る記事である。敦良が彰子と敦良の御在所である枇杷殿で、道長の車に乗り込んできて、降りようとしないので、そのまま道長の土御門第に連れて行ったというものである。土御門第では中宮となった道長二女の妍子から敦良に小釼が献上され、それで機嫌がよくなったのか、道長は敦良を枇杷殿に送り届けている。

このように、道長を中心として何人かの后妃《こうひ》と親王を軸として、ミウチ的な権力中枢が強化されていったのである。

寛仁元年（一〇一七）正月十一日条（自筆本・陽明文庫蔵）　検非違使、弓箭を帯した者を逮捕

……入レ夜雨降。右衛門督云、只今右衛門志守良申云、油小道與二冷泉院一、與下帯二弓箭一者上相会。令レ召間、守良随身突罷去。守良追間、三四度射侍。守良又射侍間、随身内舎人藤原吉高来会、相共射、得参来者。仰云、前令レ候二獄所一、後可レ令レ問者。吉高狩衣袖被レ射。

……夜に入って、雨が降った。右衛門督《えもんのかみ》（藤原頼宗《よりむね》）が云ったことには、「ただ今、右衛《え》門志《もんのさかん》（安倍）守良《もりよし》が申して云ったことには、『油《あぶら》小路と冷泉《れいぜい》小路の交差する辺りで、弓箭《きゆうせん》を帯した者に出会いました。連行しようとしましたところ、私の随身《ずいじん》を突いて、どこかへ去ってしまいました。私が追跡しましたところ、三、四度、弓を射てきました。私もまた、射ましたところ、内舎人《うどねり》随身の藤原吉高《よしたか》と遭遇し、二人で射て、捕らえて連行して来ました』ということです」と。私が命じたことには、「まず獄所《ごくしよ》に拘禁《こうきん》し、後に尋問させよ」と。吉高は、狩衣《かりぎぬ》の袖を射られていた。

道長の日常政務の一端である。検非違使《けびいし》別当《べつとう》の頼宗（源明子《めいし》所生）からの報告を受けたことには、検非違使が弓箭を帯した者を発見し、連行しようとしたところ、その随身を突いて逃亡した。追跡したところ、矢を射てきたので応戦し、捕らえて連行して来たというものである。

このあたり、漢文の文法がめちゃくちゃである。

当時は武器を持って往来を歩いただけで、検非違使に追捕《ついぶ》された。文字どおり「平安」な時代だったのである。油小路と冷泉小路の交差する辺りというと、現在の油小路通と夷川通《えびすがわどおり》との交差点辺りである。こうやって出来事の起こった地点と現在の地点を対応させることができるのも、京都のありがたいところである。

道長は、その者を獄所に拘禁し、後に尋問させるよう命じている。ちなみに、左獄《さごく》（左京にある獄舎）は現在の京都府庁旧本館の西側にあった。

寛仁二年（一〇一八）十月五日条（自筆本・陽明文庫蔵）**藤原威子内裏退出／藤原威子立后日時定／藤原威子修善**

女御従レ内出二土御門一。未前候二宿所一間、経通朝臣仰云、以二女御一可レ為レ后日時可レ申レ定者。以二左大将一令レ授レ禄〈女装束。〉。奏二承由一。亥時寄二輦於上宿所一。上達部大納言以下十三人被レ来。出レ従二上東門一、御二土御門寝殿一。上達部・殿上人座儲二西対唐廂一。両三献後殿上人被物如レ例。不レ為二上達部一。内女方十九人送来。典侍女装束、掌侍綾掛・袴、命婦白掛・袴、蔵人白袴授了。従二此日一以二心誉一為二女御一令二修善一。

女御《にょうご》（**藤原威子**）**が、内裏から土御門第に退出した。その前に、女御の上御局《うえのみつぼね》に伺候して**

いた時に、（藤原）経通《つねみち》朝臣が、後一条天皇の仰せを伝えて云ったことには、「女御を后とする日時を定め申すように」と。左大将（藤原教通《のりみち》）を介して、禄を授けさせた〈女装束《おんなしようぞく》であった。〉。私は、仰せを承ったということを、天皇に奏上した。亥《い》刻（午後九時から十一時）に、女御の輦車《てぐるま》を上御局に寄せた。土御門第の寝殿《しんでん》に到着された。上東門《じようとうもん》（土御門）から大内裏《だいだいり》を出て、土御門第の寝殿に到着された。公卿は、大納言以下十三人が来られた。上東門の唐廂《からびさし》に設けた。二、三献《こん》の宴飲《えんいん》の後、殿上人に被物《かずけもの》を授けたことは、通常と同じであった。公卿には、被物を賜わなかった。内裏の女房《にようぼう》十九人が、女御を送って来た。典侍《ないしのすけ》には女装束、掌 侍《ないしのじよう》には綾の掛《うちき》と袴《はかま》、命婦《みようぶ》には白い掛と袴、女蔵人《によくろうど》には白い袴を授けた。この日から、心誉《しんよ》を招請して、女御のために修善《しゆぜん》を行なわせた。

この年の七月二十八日に彰子の提案で道長四女（倫子所生では三女）の威子が立后《りつこう》することが決定した。その日のうちに道長は立后の日時勘申《かんじん》を行なわせ、十月五日に日時定が行なわれた。立后は内裏で行なう立后宣命《りつこうせんみよう》、ついで宮司除目《みやづかさじもく》、そして里第《りてい》で行なう本宮《ほんぐう》の儀がある。立后する后妃は里第に退出して、当日、勅使《ちよくし》を迎え、饗宴が開かれるのである。十六日に行なわれた本宮の儀の穏座《おんのざ》（くつろいだ二次会）で道長が詠んだのが、有名な「この世をば」の和歌である。

本条は、立后に先立って威子が内裏を退出し、土御門第に入った日の様子を記録している。まず後一条から、立后の日時を定めるよう、道長に命が下った。ついで威子の内裏退出について記録している。古記録にはしばしば、その経路を記しているから、そのとおりに散歩することもできる。スマホで「平安京オーバーレイマップ」を参照しながら散歩するのも楽しいものである。

そして道長は饗宴を行ない、殿上人や内裏女房たちに禄を下給している。その後、僧を招請して威子のために修善を修させている。こうして、「この世をば」への道が拓かれたのである。

以上、『御堂関白記』を見てきた。かなりの条はこれまで書いた本で言及しているため、なかなか選ぶのに苦労したが、それでも道長の記述態度や内容（や破格な文章）をおわかりいただけたものと思う。先に述べたように、『御堂関白記』は道長が記したそのままの自筆本が残っていることが、最大の特徴である。

その記録や訂正や抹消の有り様を、すべて私の撮った写真付きで詳細に解説した本も刊行しているので（倉本一宏『藤原道長「御堂関白記」を読む』）、そちらもご覧いただきたい。自筆本の字の一画一画を、書いたり消したり書き直したりした順に、写真を指でなぞっていくと、道長の脳内に入り込むことができるのである。

3 『小右記』と藤原実資

ではいよいよ、古記録《こきろく》のなかの古記録である、藤原実資《さねすけ》の記録した『小右記《しょうゆうき》』を見ていこう。実資は、藤原斉敏《ただとし》の四男として天徳《てんとく》元年（九五七）に生まれた。母は藤原尹文《まさふみ》（南家《なんけ》貞嗣《さだつぐ》流、大納言道明《みちあき》の子。播磨守《はりまのかみ》）の女《むすめ》。祖父実頼《さねより》の養子となった。円融《えんゆう》・花山《かざん》・一条《いちじょう》と三代の天皇の蔵人頭《くろうどのとう》に補されるなど、若くから有能ぶりを発揮し、永祚《えいそ》元年（九八九）に参議、長徳《ちょうとく》元年（九九五）に権中納言、長徳二年（九九六）に中納言、長保《ちょうほう》三年（一〇〇一）に権大納言兼右大将、寛弘《かんこう》六年（一〇〇九）に大納言と進んだ。

小野宮《おののみや》流の継承者として朝廷《ちょうてい》儀式や政務に精通し、その博学と見識は藤原道長《みちなが》にも一目置かれた。治安《じあん》元年（一〇二一）、ついに六十五歳で右大臣に上り、以後、大臣在任二十六年に及んだ。なお、右大将は八十七歳の長久《ちょうきゅう》四年（一〇四三）まで兼任し続けている。関白藤原頼《より》通《みち》の信任を受け、「賢人右府」と称された。永承《えいしょう》元年（一〇四六）、九十歳で死去した。

『小右記』は、『野府記《やふき》』と題する写本が多い。『小野宮記《おののみやき》』『小野宮右大臣記《おののみやうだいじんき》』『小記《しょうき》』『続水心記《ぞくすいしんき》』なども称する。逸文《いつぶん》を含めると、二十一歳の貞元《じょうげん》二年（九七七）から八十四歳の長久元年（一〇四〇）までの六十三年間、円融・花山・一条・三条《さんじょう》・後一条《ごいちじょう》・後朱雀《ごすざく》の六代に及ぶ記録で、当時の政務や儀式運営の様子が、詳細かつ精確に記録されている。貞元二年より前か

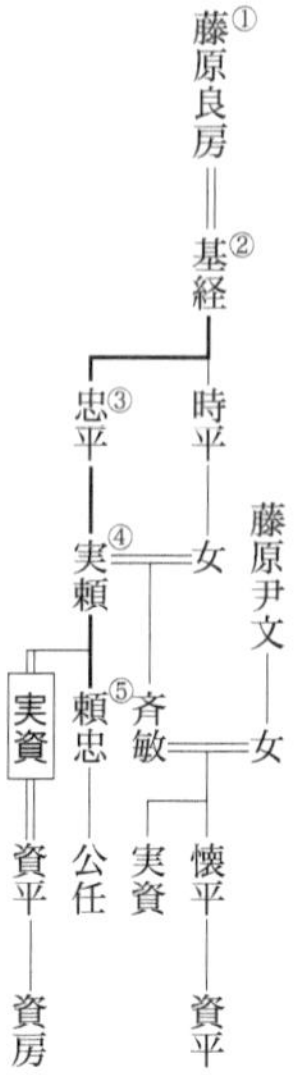

（数字は摂関就任順、太線は嫡流）

ら記録されていたという説もあるし、長久元年より後まで記録していたことは確実であろう。

『小右記』は実資の在世中にいったん日毎《ごと》にばらばらに切られたと見られる。儀式毎にまとめた部類記《ぶるいき》を作るためである。実資の死去によってその計画は頓挫《とんざ》し、それをまた貼り継ぎしたものを書写したものが、古写本の基になっていると推測されている。『小右記』の写本には広本と略本が存在する。また、『小記目録《しょうきもくろく》』と呼ばれる目録も作成された。

実資の後の小野宮家は次第に家勢が衰え、その過程で実資の『小右記』も他家の手に渡ったりして流出した。結局、『小右記』で抄略されていない広本で一年すべてが残っている年は、わずかに永祚元年と寛仁《かんにん》三年（一〇一九）の二年のみということになってしまった（略本を含めても、一年すべてが残っているのは七年のみ）。

『小右記』には、「暦記《れきき》」や「暦裏《れきうら》」という記述があることから、もともとは具注暦《ぐちゆうれき》に記していたことは確実であるが、道長のように間明《まあ》き二行の具注暦は作れなかったであろうから、あれだけの膨大な量の記事を記録するためには、毎日、具注暦を切っては、間に紙を貼り継ぎ、その紙に記事を記すしかなかったのではなかろうか。そして、特に独立した文書《もんじょ》や書状、また儀式の次第を記したメモ（消息、懐紙《かいし》、笏紙《しゃくし》、書冊《しょさつ》、草子《そうし》など）が手許《てもと》にある場合は、それを日付の行と日付の行の間に貼り継いだり、時には裏返しにして貼り継ぎ（裏書《うらがき》としたわけである）、その紙背《しはい》（つまり暦の面）に記事を記したりしたのであろう。懐平《かねひら》や公任《きんとう》、資平《すけひら》や資房《すけふさ》、また頼通から届いた書状（主に儀式や政務に関するもの）を貼り継いだ場合もあったものと思われる（倉本一宏『摂関期古記録の研究』）。

『小右記』の写本としては、平安・鎌倉期の書写とされる前田《まえだ》本三十七巻（甲乙二種、尊経閣《そんけいかく》文庫《ぶんこ》蔵）、同じく平安・鎌倉期の書写とされる九条《くじょう》家旧蔵本十一巻（宮内庁書陵部《くないちょうしょりょうぶ》蔵）、鎌倉期の書写とされる伏見宮《ふしみのみや》家旧蔵本三十二巻（宮内庁書陵部蔵）、室町《むろまち》期の抄写《しょうしゃ》とされる三条西公《さんじょうにしこう》本二冊（宮内庁書陵部蔵）が、古写本として存在する。一部の年は、江戸《えど》期に書写された東山御《ひがしやまご》文庫《ぶんこ》本十二冊（東山御文庫蔵）、明治《めいじ》時代の補写を加えた秘閣《ひかく》本六十一冊（内閣文庫《ないかくぶんこ》旧蔵）しか存在しない。

それでは、いくつかの記事を見ていくことにしよう。本文は、さまざまな写本を底本とした東京大学史料編纂所《しりょうへんさんじょ》編纂『大日本古記録 小右記』によるものとするが、意により文字や句読点を改めた場合もある。ちなみに、現存する五，二五五条、逸文三〇四条は、合わせて訓読文で二〇九万八一七九字（一条あたり平均三七七字）。もともと実資の記録した日次《ひなみ》記は数倍に上るであろう（ちなみに、『源氏物語《げんじものがたり》』は全文で九四万三一三五字）。なお、『小右記』を抄出した『小記目録』は、現存するのが八，〇一六条、訓読文で一四万五二四八字である。

年次	西暦	天皇	年齢	主な出来事
天徳元	九五七	村上	一	誕生
貞元二	九七七	円融	二一	日記始まる
天元四	九八一		二五	蔵人頭
永観二	九八四	花山	二八	蔵人頭
寛和元	九八五		二九	中宮大夫
永延元	九八七	一条	三一	蔵人頭
永祚元	九八九		三三	参議
長徳元	九九五		三九	権中納言
二	九九六		四〇	中納言
長保三	一〇〇一		四五	権大納言兼右大将
寛弘六	一〇〇九		五三	大納言
治安元	一〇二一	後一条	六五	右大臣
長久元	一〇四〇		八四	日記終わる
永承元	一〇四六	後冷泉	九〇	薨去

天元五年〔九八二〕二月二十九日条〔秘閣本〈広本〉・内閣文庫蔵〕遵子立后の綸旨

今・明殿上物忌。仍不レ参レ内。従二太相府一有レ召。仍参レ式。被レ仰云、昨夕少将乳母伝二綸旨一

命云、皇后事暫可㆓秘隠㆒。但至㆓于事儲㆒可㆓用意㆒者。来月五日可㆑定㆓雑事㆒者。秉燭罷出。都督云、彼事已有㆓許容㆒者。

今日と明日は、殿上《てんじょう》の物忌《ものいみ》である。そこで内裏に参らなかった。太政大臣（藤原頼忠《よりただ》）から召しが有った。そこで職御曹司《しきのみぞうし》に参った。おっしゃって云われたことには、「昨夕、少将《しょうのめのと》乳母（良峯美子《よしみねのびし》）が円融天皇の綸旨《りんじ》を伝え仰せて云ったことには、『立后《りっこう》については、しばらく秘隠《ひいん》するように。但し立后の準備については、用意するように』ということだ。来月五日に雑事を定めるように」ということであった。秉燭《へいしょく》のころ、退出した。大宰大弐（菅原輔正《すけまさ》）が云ったことには、「立后については、すでに許容が有った」ということだ。

円融天皇は、皇子（懐仁《やすひと》親王。後の一条天皇）を産んだ藤原兼家の女の詮子《せんし》ではなく、皇子女を産むことのなかった遵子《じゅんし》（関白太政大臣頼忠の女）を中宮に立てる動きを秘密裡《ひみつり》に始めた。兼家が遵子立后に反撥《はんぱつ》するのは十分に予想されたからであろう。

実際、兼家は詮子を里第《りてい》に留《とど》めて、ふたたび内裏に戻すことはなかった。これによって、円融は懐仁の弟を得ることはできず、円融皇統《こうとう》は存続の危機に陥ったのである。

二月二十三日に遵子立后の意向を蔵人頭の実資に伝えた円融は、本条に記録された二十九日、立后を決定したものの、遵子立后を兼家に隠し続けるよう命じている。遵子立后を嘆いた詮子は、円融にこれを嘆く歌を送ってよこしたが（『円融院御集《えんゆういんぎょしゅう》』）、これに対する円融の返歌は残されていない。

　遵子立后は三月十一日に行なわれたが、その結果、円融と兼家の関係は、いっそう険悪化した。もともと兼通《かねみち》は円融派、兼家は冷泉《れいぜい》派であったと言われているが、女の超子《ちょうし》から生まれた居貞《おきさだ》（後の三条《さんじょう》天皇）・為尊《ためたか》・敦道《あつみち》という三人の冷泉皇子を東三条第《ひがしさんじょうてい》に擁している兼家にとっては、関係に疎隔を来している円融や、そのただ一人の皇子である懐仁よりも、冷泉系の皇子により強いミウチ意識を抱いたとしても、決して不自然ではない。

永祚元年（九八九）二月二十三日条（九条家本〈広本〉・宮内庁書陵部蔵）　任内大臣儀／実資、任参議

午時参レ内。今日有二任内大臣之儀一。南殿懸二御簾一如レ例。余依レ承下可レ加二任参議一之気色上、随二身隠文帯一参入。在二宿所一。右大臣参入行レ之。依レ入レ夜不二出御一。摂政独坐二南殿一云々。夜漏有二此儀一。権大納言道隆為二内大臣一。権中納言道兼為二権大納言一。参議右衛門督伊陟為二権中納言一〈大蔵卿時光十三个年勝レ之。而不レ依レ勤二公事一、被レ抽二任伊陟一云々。余加二任参議一。公卿員今般廿人。〉。宣命了余自二宿所一向二化徳門辺一。待下内大臣自二藤壺一来上、会二同門一。相共入レ自二左青瑣・宣仁等門一。経二南殿階下一進二射場殿一〈此間右大臣以下皆在二陣座一〉。以二蔵人頭左近権中将公任〈今夜補二蔵人頭一〉一令レ奏二慶賀一。相共拝舞。……

午刻《うま》（午前十一時から午後一時）、内裏に参った。今日、任内大臣の儀が行なわれた。紫宸《ししん》殿《でん》に御簾《みす》を懸けたことは、通例のとおりであった。私を参議に加任《かにん》するという意向を承ったので、隠文《いんもん》の帯を随身《ずいじん》して参入した。宿所にいた。右大臣（藤原為光《ためみつ》）が参入して、この儀を行なった。夜に入ったので、一条天皇は出御《しゅつぎょ》しなかった。「摂政（兼家）が一人で紫宸殿にいらっしゃる」と云うことだ。夜分、この儀が行なわれた。権大納言（藤原）道《みち》隆《たか》を内大臣とした。権中納言（藤原）道兼《みちかね》を権大納言とした。参議右衛門督《えもんのかみ》（源）伊陟《これただ》を権中納言とした〈「大蔵卿（藤原）時光《ときみつ》は十三箇年で、これに勝る。ところが公事《くじ》を勤めているかどうかによらず、伊陟を抜擢《ばってき》された」と云うことだ。私（実資）を参議に加任した。公卿《くぎょう》の数は、これで二十人となった。〉。宣命《せんみょう》が終わって、私は宿所から和徳門《かとくもん》の辺りに向かった。内大臣が藤壺《ふじつぼ》から来るのを待って、同門に会した。一緒に左青璅《ひだりせいさ》・宣仁門《せんにんもん》から入った。紫宸殿の階下《かいか》を経て、射場殿《いばどの》に進んだ〈この間、右大臣以下は、皆、陣座《じんのざ》にいた。〉。蔵人頭左近権中将（藤原）公任〈今夜、蔵人頭に補された。〉を介して慶賀《けいが》を奏上させた。一緒に拝舞《はいぶ》した。……

寛和《かんな》二年（九八六）に花山天皇を退位させ、外孫《がいそん》の一条天皇を即位させた兼家は、摂政の座に就き、子息を急速に昇進させた。天皇の補佐を行なう関白とは異なり、摂政は幼少の天皇に代わって政事《まつりごと》、特に人事を代行できるという強大な権力を手にすることになる。

本条では大臣を任命する任内大臣儀が行なわれ、兼家は嫡妻《ちゃくさい》である藤原時姫《ときひめ》所生の一男道隆

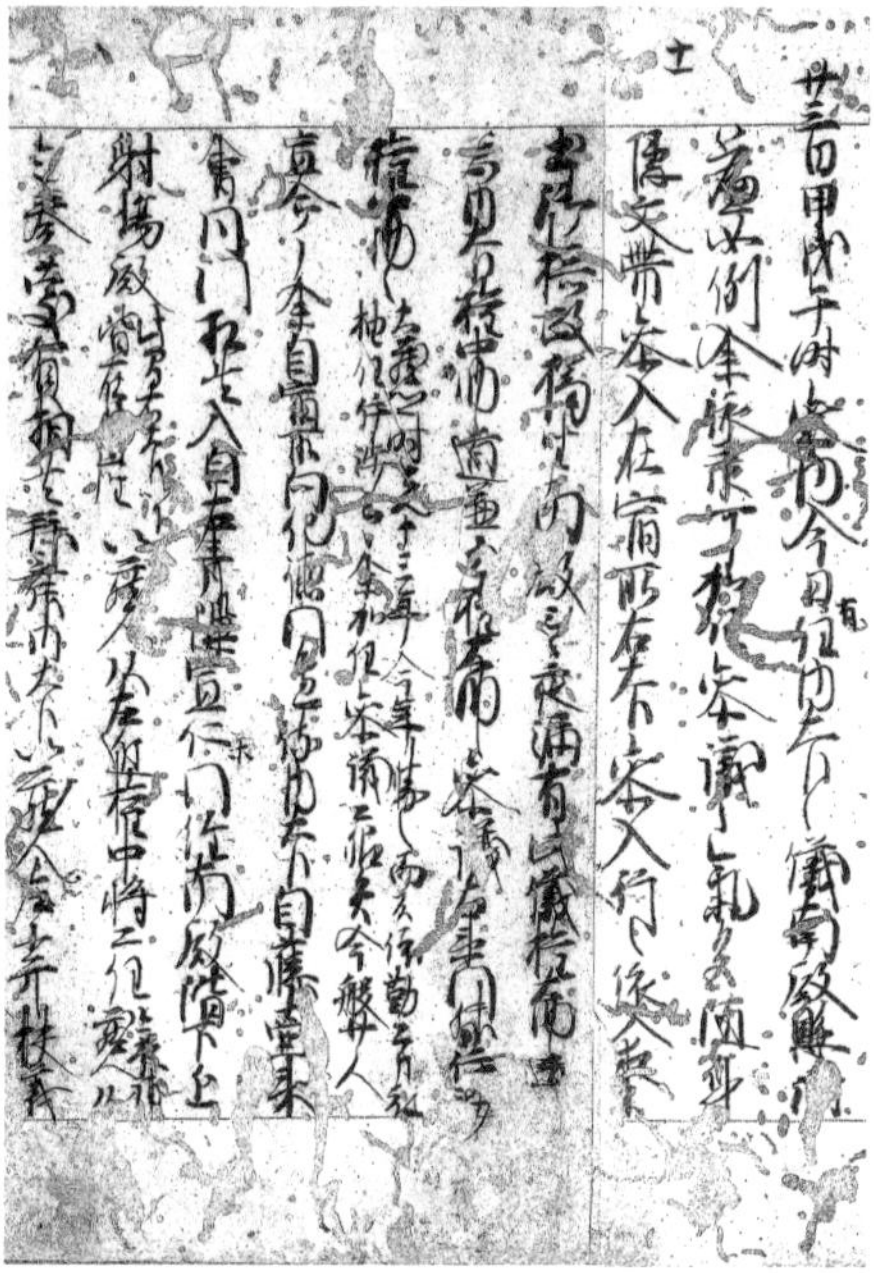

『小右記』（九条家本．宮内庁書陵部蔵）

を内大臣、二男道兼を権大納言に任じた。なお、三男道長はすでに前年の永延《えいえん》二年（九八八）に権中納言に任じられていた。

この日、実資も参議に任じられたが、これは兼家と円融院との数次にわたる交渉（蔵人頭の実資がその都度仲介していた）によって、道隆を内大臣に任じるのと引き換えに任じられたものである。あまりの有能ぶりに、なかなか蔵人頭を辞めさせてもらえず、参議就任も遅れた実資であったが、やっと公卿の仲間入りを果たしたことになる。なお、後任の蔵人頭に同じ小野宮家の公任が補されているのは、実資の推挙によるものであろうか。

長徳二年（九九六）五月二日条（伏見宮本〈略本〉・宮内庁書陵部蔵）　大索／伊周、愛宕山に逃亡／定子出家

早朝依レ召参レ内。先レ是右大将・宰相中将候レ陣。将軍行二盗人捜事一〈山々・京内。〉。定文進二御所一奏聞〈於二陣座一可レ令レ奏歟。〉。召二山々・条々使一。上首者仰レ之〈五位於二膝突一奉、六位於二庭中一奉レ之。〉。使等多有二失錯一。入レ夜申二返事一。今朝允亮朝臣以二忠宗一令レ申云、「信順・明順・明理・方理等朝臣令二召候一之処、申云、左京進藤頼行権帥近習者也。以二件頼行一可レ令レ申二在所一者。即問二其□一、申云、権帥去晦日夜前、自二中宮一、道順朝臣相共向二愛太子山一。至二頼行一自二山脚一罷帰了。又其乗馬等放二彼山辺一者。仰云、随二身頼行一可レ尋レ跡追求一者。又令レ申云、所レ申若相違者可二拷訊一歟。仰云、可二拷訊一者。允亮朝臣・右衛門尉倫範・左衛門府生忠宗等馳二向彼山一。尋二得馬鞍等一之由云々。

中宮権大夫扶義談云、昨日后宮乗二給扶義車一〈懸二下簾一。〉。其後使官人等参二上御所一、捜二検夜大殿及疑所々一。放二組入・板敷等一、皆実検云々。奉二為后一無レ限之大恥也。又云、后昨日出家給云々。事頗似レ実者。……

早朝、召しによって内裏に参った。これより先に、右大将と宰相中将（藤原道綱《みちつな》）が陣座

に伺候《しこう》していた。右大将（藤原顕光《あきみつ》）は犯人の捜索を行なった〈山々と京内。〉。定文《さだめぶみ》を、御所に進んで奏聞した〈陣座に於《お》いて奏上させるべきか。〉。山々・条々の使を召した。上《じょう》首《しゅ》の者にこれを命じた〈五位は膝突《ひざつき》に於いて承り、六位は庭中に於いて承った。〉。使たちは、多く失錯《しっさく》が有った。夜に入って、返事を申した。今朝、（惟宗《これむねの》）允亮朝臣《ただすけあそん》が、（茜《あかねの》）忠《ただ》宗《むね》を介して申させて云ったことには、「（高階《たかしなの》）信順《さねのぶ》・（高階）明順《あきのぶ》・（源）明理《あきまさ》・（源）方理《かたまさ》朝臣を召して拘禁《こうきん》させたところ、申して云ったことには、『左京進藤原頼行《よりゆき》は大宰権帥《だざいのごんのそち》（藤原伊周《これちか》）の近習《きんじゅう》の者です。この頼行に権帥の居場所を申させては如何《いかが》でしょう』ということでした。すぐにその者に問うたところ、申して云ったことには、『権帥は去る晦日《みそか》の夜に、中宮から（高階）道順《みちのぶ》朝臣と一緒に愛宕山《あたごやま》に向かいました。私（頼行）については、山脚から罷《まか》り帰ってきました。また、その乗っていた馬は、あの山辺に放っていました』ということでした」と。私が命じて云ったことには、「頼行を随身して、跡を尋ね、追い求めよ」ということだ。また、申させて云ったことには、「申すところが、もし相違していたならば、拷訊《ごうじん》すべきでしょうか」と。私が命じて云ったことには、「拷訊せよ」ということだ。允亮朝臣・右衛門尉《えもんのじょう》（平）倫範《とものり》・左衛門府生忠宗が、あの山に馳《は》せ向かった。「馬鞍《うまくら》を捜し出した」と云うことだ。

中宮権大夫《ちゅうぐうごんのだいぶ》（源）扶義《すけよし》が談《かた》って云ったことには、「昨日、后宮《きさいのみや》（藤原定子《ていし》）は私（扶義）の車に乗られました〈下簾《したすだれ》を懸けました。〉。その後、検非違使《けびいし》の官人たちが御所に参上し、夜大殿《よるのおとど》及び疑わしい所々を捜検しました。組入天井《くみいれてんじょう》や板敷《いたじき》を外して、皆、実検しました」

愛宕山

と云うことだ。后の御為に、限り無い大恥である。また、云ったことには、「『后は昨日、出家《しゆつけ》された』と云うことです。事は頗《すこぶ》る事実のようです」ということだ。

……

この年の正月十六日から、いわゆる「長徳の変」が始まった。もともとは花山院《かざん》と藤原隆家《たかいえ》の従者同士の乱闘事件に過ぎなかったのだが、その後、何者かが東三条院《ひがしさんじょういん》詮子を呪《じゅ》詛《そ》しているとの密告もあり、伊周が大宰権帥、隆家が出雲権守《いずものごんのかみ》に左降された。

権中納言兼検非違使別当《けびいしべっとう》としてこの事件の処理にあたった実資は、一条の指示を受け、検非違使に命じて各所を捜索させている。

五月一日、伊周と隆家は中宮定子の御在所である二条北宮《にじょうきたみや》に籠もっていたが、実資が夜大殿の戸を破り壊すことを命じると、その責に堪えずに隆家は出てきた。しかし、伊周は逃げ隠れたということで、翌二日、山々と京内の捜索にあたった。検非違使が伊周の縁者を訊問して申したことによって伊周の近習の藤原頼行という者を訊問すると、四月晦日に、伊周と共に愛宕山に向かったと白状した。そこで頼行を連れて愛宕山を捜索すると、山脚で馬鞍を探し出したという。

一方、定子は一日に出家したという情報が、二日に届いた。なお、三日、実資は隆家から、京に逗留《とうりゅう》することを一条に取り次ぐよう依頼を受け、詮子を介して奏聞するよう伝えている。伊周の方は四日、出家姿で二条北宮に戻ってきて、すぐに下向させられた。兄弟に対する実資の処置の差が興味深い。

なお、愛宕山に向かった検非違使たちは、気の毒にもいまだ戻ってきていない。通信手段のない当時、伊周の動向が伝わらずに、捜索を続けていたのであろう。ちなみに、私の通勤路からは、いつも桂川《かつらがわ》を渡るたびに愛宕山が見えていた。一度だけ登ったことがあるが、この深い山に伊周が隠れていたのかと思うと、いささか感慨深かったものである。

長徳三年（九九七）六月二十五日条（伏見宮本〈略本〉・宮内庁書陵部蔵）　道綱任権大納言の風聞

或人云、以二民部卿懐忠一可レ被レ任二大納言一。以二右大将通縄一可レ被レ加二権大納言一云々。至二戸部一任日上﨟。事理相当。右大将為二任日下﨟一〈一年下﨟。〉。而可レ被二越任一之由未レ得二其理一。深不レ知食一歟。偸見二先例一、以二大将一不レ越二先任人一。延喜聖代定国〈大将。〉不レ越二国経一。道

明〈大将。〉不レ越レ昇。天暦御時師尹〈大将。〉不レ越二在衡一。唯貞信公越二湛・昇両人一也。有二其故一。不レ可レ為レ例。定国者延喜聖主外舅。又是明臣。而殊無二抽賞一。具存二竹帛一。若被レ行二彼二朝例一、以二右将軍一難レ被二抽用一歟。但〈ム。〉不レ欲レ加二権品一。陳二事理一。乍レ知二食此由一、於レ被レ抽二右将一、更不レ可レ申之由、有二便宜一者可レ奏事、相二示勘解由一了。

或《あ》る人が云ったことには、「民部卿（藤原）懐忠《かねただ》を大納言に任じられるようだ。右大将通綱（道綱）を権大納言に加えられるようだ」と云うことだ。民部卿については、任じられた日は私の上臈《じようろう》であり、道理に相当する。右大将は、任じられた日は私の下臈《げろう》であった〈一年の下臈。〉。ところが越任《おつにん》されるというのは、未《いま》だその道理を得ない。一条天皇は深くお知りになられないのか。秘《ひそ》かに先例を見てみると、大将というのは先任の人を超越《ちようおつ》することはない。（藤原）延喜《えんぎ》（醍醐《だいご》天皇）の聖代《せいだい》、（藤原）定国《さだくに》〈大将。〉は（源）昇《のぼる》を超越していない。天暦《てんりやく》（村上《むらかみ》天皇）の御代《みよ》、（藤原）道明《みちあきら》〈大将。〉は（藤原）国経《くにつね》を超越していない。天暦（村上天皇）の御代、（藤原）師尹《もろまさ》〈大将。〉は（藤原）在衡《ありひら》を超越していない。ただ貞信公《ていしんこう》（藤原忠平《ただひら》）は、（源）湛《たたう》・昇両人を超越したのである。これはその理由が有ったのである。先例とするわけにはいかない。定国は延喜の聖主《せいしゆ》（醍醐天皇）の外舅《がいきゆう》であり、また、これは明臣《めいしん》であった。ところが特に抜擢されたことは無かった。詳しく史書に記載がある。もしもあの二朝の例を行なわれるのならば、右大将を抜擢されるのは難しいのではないか。但し、〈某《それがし》（実資）〉は権官《ごんかん》に加わることを欲していない。事の道理を述べた。天皇がこの事情を知っておられながら、右大将を抜擢されることについては、まったく何も申すことはできないということを、ついでが有ったならば奏上されるように、勘解由長官《かげゆのかみ》（源俊賢《としかた》）に伝えておいた。

この年、無能で知られた藤原道綱が実資を越えて大納言に任じられたが、実資は怒りを露《あら》わにしている。道長はこの十一歳年長の異母兄を「一家の兄」として尊重していたのである。この年、中納言は藤原道綱・藤原懐忠・藤原実資と三人いたのだが、道綱が大納言、懐忠が権大納言に任じられた。すでに六十三歳の懐忠はさておき、前年に参議から一挙に中納言に上ったばかりの道綱が自分を差し措いて大納言に上るということは、実資には我慢がならなかったのであろう。この噂を耳にした本条では、道綱のことをわざと「通縄」などと表記している。

実資は、道綱が権大納言どころか正官の大納言に任じられた七月五日の日記に、次のように不満を爆発させた。「万事を推量すると、賢者を用いる世では貴賤《きせん》の者が研精《けんせい》する。ところが近臣（道長）が頻《しき》りに国柄《こくへい》を執り、母后《ははきさき》（詮子）がまた、朝事《ちょうじ》を専らにしている。無縁の身（実資）は、どう処すればよいのであろうか」。

はからずも摂関《せっかん》政治の本質を端的に語っているところが面白いが、興奮してきた実資は、道綱のことを次のように悪し様に記している。「僅《わず》かに名字《みょうじ》（「道綱」）だけを書き、一二を知らない者である。また、上古《じょうこ》の例を勘申《かんじん》して行なわれるのならば、法師（道鏡《どうきょう》）を大臣に任じた例で以《もっ》て大納言に任じるべきか。どうしてよい例となろうか」。

序列を越えられるというのは、彼らにとっても重大な出来事で、余計に敏感になるのであろう。このまま、この二人は二十三年後の寛仁四年（一〇二〇）に道綱が死去するまで、道綱―実資という序列で過ごす。もっとも、その道綱も、後に伊周が「大臣の下、大納言の上」という序列で公卿社会に復帰した際には、それを潔しとせず、伊周が参入した際には退出したり欠席したりしているのである。

寛弘八年（一〇一一）七月二十二日条（前田本甲〈広本〉・尊経閣文庫蔵）　一条天皇の尊号・院号

……内府云、一日頭弁伝レ仰云、可レ有二故院尊号之詔書一。其事可レ行者。崩給後、被レ行二奉尊号一之例以二大外記敦頼一令二尋勘一、申二無レ所レ見由一。延長例可二相准一。然而彼間日記已無レ所レ見云々。左府云、猶可レ被レ尋二彼時例一者。又可レ有二院号一者、令レ尋二問延長八年例一、申二無レ所レ見之由一。為二之如何一者。内府云、院号無二詔書一歟。余答云、官符・宣旨間歟。抑是不レ令二崩給一之時事也。崩後例不レ知事也。内府云、件事等見二故殿御日記一乎。若有レ所レ見可二示送一者。引二見故殿延長八年例一被レ注二他事一、不レ被レ注二件両事一。依二崩後無二尊号・院号等一歟。

……内大臣（藤原公季《きんすえ》）が云ったことには、「先日、頭弁（源道方《みちかた》）が三条天皇の仰せを伝えて云ったことには、『故院《こいん》（一条院《いちじょういん》）の尊号《そんごう》の詔書《しょうしょ》がなければならない。その事を行なうように』ということだ。死去された後に尊号を奉った例を、大外記《だいげき》（菅野）敦頼《あつより》に命じて調べて勘申させたところ、見えるものは無いということを申した。延長《えんちょう》（醍醐天皇）の例に准じるべきである。ところがあのころの日記には、すでに見えるところは無い」と云うことだ。左大臣（道長）が云ったことには、「やはりあの時の例を調べられるように」ということだ。「また、院号《いんごう》がなければならないので、延長八年の例を調べて問わせたところ、見えるところは無いということを申した。これを如何すればいいのか」ということだ。内大臣が云ったことには、「院号は、詔書は無いのか」と。私が答えて云ったことには、「官符《かんぷ》か宣旨《せんじ》のどちらかでしょうか。そもそもこれは、死去されていない時の事です。死去した後の例は、知らない事です」と。内大臣が云ったことには、「この事は、故殿《こどの》（藤原実頼）の御日記に見えるか。もし見えるところが有るのならば、伝え送るように」ということだ。故殿の延長八年の例を引見《いんけん》すると、他の事を記されて、この両事を記されていない。死去した後は、尊号や院号が無いからであろうか。

この日、道長たちは、六月二十二日に死去した一条天皇の尊号（「太上天皇《だいじょうてんのう》」）および院号（「一条院」とか）について談じ始めた。ところが結局は、醍醐天皇の際の先例も見えないということで、「死去した後は、尊号や院号が無い」という実資の意見が通って、一条は太上天皇にしてもらえないのみならず、その呼び名も定められないのであった。後に在位中の皇居名によって、宣旨を出されることなく、いつの間にか「前一条院《さきのいちじょういん》」とか「一条院」と通称されるようになったのであり（『左経記《さけいき》』類聚雑例《るいじゅうざつれい》）、実資などは長和四年（一〇一五）ごろまでは、一条のことを「大宮院《おおみやいん》」とも記している（邸第《ていだい》としての一条院は、一条大路の南、大宮大路の東に所在していたため）。こちらが通称されていたら、我々は一条のことを「大宮天皇」と呼称していたことであろう。

なお、上皇に尊号奉呈が行なわれなかったのは醍醐以来のことであり、一条の後も尊号奉呈のないのは南朝の後醍醐《ごだいご》・長慶《ちょうけい》天皇のみである。また、在位中の皇居名による追号《ついごう》は一条に始まり（累代後院《るいだいごいん》の名による朱雀《すざく》・冷泉《れいぜい》を除く）、追号に「後」を冠した院号も、一条に「後」を冠した後一条に始まるのである（後一条が死去して後一条院と称されたので、そう言えばその父は「前一条院」、いつしか省略されて「一条院」と確定したことになる）。

長和四年（一〇一五）四月十九日条（秘閣本〈広本〉・内閣文庫蔵）　大路の汚穢物を検非違使に清掃させる／疫癘流行

……又云、北辺大路汚穢物甚多者、可レ令二掃清一之由可レ仰二使官人一。又自二禊日一迄二祭日一、不レ可レ令レ置二汚穢物一之事、同仰下了。近日京中死人極多、出二置路頭一。疫癘方発。京畿・外国病死者多云々。漸及二五品一。嘆息々々。

……また、（源経頼《つねより》が）云ったことには、「北辺《ほくへん》大路（一条大路）に汚穢《おわい》の物が甚だ多いのならば、掃《は》き清めさせるよう、検非違使の官人に命じなければなりません」と。また、斎《さい》院御禊《いんごけい》の日から賀茂祭《かものまつり》の日まで、汚穢の物を置かせてはならないという事を、同じく仰せ下した。「近日、京中の死人は極めて多く、路頭に出して置く。疫病《えきびょう》が流行している。京《きょう》畿内《きない》・外国《げこく》（畿外《きがい》）に、病死者が多い」と云うことだ。段々と五位の者に及んでいる。嘆息した、嘆息した。

このころ、疫病が蔓延《まんえん》していた（ほとんど毎年のことであるが）。この日、左少弁の源経頼から、一条大路に汚穢の物が甚だ多いので、検非違使に掃き清めさせるよう命じることを、実資に伝えてきた。この場合、「汚穢の物」とは死体のことである。

実は後文にあるように、賀茂斎院御禊が二十一日、道長の賀茂詣《かもうもうで》が二十三日、賀茂祭が二十四日に迫っていたのである。

つまり、死体が多く置かれていたのが一条大路だったからではなく、斎院や道長や賀茂祭使《さいし》が通るのが一条大路だったから、せめてそこだけは死体を掃き清めさせなければならないと判断したのである。これも平安貴族の認識なのであった。

同様、実資も、はじめは下人《げにん》の病死者が多かったのに、徐々に五位以上の貴族に及んでいるといって嘆いている。彼らのよって立つ権力基盤がよくわかる例である。

長和五年（一〇一六）四月一日条（前田本甲〈広本〉・尊経閣文庫蔵）　旬平座／摂政の見参

……如二頭中将言一、摂政入二申見参一乎否事、問二文任一。申云、不レ入者。問云、其事如何。若有二可レ然之様一歟。上卿若有レ被レ問乎。申云、惣無二左右一者。余所レ思者、摂政坐二直盧一、必可レ入二見参一。又以二摂政一不レ入歟。然而已載二月奏一又被レ署二文書一。上卿不レ知二前例一歟。外記又々如レ此之。示下可レ入二見参一由上。上卿奏請之事上古所レ覚也。

……頭中将（藤原資平）が言ったことには、「摂政（道長）を見参簿《げんざんぼ》に入れ申すか否かについて、（巨勢《こせの》）文任《ふみとう》に問いました。申して云ったことには、『入れません』ということでした。問うて云ったことには、『その事は、如何か。もしかしたらそのようなことが有るのか。上卿《しょうけい》（藤原斉信《ただのぶ》）がもしかしたら問われたことが有るのか』と。申して云ったことには、『まったくあれこれはありませんでした』ということでした」と。私が思ったところは、摂政が直盧《じきろ》にいらっしゃれば、必ず見参簿に入れなければならない。また、摂政を入れないのか。ところが、すでに月奏《げっそう》（前月の勤務日数を奏上すること）に載り、また文書に署されている。上卿は前例を知らないのか。外記（文任）もまた、同じようなものである。見参簿に入れるよう伝えた。上卿が奏請《そうせい》する事は、昔の例を覚えているところである。

この日、孟夏旬《もうかのしゅん》（四月一日に大臣が官奏《かんそう》を行ない、臣下に膳物を供し、六衛府《えふ》による番奏《ばんそう》や少納言の奏上により文書への捺印《なついん》などを行なう儀）の平座《ひらざ》（天皇が出御しない場合に宜陽殿《ぎようでん》で行なう儀）に際して、この年の正月に後一条天皇が即位した際に摂政となった道長を見参簿（参会者を記入する帳簿）に入れるかどうかを、養子の資平が実資に問うてきた。実は実資は、雨脚が止《や》まないのでぐずぐずしているうちに日が暮れたので、この儀には参らなかったのである。

摂政は天皇の政事を代行するのであるから、出欠を問われるはずはないのであるが、そこは臣下のこと、実資は見参簿に入れると考えて、それを伝えている。その際、上卿や外記を、「前例を知らないのか」と非難している。まあ実資は、斉信の執り行なう儀式にはことさらに手厳しいのであるが。

寛仁二年（一〇一八）十月七日条（前田本甲〈広本〉・尊経閣文庫蔵）**道長に一家三后の慶賀を申す／土御門第行幸の馳馬について建言**

巳終許参二大殿一。宰相々従。太閤坐二馬場一。仍直進。工匠数多営造。亦被レ立レ石。奉レ謁次申、一家三后事、未二曾有一而已。命二行幸事一、廿・々二日両日勘申、廿日忌二遠行一。陰陽家申二可レ無レ忌由一。然而廿二日吉日。仍彼日可レ有二行幸一。余申云、主上・太后・東宮可レ御也。尚令レ用二優吉日一尤可レ善歟。太閤云、太后可二同輿給行幸一。即青宮可二渡給一者。又申下可レ被レ馳二御馬一事上。命云、依二康保二年等例一、不レ可レ有二競馬一。左右御馬各十疋并駒各十疋可レ馳者。余申云、当年駒可レ被レ馳。而駒牽御馬非レ可二馳度一云々。官馬外雖レ云二竜駒一以二他蹄一備二天覧一可レ無二本意一。就中御馬乗官人已下廿人無二可レ然者一。極可レ無レ便。為二之如何一。命云、最可レ然事也。依レ有二前例一略定二可レ馳レ駒之事一也。臨二当日一左右馬寮令レ奏二事由一可レ宜者。

巳《み》の終刻（午前十時半から十一時）のころ、大殿《おおとの》（道長）の許《もと》に参った。宰相（資平）が供《ぐ》奉《ぶ》した。太閤《たいこう》（道長）は馬場にいらっしゃった。そこで直ちに進んだ。工匠が数多く、造営していた。また、石を立てられていた。拝謁《はいえつ》し奉ったついでに申したことには、「一家《いっか》三后《さんこう》の事は、未曾《みぞ》有《う》であるばかりです」と。行幸についておっしゃったことには、「二十・二十二日の両日を勘申したのだが、二十日は遠行を忌む。陰陽家は忌みは無いであろうということを申した。ところが、二十二日が吉日《きちにち》である。そこでその日に行幸を行なうことになった」と。私が申して云ったことには、「主上《しゅじょう》・太后《おおきさき》（彰子）・東宮（敦良《あつなが》親王）が渡御《とぎょ》するのです。やはり優吉日《ゆうきちにち》を用いられるのが、もっとも善いのではないでしょうか」と。太閤が云ったことには、「太后が同輿《どうよ》されて、行幸されることになっている。すぐに東宮が渡御されることになっている」ということだ。また、御馬を馳せられなければならない事を申した。おっしゃって云ったことには、「康保《こうほう》二年などの例によって、競馬《くらべうま》を行なってはならない。左右馬寮《めりょう》の御馬各十疋《ぴき》、および駒各十疋を馳せることとする」ということだ。私が申して云ったことには、「当年の駒を馳せられなければなりません。ところが、駒牽《こまひき》の御馬は、馳せ渡すべきではありません」と云うことだ。「官馬の他は、駿馬と云うとはいっても、他の馬を天皇の御覧に備えるのは、本意《ほい》が無いでしょう。特に、御馬乗《うまのり》の官人以下二十人は、しかるべき者がいません。極めて都合が悪いでしょう。これを如何しましょう」と。おっしゃって云ったことには、「最もそうあるべき事である。前例も有るので、ほぼ駒を馳せるという事を定めたのである。当日に臨んで、左右馬寮に事情を奏上させるのが宜《よろ》しいであろう」ということだ。

この年の正月三日に元服の儀を終えた後一条の後宮《こうきゅう》に、道長四女（嫡妻の倫子《りんし》所生では三女）の威子《いし》が三月七日に入内《じゅだい》し、七月二十八日に立后が決定した。立后の儀は十月十六日に行なわれたが、それに先立って、実資は十月七日に道長に一家三后の慶賀を申すとともに、二十二日に行なわれる後一条の土御門第《つちみかどてい》行幸の日取りと、その際に行なわれる競馬や馳馬《はせうま》について、道長の諮問に答えている。

このように、道長は儀式や政務の遂行について、実資を頼りにし、その意見を尊重しているのである。二人の仲が悪いとか、ライバルであったなどという言い様は、古記録を読んだことのない人のものなのであろう。

寛仁三年（一〇一九）八月十日条（前田本甲〈広本〉・尊経閣文庫蔵）　**大極殿御読経結願／巻数の奏上／小野宮・九条両家の例**

宰相云、昨日大極殿御読経結願。大納言斉信卿為㆓上首㆒。巻数若奏乎不㆑然乎、彼是不㆑答。

宰相答㆓奏由㆒。大納言問㆓左少弁経頼㆒、申㆓不㆑知由㆒。仰㆘可㆑問㆓外記㆒之由㆖。弁云、問㆓大外記文義㆒、申云、天暦二年、諸卿自㆓八省㆒参㆓入大内㆒。不㆑記㆓申文事㆒、無㆓指事㆒者不㆑可㆑被㆑参㆑内歟。爰知レ有二申文一者。仍大納言已下参入。大納言着レ陣。令レ奏二申文一。摂政出二里第一。蔵人持参、已及二数剋一。此間入道殿参レ内給。大納言已下参二入母后御方一。其後復レ陣。御覧了返三給申文一。即下二給外記一〈初召二外記筥一。納二巻数一奏レ之。〉。見二故殿御日記一、雖二臨時御読経一、百口時准二季御読経儀一者。又発願・結願日有二陣頭饗一者。年来無レ饗云々。不レ知二前跡一。又彼一家例、巻数者令レ申レ文。今日奏二巻数一如何。故殿只被レ奏下二賜外記一。而彼一家令レ申レ文。而今日改二一家例一如何。

宰相（資平）が云ったことには、「昨日、大極殿御《だいごくでんみ》読経《どきよう》が結願《けちがん》しました。大納言斉信卿を上首としました。巻数《かんず》を、もしかしたら奏上するのか、そうではないのか。あれこれの者は答えませんでした。私（資平）は、奏上するということを答えました。大納言は左少弁経頼に問いましたが、知らないということを申しました。外記に問うよう命じました。弁（経頼）が云ったことには、『大外記（小野）文義《ふみよし》に問うたところ、申して云ったことには、「天暦《てんりやく》二年、諸卿は朝堂院《ちようどういん》から内裏に参入した。中文《もうしぶみ》について記していないが、格別な事が無いのならば、内裏に参られてはならないのではないか。ここに申文が有ったことがわかる」ということです』と。そこで大納言以下が参入しました。大納言は、陣座に着しました。中文を奏上させました。摂政（頼通）は里第に退出していました。蔵人が持って参り、すでに数刻に及びました。このころ、入道殿（道長）が内裏に参られました。大納言以下は、母后（彰子）の御在所に参入しました。その後、陣座に復しました。御覧が終わって、中文を返給しました。すぐに外記に下給しました〈初め外記の筥《はこ》を召しました。巻数を納めて、これを奏上しました。〉」と。故殿（実頼）の御日記を見ると、「臨時御読経とはいっても、百口《く》の時は、季御読経《きのみどきょう》の儀に准じる」ということだ。また、「発願《ほつがん》と結願の日は、陣頭の饗宴《きょうえん》が行なわれる」ということだ。「何年来、饗宴は行なわれていない」と云うことだ。前例を知らない。また、あの一家の例は、巻数は文書を申させる。今日、巻数を奏上したのは、如何なものか。故殿は、ただ奏上され、外記に下賜した。ところが、あの一家は、文書を申させる。ところが今日、一家の例を改めたのは、如何であろう。

この日、大極殿御読経が結願を迎えた。その際、巻数の奏上に関して、小野宮流と九条流《くじょう》との間で先例の相違が問題となったことを記録している。

巻数というのは、僧が願主《がんしゅ》の依頼に応じて読誦《どくじゅ》した経文、陀羅尼《だらに》などの題名や回数を記して願主に送った文書のことであるが、この場合、巻数をそのまま申上するか（九条流）、天皇（この場合は幼主《ようしゅ》なので摂政）に奏聞するか（小野宮流）が、問題となった。この日、上卿を務めた斉信は師輔九男の為光の子なので、本来は申上すべきところ、奏聞したというので、実資は疑念を示しているのである。

実は寛仁二年三月十九日にも、小野宮流の公任が九条流の作法を用いたことを、資平は非難しているが、公任はそれを詫《わ》びながらも、父の頼忠は両方の儀を記していると弁明している。それに対し資平は、頼忠は父である実頼の作法を用いたはずであると疑念を示した。

これらは小野宮流の作法が九条流（というより道長の御堂《みどう》流）に吸収されていく過程を示してもいるのであり、実資や資平は、それを察知していたのであろう。

なお、この寛仁三年の十二月九日、実資は日記を含むほとんどの財産を、嫡養子の資平ではなく、年を取ってから生まれた最愛の女である千古《ちふる》（と千古の産む男子）に相続させることに決定している。

治安元年（一〇二一）七月二十八日条（東山御文庫本〈略本〉・東山御文庫蔵）　右大将旧のごとしとの宣旨

大外記文義云、今日可レ被レ下二大将如レ旧之宣旨一。可レ候レ内之由、関白被二召仰一。仍参レ内。為レ令レ聞二食案内一先所レ令レ申也。衝黒蔵人弁章信来云、只今被レ下二兼官如レ先宣旨一了者〈「如レ本也。但馬寮御監宣旨事問二章信一、云、大将如レ先宣旨下了。仍御監相同。不レ可レ有二別宣旨一之由有二其定一云々。」〉。左右大将并太皇太后宮権大夫頼宗・中宮権大夫耳。〉。大将如レ先宣旨下。而不レ奏レ慶之由、見二故殿御記一。依二貞信公命一、所レ被レ尋也〈天慶七年、初任二右大臣一時之事也。〉。将曹正方参来云、大外記文義仰云、大将如レ先者。仰下可レ差二進府生・近衛一人一之由上了。章信云、件宣旨中納言道方奉二下之一……

大外記（小野）文義が云ったことには、「今日、右大将は元のとおりであるとの宣旨を下

されることになりました。内裏に伺候するよう、関白（頼通）が召し仰せられました」と。そこで内裏に参った。詳細を聞かせられる為、先《ま》ず申させたものである。深夜、蔵人弁（藤原）章信《あきのぶ》が来て云ったことには、「ただ今、兼官《けんかん》は先のとおりであるとの宣旨を下されました」ということだ〈元のとおりである。但し、馬寮御監《めりょうごげん》の宣旨について、章信に問うたところ、云ったことには、「右大将は先のとおりであるとの宣旨が下りました。そこで御監も同じです。別の宣旨が有ることはないということは、その定めが有ります」と云うことだ。「左右大将および太皇太后宮権大夫《たいこうたいごうぐうごんのだいぶ》（藤原）頼宗《よりむね》・中宮権大夫（藤原能信《よしのぶ》）だけです」と。〉。大将は先のとおりであるとの宣旨が下った。ところが慶賀を奏上しないということは、故殿（実頼）の御記に見える。貞信公（忠平）の命によって、調べられたところである〈天慶七年、初めて右大臣に任じられた時の事である。〉。右近将曹（紀）正方《まさかた》が参って来て、云ったことには、「大外記文義が伝えて云ったことには、『右大将は先のとおりである』ということです」と。府生と近衛一人を指名して進めるよう、命じておいた。章信が云ったことには、「この宣旨は、中納言道方が奉って下しました」と。……

この年の七月二十五日に右大臣に任じられた六十五歳の実資は、「右大臣に僕」などと記録して喜んでいるが、兼任していた右大将はどうなるかという懸念もあった。そしてこの二十八日、右大将は先のごとしとの宣旨を下されたのである。

すると今度は、これも兼任していた馬寮御監はどうなったのかと疑念を示している。馬寮御監というのは馬寮のことを総裁する職で、近衛大将が兼任するのであるから、当然、元のとおりなのだが、これも実資の性格であろう。

なお、この日、牛車《ぎっしゃ》に乗ったまま宮中の門を入ることを許す牛車宣旨も下された。摂政・関白や親王、宿老《しゅくろう》（年功を積んだ老巧な人）の大臣、同待遇の大僧正などの僧侶に許されたものであるが、実資は宿老の大臣ということになろう。

翌二十九日、牛車で出入りできる門について、公任の意見を聞いている。公任は、摂政・関白や特に許された者の他は上東門《じょうとうもん》や待賢門《たいけんもん》を出入りできるとし、また『検非違使類聚《けびいしるいじゅう》』という書を見て、「輦車《てぐるま》は宮中を出入りすることを許し、牛車は上東門を出入りすることを許す」と伝え、また「源雅信《まさのぶ》は初めは上東門を用い、後に意に任せて待賢門を用いたので、あの時の人は申すところが有った」と教えてくれた。

小野宮家内部における儀式次第の確認の様子がよくわかる例である。

治安三年（一〇二三）閏《うるう》九月二十九日条（伏見宮本〈広本〉・宮内庁書陵部蔵）藤原斉信、教通を呪詛

……按察告云、斉信卿百个日祈已是実事。於二安禅寺一行レ之〈件寺先大臣望二大臣一之時、建立寺云々。〉。終二七个日一行二護摩一。来月朔日結願。令二内府祈一。僧到二安禅寺一修善。壇辺有レ書。取見有二斉信卿自筆願書一。件僧私立二別願書一。

……按察《あぜち》（公任）が告げて云ったことには、「斉信卿の百箇日の祈禱《きとう》は、すでにこれは実事である。安禅寺《あんぜんじ》に於いて、これを行なっている〈『この寺は、前大臣（為光）が大臣を望んだ時に建立した寺である』と云うことだ。〉。七箇日の祈禱を終えて、護摩《ごま》を行なった。来月朔日《さくじつ》に結願する。内大臣（教通）を祈禱させている。僧が安禅寺に到って、修善《しゆぜん》を行なった。壇の辺りに書が有った。取って見ると、斉信卿の自筆の願書《がんしよ》が有った。この僧は、秘かに別の願書を立てた」と。

この年の九月三日、実資は顚倒《てんとう》して顔面を負傷した。我々から見ればただの怪我なのであるが、傷口が腫れてきたので、実資はひどく恐れた。当時は「腫物《しゆもつ》」といって、ときには死にいたる病もあった。その場合は外傷ではなく重篤な内臓疾患なのであるが、当時はその区別が付かなかったのである。

実資はさまざまな物を顔に塗って、その平癒《へいゆ》を期しているが、その過程で、九月十七日、ただ一人の大納言であった五十七歳の藤原斉信が、夢想《むそう》の告げに触発されて大臣を望む祈禱を始めたという情報が寄せられた。実資はそれを聞き、「薄運《はくうん》の人は用心しなければならない」などと記して、あまり怖れていない。普通に考えれば、大臣というのは、ともに六十七歳の公季と実資であったはずである。自分だけは薄運ではないと思っているのであろうか、あるいはことさらに怖れていないかのように記録したのであろうか。

本条に記された閏九月二十九日に公任から寄せられた情報によると、斉信が呪詛しているのは二十八歳の内大臣教通であったということらしい。まあ公任も実資を安心させようとして、このように言っただけなのかもしれないが。

ただ、万寿《まんじゅ》二年（一〇二五）八月十四日条によると、実資がこの時のことを根に持っていたことがわかる。十二日、斉信は鴨枝《かもえだ》（木の一か所から多くの小枝が群生しているもの。神の休み場であるとして切らない）が落ちて、右方の頬を打ち切ったという。実資は、「先年、私が慮外に面の傷が有った。『あの時、盛んに悦《よろこ》んだらしい』と云うことだ。また、祈禱を行なっていた」と記し、「直心《ひたごころ》の人（実資）の為に、不善の祈禱を行なうのは、宜《よろ》しくない事であろう。天が自《おの》ずから答えたのであろう」と続けている。

万寿四年（一〇二七）十一月二十五日条（東山御文庫本〈広本〉・東山御文庫蔵）　道長、法成寺阿弥陀堂に移る

早朝式光云、禅閤夜半渡二給阿弥陀堂正面間一。依二座主催申一。辰時許別当来訪。於二簾前一談二雑事一。

中将来云、禅室無二増減一由、永円僧都所レ談也。

早朝、（宮道《みやじの》）式光《しきみつ》が云ったことには、「禅閤《ぜんこう》（道長）は夜半、阿弥陀堂《あみだどう》の正面の間に移ら

れました。座主《ざす》（院源《いんげん》）が催し申したからです」と。辰刻《たつ》（午前七時から九時）のころ、検非違使別当（藤原経通《つねみち》）が来訪した。簾《すだれ》の前に於いて、雑事を談った。中将（資平）が来て云ったことには、「禅室《ぜんしつ》（道長）は増減が無いということについて、永《えい》円《えん》僧都が談ったところです」と。

万寿四年は、道長にとって最後の年となった。この年は正月から病悩していた。八日に快く吐き、その後は心身が尋常を得たというのであるから、それ以前から体調はよくなかったのであろう。十五日にも病悩の記事が見えるが、二十一日にはひとまず平癒したようである。その後、六月四日には、道長は飲食を受けず、衰弱が甚《はなはだ》しくなった。

十月二十八日には、九月十四日に死去した妍子の四十九日法会が行なわれたが、道長はふたたび痢病《りびょう》を患っていて堪えがたい様子で、堂に入ることもできなかった。

十一月十日には道長は重態となり、臥《ふ》したまま汚穢（糞尿）を出すという状態となった。ただ、心神《しんしん》は通例のようであったとある。十三日には沐浴《もくよく》して念仏を始めるなど、極楽往生《ごくらくおうじょう》に向けた準備を始めた。

十一月二十一日には危篤となった。ますます無力にして痢病（糞尿）は無数、飲食は絶えた。また背中に腫物ができたが、医療を受けなかった。後一条の行幸も、今となっては悦ばないとのことで、訪ねてきた彰子と威子も、直接、見舞うことは難しい状況であった。汚穢によるものとある。

十一月二十四日、道長が入滅《にゆうめつ》したという誤伝が駆けめぐり、上下の者は土御門第に馳せ参った。この日、道長は震え迷うという症状を起こし、皆はやはり時が至ったことを思い、遠近に馳せ告げたという。針博士の和気相成《わけのすけなり》は、背中の腫物の勢いが乳腕に及び、その毒が腹中に入ったのであって、震えているのは、頸《くび》が思った通りにならないからであるという見立てを行なった。これに針治を施し、瘡口《かさぐち》を開くことになったが、三十日になって、日が悪いということで延期されている。

本条に記されている十一月二十五日、道長は法成寺《ほうじようじ》阿弥陀堂の正面の間に移った。もちろん、九体阿弥陀像の前である。翌二十六日には危篤となり、やはり後一条の行幸が行なわれた。

そして十二月一日の夜半、但波忠明《たんばのただあきら》によって背中の腫物に針治が施された。膿汁《うみじる》と血が少々出て、道長の叫ぶ声は、きわめて苦しげであったという。この針治も影響したのか、十二月三日の午後にはふたたび、入滅したという報が伝わった。実資が様子を見に行かせると、「すでに事実でした」とのことであった。ただ、夕刻になって届いた報では、「胸だけは温かいままである」とのことで、実はまだ死んでいなかったのである。夜に入って届いた報は、「ただ頭だけが揺れ動いている。その他は頼みが無い」というものであった。

十二月四日が明けると、またさまざまな情報が入り乱れた。道長は昨日、入滅したが、夜になって揺れ動く気配があった。しかし、四日の早朝には、すでに入滅したので、亡者《もうじや》の作法を行なったというのが、一般的なものであった。

ところが、朝になっても腋《わき》に温気《うんき》があるというので、上下の者はまだ生きていると言い出した。実資は、「荒涼《こうりょう》（いい加減）のようなものである」と不機嫌である。この年、道長は六十二歳であった。

十二月一日から患いついて飲食も受けつけなかった行成《ゆきなり》が、実はこの十二月四日の深夜、廁《かわや》に行く途中で顚倒し、一言も発せずにそのまま死去したのであるが、行成の死に皆が思い至ったのは、しばらく後のことであった。

長元四年（一〇三一）七月二十三日条（東山御文庫本〈広本〉・東山御文庫蔵）　相撲について頼通に回答

……頭中将隆国伝二関白御消息一云、有二月蝕変一。早被レ行二仁王会一尤可レ佳。廿五日可二定行一者。前日所レ令レ定也。又云、相撲楽不レ可レ被レ行歟。月蝕皆既、御慎不レ軽。若楽有無可レ令二諸卿定申一歟。坎日相撲可レ改歟。已存レ式日、必不レ可レ延乎如何。余答云、至二召合一従レ事延縮。不レ可レ謂レ存レ式。是臨時小儀。仍有二延縮一。延喜以後無二坎日例一。又月蝕変雖二理食一皆既已蝕尤可二驚恐一。月内挙レ楽不快事也。不レ可レ及二諸卿議一。依二月蝕変一可レ被レ止事、直令二宣下一給可レ宜歟。更有二僉議一、可レ似二叡慮之無二一定一乎。仁王会事謹承了。……

……頭中将（源）隆国《たかくに》が関白（頼通）の御書状を伝えて云ったことには、「月蝕の異変が有った。早く仁王会《にんのうえ》を行なわれるのが、もっとも佳《よ》いであろう。二十五日に定め行なうように」ということだ。前日に定めさせるものである。また、云ったことには、「相撲《すまい》の楽は、行なわれることはできないのではないか。月蝕は皆既し、天皇の御慎しみは軽くはない。もしかしたら楽の有無は、諸卿に定め申させるべきであろうか。坎日《かんにち》の相撲は改めなければならないのか。すでに式にある日は、必ずしも延期しなくてもよいのか、如何か」と。私が答えて云ったことには、「相撲の召合《めしあわせ》については、事に従って延縮します。式にあると称すわけにはいきません。これは臨時の小儀です。そこで延縮が有ります。延喜以後、坎日の例はありませんでした。また、月蝕の異変は、道理の蝕とはいっても、皆既がすでに蝕したのは、もっとも驚き恐れなければなりません。月の内に楽を挙げるのは、不快の事です。諸卿の議に及ぶこともありません。月蝕の異変によって止められる事を、直ちに宣下させられるのが宜しいでしょうか。更に議定《ぎじょう》を行なうのは、叡慮《えいりょ》の決定が無いようなものです。仁王会については、謹んで承りました」と。……

この年の七月十五日、月蝕が起こった。「皆既。欠け初め、酉《とり》の七刻（午後七時前）五十分。加える時、亥《い》の初刻（午後九時過ぎ）三十二分。末に復した時、子《ね》の一刻（午後十一時過ぎ）四十二分」というのは前年に計算されたものが具注暦に記されていたのであろう。実際は亥刻（午後九時から十一時）に月が虧《か》け始め、子刻（午後十一時から午前一時）に加え、丑《うし》刻（午前一時から三時）に末に復したというので、実資は、「時刻は頗る違った。ところが、勘文《かんもん》に合ったと称さなければならない」と記している。

ところが十七日、この月蝕が後一条天皇の本命宿《ほんみようしゆく》（宿曜で定められたそれぞれの人の星宿《せいしゆく》）で蝕したことが判明した。計算上は女宿《じよしゆく》（みずがめ座の西の部分）で蝕すはずだったのに、時刻が相違したために、その星宿を過ぎて蝕してしまったというのである。

証照《しようしよう》法師が来て云ったことには、「女宿で蝕すと、汝《なれ》（実資）の厄《やく》は、もっとも重かったでしょう。他の宿に於いて蝕したのは、重厄《じゆうやく》を脱したと称さなければなりません。希有《けう》のまた、希有のことです」ということであった。

これでひと安心かというと、実は蝕したのは水瓶座とペガサス座の境界にあたる危宿《きしゆく》という宿で、これは後一条の本命宿だったのである。これ以降、相撲節会《すまいのせちえ》や仁王会について、貴族たちは大慌てで対応している。

何を非科学的なことを気にしているのかと笑う資格は、現代人にもないはずである。これだけ天文学をはじめとする科学が発達してもなお、中世の「天文学」を基礎とした占星術などを信じている人がたくさんいるからである。「大安」や「仏滅」などは論外である。

実資は、関白頼通の諮問に、的確に答えている。このように、特に道長が死去してからは、頼通に全面的に信頼されていて、毎日のようにその顧問を務めている。なお、実資の次席の内大臣教通は、てんで頼りにならず、道長死去以降は、あたかも実資政権と称すべき様相を呈しているのである。

以上、『小右記』をかいつまんで読んできた。現存する五，二五五条、逸文三〇四条のなかからいくつかを選ぶのは、きわめて困難な作業であったが、それでもそのすごさの一端はおわかりいただけたものと思う。この本では、なるべくこれまでの著書で触れていない記事、そして読んで意味の通りやすい記事を選んだが、『小右記』の本質は、あくまで詳細にして精確な儀式や政務の次第である。この本を読まれた方は、是非とも『小右記』全巻の現代語訳をめくってみていただきたい。面白い記事のみ抜き出して解説した文庫版も刊行しているので（倉本一宏編『ビギナーズ・クラシックス　日本の古典　小右記』）、そちらもご覧いただきたい。

4　『左経記』と源経頼

ここからは藤原道長《みちなが》や藤原実資《さねすけ》の次の世代の古記録《こきろく》である。まずは源経頼《つねより》の記録した『左経《さけい》記《き》』である。経頼は宇多《うだ》源氏として寛和《かんな》元年（九八五）に生まれた。祖父は左大臣源雅信《まさのぶ》、父は参議左大弁扶義《すけよし》、母は光孝《こうこう》源氏の源是輔《これすけ》の女《むすめ》。ということは、道長の嫡妻《ちゃくさい》である源倫子《りんし》の甥《おい》にあたる。とはいえ、彼の門流はすでに実務官人を歴任する家柄となっていた。経頼も長徳《ちょうとく》四年（九九八）に従五位下に叙されて以来、少納言・蔵人・弁官などを歴任した。

長元《ちょうげん》二年（一〇二九）に四十五歳で後一条《ごいちじょう》天皇の蔵人頭《くろうどのとう》に補され、翌長元三年（一〇三〇）に参議に上った。長暦《ちょうりゃく》三年（一〇三九）、参議兼左大弁として五十五歳で死去した。

約二十五年間にわたって弁官を務め、太政官《だいじょうかん》政治の実務に精通するとともに、地方官としても治績をあげた能吏《のうり》才官であった。有能精勤で知られ、源家流儀礼の習得に努めるかたわら、公私にわたり藤原道長・頼通《よりみち》・実資・公任《きんとう》・行成《ゆきなり》らに接近してその儀礼説を熱心に学び、『西《さい》宮記《きゅうき》』勘物《かんもつ》（青縹書《あおひょうしょ》）を作成した。法令文書集である『類聚符宣抄《るいじゅうふせんしょう》』も経頼が編纂《へんさん》に深く関わったものと推定される。

『左経記』や経頼の故実《こじつ》学は、後に源俊明《としあきら》・能俊《よしとし》・俊雅《としまさ》たちの高明《たかあきら》流醍醐《だいご》源氏の子孫をはじめ、藤原頼長《よりなが》・忠親《ただちか》たち平安末期の公卿《くぎょう》間に影響を与えたという（『平安時代史事典』による。清水潔氏執筆）。

経頼の日記である『左経記』の記名は、参議左大弁源経頼の官と名を一字ずつとったもの。『糸束記《しそくき》』とも称される。『経頼記《つねよりき》』『故経頼左大弁記《こつねよりさだいべんき》』などとも呼ばれる。散《さん》逸《いつ》した年が多く、長和《ちょうわ》五年（一〇一六）から長元八年（一〇三五）までの日次《ひなみ》記《き》と、長元二年から長元九年（一〇三六）までの凶事を後人が部類した『類聚雑例《るいじゅうざつれい》』が残る。逸文《いつぶん》を合わせると、寛弘《かんこう》六年（一〇〇九）から長暦三年まで記されていたことが知られる。摂関《せっかん》政治全盛期の実務官人の活動を知るための重要史料である。

また、長元元年（一〇二八）に起こった平忠常《ただつね》の乱に関する重要な史料でもある。写本は、内閣文庫《ないかくぶんこ》本（秘閣《ひかく》本）がもっとも具備しており、他に静嘉堂《せいかどう》所蔵本・東洋文庫《とうようぶんこ》岩崎本・宮内庁《くないちょう》書陵部《しょりょうぶ》本・陽明文庫《ようめいぶんこ》本・（東京）教育大学《きょういくだいがく》本などの諸本がある（『国史大辞典』による。林幹弥氏執筆）。九条家《くじょうけ》本も四年分が残る（宮内庁書陵部蔵）。

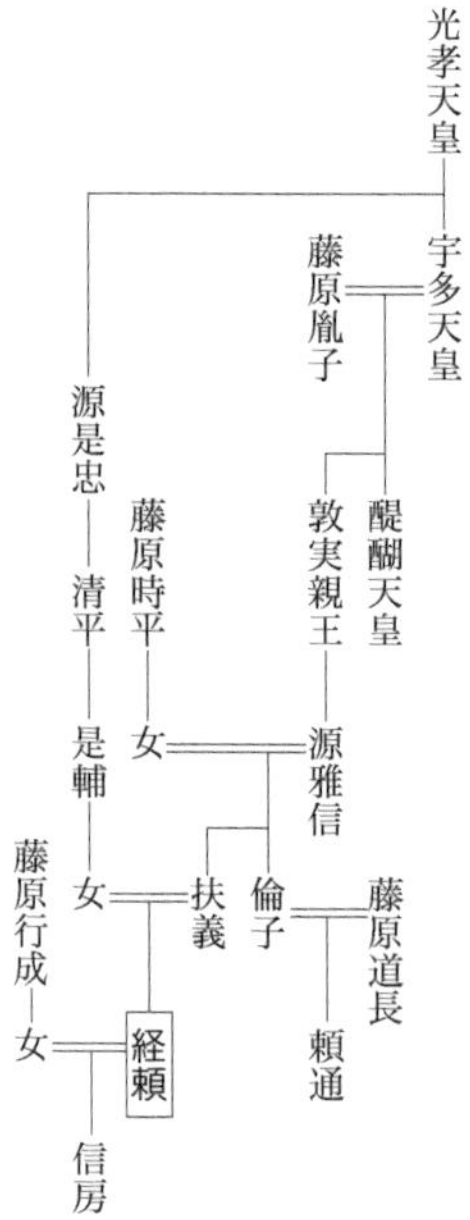

それでは、いくつかの記事を見ていくことにしよう。本文は、『大日本史料』の該当記事によるものとするが、九条家本の写真版や、秘閣本を底本とした増補「史料大成」刊行会編『史料大成 左経記』も参照した。意により文字や句読点を改めた場合もある。ちなみに、現存する一，六五七条、逸文二三〇条は、合わせて訓読文で五七万六六〇一字である（一条あたり平均三〇六字）。

年次	西暦	天皇	年齢	主な出来事
寛和元	九八五	花山	一	誕生
寛弘六	一〇〇九	一条	二五	日記始まる
七	一〇一〇		二六	少納言
長和三	一〇一四	三条	三〇	左少弁
五	一〇一六	後一条	三二	蔵人
寛仁三	一〇一九		三五	右中弁
四	一〇二〇		三六	権左中弁
治安三	一〇二三		三九	左中弁
長元二	一〇二九		四五	右大弁兼蔵人頭
三	一〇三〇		四六	参議兼右大弁
長暦二	一〇三八	後朱雀	五四	参議兼左大弁
三	一〇三九		五五	日記終わる／薨去

長和五年（一〇一六）五月十六日条（秘閣本・国立公文書館蔵）　大嘗会行事所の印／陣定

早旦悠紀行事史津守致孝来向云、夜部式部史生為以行事所に来申云、書博士賀陽為政・安倍惟忠等皆以城外。仍不レ堪二召進一者。為二之如何一者。余云、先例如何。史答云、寛弘度、依レ無二書博士一、以二大博士為忠一令レ進二印字様一云。余答云、只今申二検校上一可二左右一。但且可レ遣三召大博士貞清一也者。即参二上卿御許一、申二書博士城外由一。即被レ仰云、前日右大将被レ示云、寛弘度、書博士等皆以城外。忽雖レ不レ尋二旧例一、大博士是明経惣儒也。於レ令レ進何難之有や思て、令三為忠進二字様一了。以二後日一尋三見先例一、已有二其例一者。然者准二寛弘例一可レ被レ行者。即参二行事所一。重遣三召貞清一。不レ経二幾程一、書二印字様一、付二使者一奉レ之〈即令レ申云、依レ有二所労一、親自不レ参者。〉。即主基弁相共、持二字様文一、参二検校御許一令レ覧。了帰三著行事所一、下レ史。先レ是、作物所預皇太后宮大属丸部宿禰兼善率二彫物工等一、候二行事所一。臨二午二点一、有レ召著レ座〈兼善著二客座一。工等著二西廂一。主基方作物所預内蔵允宇治良明雖二参候一、申レ障不レ著レ座。但工等同候レ座。各彫二作印等一〉。退出参二左府一。卅講結願也。仍僧等各施二宿装束一具一。事訖上達部引被レ参レ陣。有二事定一〈諸寺別当。頭弁給二申文等一、伝三下右府一。次第見三下申文等一之後、各被レ挙三申其堪不之由一。右府以三各被レ申旨一、令二頭弁奏一。即摂政殿一定之由被二定仰一。頭弁下三申右府一。即下二宣旨一。此次被レ下二阿闍梨・維摩講師等宣旨一之。〉。次有二諸国々司申請雑事等定一〈藤宰相執筆。〉。夜及二深更一、不レ堪二清書一。諸卿各退出。

早朝、悠紀《ゆき》の行事の史《し》である津守致孝《つもりのむねたか》が来向して、云ったことには、「夜分、式部史生（姓不明）為以《ためもち》が行事所《ぎようじしよ》に来て、申して云ったことには、『書博士賀陽為政《かやのためまさ》と安倍惟忠《これただ》は、皆、城外《じようがい》にいます。そこで召し進めることができません』ということでした。これを如何《いかが》しましょう」ということだ。私が云ったことには、「先例は如何か」と。史が答えて云ったことには、「寛弘の際には、書博士がいなかったので、大博士《だいはかせ》（惟宗《これむねの》）為忠《ためただ》に印の字様《じよう》を進上させました」と云うことだ。私が答えて云ったことには、「ただ今、検校所《けんぎようしよ》の上卿《しようけい》（藤原公任《きんとう》）に申して、処置するように。但しまずは大博士（中原）貞清《さだきよ》を遣わし召すべきである」ということだ。すぐに上卿の御許《もと》に参って、書博士が城外にいることを申した。すぐにおっしゃられて云ったことには、「前日、右大将（藤原実資）が伝えられて云ったことには、『寛弘の際には、書博士たちは、皆、城外にいた。すぐに旧例を調べなくても、大博士はこれは、明経道《みようぎようどう》の中心となる学者である。「進上させたとしても、何の非難が有るであろうか」と思って、為忠に字様を進上させた。後日、先例を調べて見たところ、すでにその例が有った』ということであった。そうであるので、寛弘の例に准じて行なわれるべきである」ということだ。すぐに行事所に参った。重ねて貞清を遣わし召した。幾《いく》ばくも経ず、印の字様を書き、使者に託してこれを奉った〈そこで申させて云ったことには、「病悩が有りますので、自らは参りません」ということであった。〉。すぐに主基《すき》の弁と一緒に字様の文を持って、検校の御許に参り、覧《み》せた。終わって行事所に帰り着し、史に下した。これより先に、作物所《つくもどころ》預《あずかり》の皇太后宮大属丸部宿禰《わにべのすくね》兼善《かねよし》が彫物工《ほりものたくみ》たちを率いて、行事所に伺候《しこう》していた。午《うま》二刻（午前十一時半から午後〇時）に臨んで、召しが有って、座に着した〈兼善は客座《きやくざ》に着した。工たちは西廂《にしびさし》に着した。主基方の作物所預の内蔵允《くらのじよう》宇治良明《よしあき》は、参って伺候していたとはいっても、障りを申して、座に着さなかった。但し工たちは、同じく座に伺候した。各々《おのおの》、印を彫って作った。〉。退出して、左大臣（藤原道長）の許に参った。法華三十講《ほつけさんじつこう》の結願《けちがん》であった。そこで僧たちに各々、宿装束《とのいしようぞく》一具《よろい》を施した。講が終わって、公卿は連れだって陣座《じんのざ》に参られた。さまざまな事を議定《ぎじよう》することが有った〈諸寺の別当。頭弁（藤原経通《つねみち》）が申文《もうしぶみ》を給わって、右大臣（藤原顕光《あきみつ》）に伝えて下した。順番に申文を見下した後、各々、その堪えられるかどうかについて推挙し申した。右大臣は各々の申された趣旨を、頭弁を介して奏上させた。すぐに摂政殿（道長）は、決定したことを定め仰せられた。頭弁は右大臣に下し申した。すぐに宣旨《せんじ》を下した。このついでに、阿闍梨《あじやり》と維摩会《ゆいまえ》講師《こうじ》の宣旨を下された。〉。次いで諸国の国司が申請したさまざまな事の議定が行なわれた〈藤宰相（藤原公信《きんのぶ》）が執筆《しゆひつ》を務めた。〉。深夜に及んで、清書《せいしよ》することができなかった。諸卿は、各々、退出した。

この年、正月に位に即《つ》いた後一条天皇の大嘗会《だいじようえ》が十一月に行なわれることになっていた。その実務を取りしきる行事所が四月に設置されたが、この行事所が発給する公文書《くもんじよ》には公印の捺《なつ》印《いん》が必要である。

その印の字様（字の見本）を書くべきなのは、本来は書博士なのだが、二人とも城外（平安京の外）にいて、これを進上することができなかった。そこで経頼が史に先例を問うと、寛弘八年（一〇一一）に三条《さんじょう》天皇の大嘗会の際に大博士（儒教《じゅきょう》の経書《けいしょ》を教授する明経博士）に書かせたという先例を答えた。経頼は、行事所に赴いて上卿の公任にそのことを伝えさせた。公任は、前日に儀式の権威である従兄《いと》弟《こ》の実資に聞いていた。実資は寛弘八年の際の上卿を務めていたのである。実資のお墨付きを得られれば、もう大丈夫と考えた経頼は、大博士中原貞清にこれを書かせ、彫物工に命じて印を作らせた。

その後、経頼は、道長の土御《つちみ》門第《かどてい》で行なわれていた法華三十講の結願に参列して、招請した僧たちに禄を施与する役を務めた。

それが終わって、内裏の陣座に参り、さまざまな事項（諸寺の別当、阿闍梨と維摩会講師、諸《しょ》国申請雑事《こくしんせいぞうじ》）を議定した。それが終わった時には深夜となっていたので、議定の議事次第を列挙する定文《さだめぶみ》を清書することはできず、公卿たちは退出した。

経頼は大嘗会行事所の行事（実務を担う中級官人）、また左少弁・五位蔵人として、これらの準備や公卿間の連絡にあたった。これはこの日だけのことではなく、このような激務が連日続いていたのである。

寛仁四年（一〇二〇）六月十六日条（秘閣本・国立公文書館蔵）　一条天皇の遺骨改葬

天陰。時々細雨。及二午後一有レ召、参レ内。下二御簾一。無二音奏一。故一条院御骨為レ避二方忌一、年来奉レ置二円成寺一。而依二方開一、主計頭吉平朝臣奉レ仰、可レ奉レ置二御骨一之処、卜二鎮円融寺辺一。今日奉レ渡〈太宮少進季任朝臣奉レ持二御骨一云々。是依レ為二彼院判官代一也。〉。仍今日許下二御簾一、止二音楽一。余奉二仕朝夕陪膳一〈無二警蹕一。〉。風聞、入道殿御二坐円成寺一、被レ行二諷誦一。布施絹卅疋〈為レ訪二仙院御幽骨一也云々。〉。以二戌剋一奉レ遷二御骨於円融寺北方一〈円融院御陵辺也。〉。其儀、御骨壺奉レ納二小塔一。納二韓櫃一、僧四人荷レ之。季任朝臣親奉レ副レ之。中宮大夫・太皇太后宮大夫・兵衛督・式部大輔〈広業。〉等歩行供奉。皆是御存日近習人也。入道殿入レ夜自二円成寺一帰京云々。関白殿被レ行二万僧供一云々。

天が曇った。時々、細雨が降った。午の後刻（午後〇時から一時）に及んで、召しが有って、内裏に参った。御簾《みす》を下ろした。音奏《おんそう》は無かった。故一条院《いちじょう》の御骨は、方忌《かたいみ》を避ける為に、何年来、円成寺《えんじょうじ》に置き奉っていた。ところが方忌が開いたので、主計頭《かずえのかみ》（安倍）吉平朝臣《よしひらあそん》が仰せを承って、御骨を置き奉ることになる処を、円融寺《えんゆうじ》の辺りと卜し鎮めた。今日、渡し奉った〈「太宮少進（藤原）季任《すえとう》朝臣が、御骨を持ち奉った」と云うことだ。これはあの院の判官代であるからである。〉。そこで今日だけは、御簾を下ろし、音楽を止めた。私は朝夕の陪膳《ばいぜん》を奉仕した〈警蹕《けいひつ》は無かった。〉。風聞《ふうぶん》したことには、「入道殿（道長）は円成寺にいらっしゃり、諷誦《ふじゅ》を行なわれた。布施《ふせ》は絹三十疋《ぴき》〈『仙院《せんいん》（一条院）の御幽骨《ゆうこつ》を訪ねる為である』と云うことだ。〉。戌刻《いぬ》（午後七時から九時）に、御骨を円融寺の

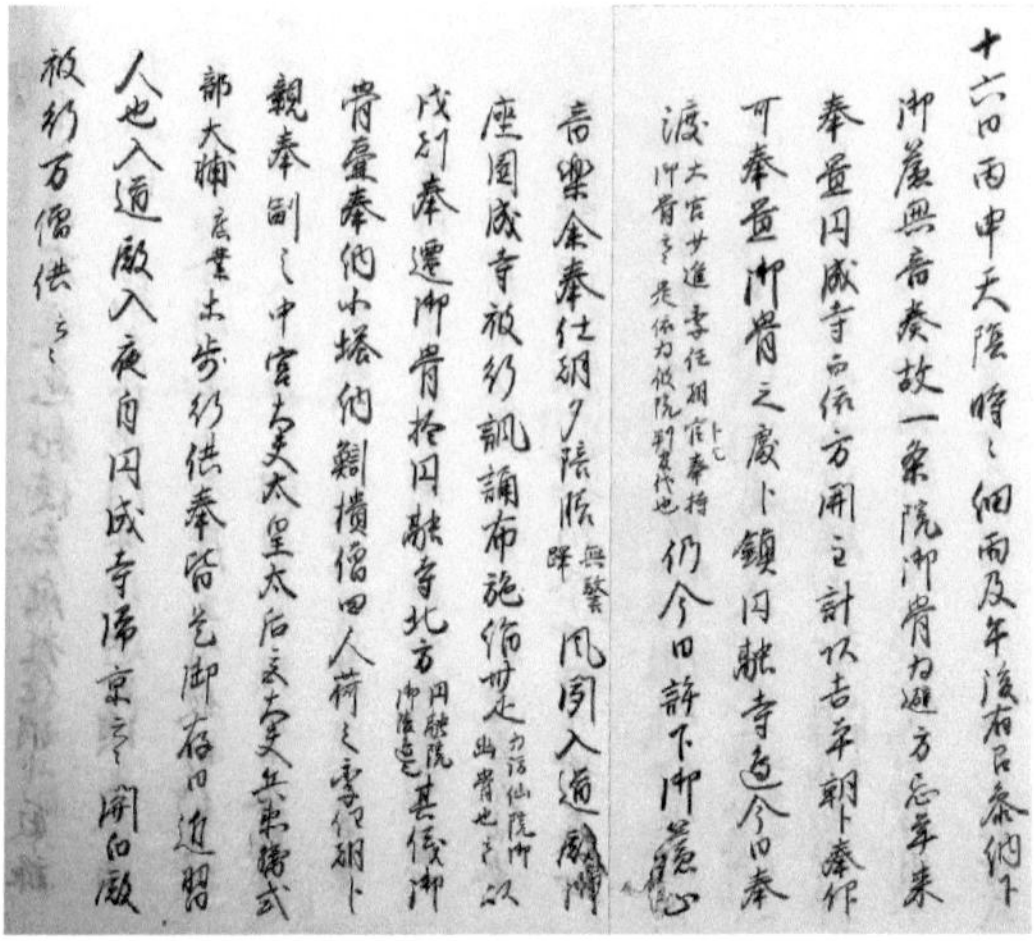

『左経記』（秘閣本．国立公文書館蔵）

北方〈円融《えんゆう》院の御陵の辺りである。〉に遷《うつ》し奉った。その儀は、御骨壺を小塔に納め奉った。唐櫃《からびつ》に納めて、僧四人がこれを荷《にな》った。季任朝臣は自らこれに添い奉った。中宮大夫（藤原斉信《ただのぶ》）・太皇太《たいこうたい》后宮大夫《ごうぐうだいぶ》（源俊賢《としかた》）・兵衛督（公信）・式部《ぶ》大輔（藤原）広業《ひろなり》。〉が、歩行して供《ぐ》奉《ぶ》した。皆、これは御存生《ぞんじょう》の日の近習《きんじゅう》の人である。「入道殿は、夜に入って、円成寺から帰京した」と云うことだ。「関白殿（頼通）は万僧供《まんぞうく》を行なわれた」と云うことだ。

寛弘八年（一〇一一）に死去し、土葬して円融《えんゆう》陵の側《そば》に埋めてほしいという日ごろの希望を忘れた道長たちによって火葬された一条天皇の遺骨は、円融陵の方角には方忌があるというので、東山の円成寺に仮安置され、三年後に円融陵の側に改葬することになった。

ところが一条の遺骨は、三年後どころか、九年も経った寛仁四年にいたって、ようやく円融《えんゆう》寺《じ》（現竜安寺《りょうあんじ》）の北方に遷された。一条の葬送《そうそう》の際に各儀式の行事を務めた藤原季任が、この時も遺骨を持ち、斉信・俊賢・公信・広業といった「御存の日に近習の人」が歩行して供奉した。一方、「入道殿」道長は、「仙院の御幽骨を訪ねる為」、円成寺に赴き、諷誦を修していた。

現在、竜安寺北方の朱山《しゅうやま》（主山とも）山腹の春日谷《かすがだに》に、「一条天皇円融寺北陵《えんゆうじのきたのみささぎ》・堀河《ほりかわ》天皇後円教寺陵《のちのえんきょうじのみささぎ》」なる「陵墓」が同じ陵域に治定《じじょう》されているが、これはもともとは朱山古墳をはじめとする古墳時代後期の古墳群であったものを、幕末に谷森善臣《たにもりよしおみ》らによってこの地に考定され、元治《げんじ》元年（一八六四）と一九一二年（大正《たいしょう》元）に修補されたものである。

長元元年（一〇二八）六月二十一日条（秘閣本・国立公文書館蔵）　平忠常追討使定／天台座主を補す／中宮の盆供

参レ内。右大臣・内大臣・中宮両大夫・権大納言・左衛門督・源中納言・春宮権大夫・左右兵衛督・左宰相中将・新宰相等参入。於二左仗一定下奏居二住下野一平忠常等可二追討一人々上、上達部申二伊勢前守頼信朝臣堪レ事之由一。而仰下以二右衛門尉平朝臣直方・志中原成通等〈共検非違使。〉一可レ遣之由上。右大弁奉レ勅伝宣。則仰レ史云々。今朝源納言被レ示、昨日入レ内、召二少納言惟忠一賜二山座主宣命一。而依二昏黒一今日可レ登レ山之由云々。今朝従二座主許一示送云、昨日宣命使不レ登。定知今日登歟。而申日也。非レ無二事忌一。可レ然者明日可レ登レ山之由、被レ仰如何者。則示二少納言一了者。入レ夜参二関白殿御宿所一。申二承雑事一之次仰云、山座主宣命使依レ為二申日一、明日可レ登レ山之由云々。明日誠雖レ不レ置二国忌一、已当時御斎食日也。尤忌避之日也。申日行二吉事一之例、古今甚以多々也。就中少納言給二宣命一、送二数日一未レ聞事也者。所レ被レ仰旨頗理也。余申云、宮今年可レ有二御盆事一歟。仰、人々云、或従二忌年一可レ供者。或過レ年可レ供者。未二一定一。又々相尋可二一定一者。

内裏に参った。右大臣（実資）・内大臣（藤原教通《のりみち》）・中宮両大夫（斉信・藤原能信《よしのぶ》）・権大納言（藤原長家《ながいえ》）・左衛門督《さえもんのかみ》（藤原兼隆《かねたか》）・源中納言（源道方《みちかた》）・春宮権大夫《とうぐうごんのだいぶ》（源師房《もろふさ》）・左右兵衛督（経通・源朝任《あさとう》）・左宰相中将（藤原資平《すけひら》）・新宰相（藤原公成《きんなり》）が参入した。左仗座《さじょうのざ》に於《お》いて、下野《しもつけ》（下総《しもうさ》か）に居住する平忠常を追討する人々を定めて奏上した。上達部は伊勢前守（源）頼信《よりのぶ》朝臣が、この事に堪えるということを申した。「ところが、右衛門《えもんの》尉《じょう》平朝臣直方《なおかた》と右衛門《えもんのさかん》志　中原成通《なりみち》〈共に検非違使《けびいし》。〉を遣わすようにということを命じられた。右大弁（藤原重尹《しげただ》）が勅を承って伝宣《でんせん》した。そこで史に伝えた」と云うことだ。今朝、源納言（道方）が伝えられたことには、「昨日、内裏に入って、少納言（藤原）惟忠《これただ》を召して、天台座主《てんだいざす》の宣命《せんみょう》を賜わった。ところが、『日没になったので、今日、比叡山《ひえいざん》に登るとのことだ』と云うことだ。今朝、座主（慶命《きょうみょう》）の許から伝え送って云ったことには、『昨日、宣命使は登らなかった。きっと思うに、今日、登るのであろうか。ところが申《さる》の日である。事の忌みが無いわけではない。そうであるのならば、明日、山に登るよう伝えられては如何か』ということであった。そこで少納言に伝えておいた」ということだ。夜に入って、関白殿の御直廬《じきろ》に参った。雑事を申し承るついでに、おっしゃって云ったことには、「天台座主の宣命使は、申の日であるので、明日、山に登るとのことだ」と云うことだ。「明日、誠に国忌《こき》を置いていないとはいっても、すでに後一条天皇の御斎食《さいじき》の日である。もっとも忌避《きひ》する日である。申の日に吉事《きちじ》を行なった例は、古今、甚だ多いのである。特に少納言が宣命を給わって数日を送ることは、未《いま》だ聞いたことのない事である」ということだ。おっしゃられた趣旨は、頗《すこぶ》る道理である。私が申して云ったことには、「中宮（藤原威子《いし》）は今年、御盆供《ぼんぐ》を行なうのでしょうか」と。おっしゃったことには、「人々が云ったことには、『或《ある》いは忌年《きねん》から供すべきである』ということだ。『或いは年を過ごして供すべきである』ということだ。未だ一定していない。またまた、調べて決定しなければならない」ということだ。

この年、上総権介《かずさのごんのすけ》平忠常は、安房国府《あわこくふ》を襲撃し、安房守平惟忠《これただ》を焼殺したのである（『応徳元年皇代記《おうとくがんねんこうだいき》』）。前年十二月の道長の死を承《う》けたものであると思われる。また、この忠常は、関白頼通の同母弟である内大臣教通を私君と仰いでいた。

この動きに対して朝廷《ちょうてい》では、六月十八日に追討使《ついとうし》の派遣が定められ（『小記目録《しょうきもくろく》』）、この二十一日の陣定《じんのさだめ》において、追討使の人選が議された。『左経記』によると、公卿たちは源頼信を定めて後一条天皇に奏上したが、結果は検非違使である平直方と中原成通を派遣することになったという。律令など法令に詳しい明法《みょうぼう》官人である成通が選ばれたのは恒例であるとはいえ、何故に後一条と頼通は、頼信ではなく直方を選んだのであろうか。

一つには、直方と父の平維時《これとき》が頼通の家人《けにん》であったこと、また頼信が小野宮《おののみや》家の実資の家人でもあったこと、そして何より、『今昔物語集《こんじやくものがたりしゆう》』の説話を信じるならば、頼信がすでに忠常を臣従《しんじゆう》させているだけに、今回の反乱をうやむやにする恐れがあったからだと言われている（野口実『坂東武士団の成立と発展』）。

直方にとっては、この追討は南関東の覇を争う貞盛《さだもり》流平氏と良文《よしふみ》流平氏の決戦なのであった。本来ならば同列で争うべき相手に、国家権力を背景に追討というかたちで対し得るとすれば、勝利は容易であり、勢力圏の拡大の他に国家からの恩賞も期待できると考えたのであろう（野口実『坂東武士団の成立と発展』）。

ところが、追討使ははかばかしい戦果を挙げることができなかった。現地に下向した後、合戦らしい合戦はなく、戦果のないまま、追討使はいたずらに歳月を費していたのである（下向井龍彦『武士の成長と院政』）。

結局、長元三年七月になって、朝廷は追討使の召還《しようかん》を決定し（『小記目録』）、九月二日に後任に選ばれたのは、忠常の私君である頼信であった（『小右記』『日本紀略』）。

頼信は長元四年の春に下向した。そして忠常と折衝をはかったようである。当初から戦闘を行なうつもりはなかったのである。四月、忠常は子二人と郎等《ろうどう》三人をともなって、いまだ甲斐《かい》にあった頼信の許に帰降した。

頼信は、忠常や子息を随身《ずいじん》して上京の途に就き、美濃《みの》国に到ったが、忠常は五月二十八日から重病を患い、六月六日に野上《のがみ》（現不破郡関ケ原町）で病死した。

後文では、天台座主を補したものの、それを伝える宣命使は、縁起の悪い申の日であるので、翌日に比叡山に登ることになったという経緯、喪中であった中宮威子の盆供を行なうべきかどうかについて、各所から意見を聞いている。

長元四年（一〇三一）九月二十日条（秘閣本・国立公文書館蔵）　賀茂斎院出家の意向

天晴。不二他行一。及二亥剋一斎院長官以康朝臣来向云、院御消息云、依二年来本意一、来廿五日許欲二遁去一。而関白聞給、女院御共彼日可レ詣二石清水等一。若有二如レ然之事一、甚無レ便歟云々。仍縮二彼日一、明後日可二遁世一也者。令レ申二承了之由一。愚案、是不レ可レ奉二抑留一。人事皆有二其運一歟。就中前日、今年可レ吉之旨、有二夢相一之由有レ仰。神慮難レ知。何申二左右一乎。

天が晴れた。他行《たぎょう》しなかった。亥《い》刻（午後九時から十一時）に及んで、斎院長官（平）以康《もちやす》朝臣が来向して云ったことには、「斎院《さいいん》（選子《せんし》内親王）の御書状に云ったことには、『長年の本意《ほい》によって、二十五日のころに出家《しゅつけ》したい』とのことでした。ところが関白がおっしゃられたことには、『その日は女院《にょういん》（藤原彰子）の御供に石清水《いわし みずはちまんぐう》八幡宮などに参詣する日である。もしもそのようなことが有ったら、はなはだよろしくないことではないか。そこで出家の日を早め、明後日に出家すべきである』とのことでした」と。私は「承った」

賀茂斎院故地（櫟谷七野神社）

ということを申させた。考えるに、この出家は留《とど》めるべきではない。人の事というものは、皆、その運が有るのではなかろうか。特に、前日、「『今年、出家することが吉である』との夢想《むそう》の告げが有った」と、斎院の仰せが有った。神慮《しんりよ》は知り難い。どうしてあれこれ申すことができようか。

斎院は賀茂《かも》斎院《さいいん》の選子内親王である。村上《むらかみ》天皇の第十皇女として康保《こうほう》元年（九六四）に生まれ（母は中宮藤原安子《あんし》。なお安子は選子を産んだ五日後に死去している）、天延《てんえん》三年（九七五）に十二歳で賀茂斎王《さいおう》に卜定《ぼくじょう》され、以後五十六年にわたって、五代の天皇の斎院にあり、「大斎院《だいさいいん》」と称された。

その選子が、今年中に出家した方がよいとの夢を見たのである。彼女は翌朝、斎院長官に書状を送り、二十五日に出家するという意向を示した。その報を得た関白頼通以下の動きが始まるのである。頼通は、二十五日は上東門院《じょうとうもんいん》彰子の石清水詣《いわしみずもうで》と重なるので、二十二日に出家すべきであるとの意を経頼に示している。

結局、選子は二十二日に密《ひそ》かに斎院を退下《たいげ》し、二十八日に出家するのであるが、この突然の出家に対して、誰も動揺することなく、淡々と選子の「本意」に協力しているかの観がある。五十六年も続いた選子の斎院について、宮廷社会の全員が、「もうそろそろ……」という考えを持っていたのではないかと想像される。

選子の夢想であるが、彼女にしても五代の天皇の斎院を務めており、六十八歳という年齢と病がちな日々を考えると、そろそろお役を免ぜられたいという希望を抱いていたであろうことは、十分に考えられるところである。すでに八月十日に、今月中に出家するという噂が広まっており、出家に関する夢も、何度も見ていたのかもしれないが、この辺が潮時と考えた時点で、それを言い出し、皆がそれに従ったといったところであろう（倉本一宏『平安貴族の夢分析』）。

蔵人頭兼右大弁となっていた経頼は、淡々と関白頼通との連絡にあたり、選子に奉仕している。

長元七年（一〇三四）八月九日条（秘閣本・国立公文書館蔵）　台風の暴風雨

天陰。自二昨日一降雨之中、終夜・終日殊甚。定有二田舎愁一歟。及二晩景一自レ艮風漸扇、入レ夜東風大吹。所々舎屋并中門等多以損破。及二夜半一之間風成レ巽、其勢甚盛。樹木・中門屛・所々雑舎、悉以顚破。成人之後未レ見二如レ此之風一。及レ暁成二南風一、其勢漸休。

天が曇った。昨日から雨が降っている中で、終夜・終日、特に甚《はなはだ》しかった。きっと田舎《でんしや》の愁いが有るであろう。晩方に及んで、北東から風が徐々に吹き、夜に入って、東風が大いに吹いた。所々の舎屋および中門は、多く破損した。夜半に及んだ際、風は南東となり、その勢いは甚だ盛んであった。樹木・中門の屛《へい》・所々の雑舎は、すべて顚破《てんは》した。私が成人した後、未だこのような風を見たことがない。暁に及んで、南風となり、その勢いは、ようやく衰えた。

この年の八月八日（ユリウス暦九月二十三日）から吹き始めた暴風雨は、おそらく大きな台風だったのであろう。当時は台風を予測することはできず、突然に暴風雨となり、翌朝には収まっている台風は、さぞかし恐怖の対象だったことであろう。

当時の建築は柔構造で、地震には比較的強いのであるが、火災や暴風雨には弱かった。屋根が軽い檜皮葺《ひわだぶ》きの建築は、燃えやすく、しかも風に吹き上げられやすいのである。

経頼は、きっと田舎（地方）の愁いがあるのではないかと心配している。九日の晩から北東の風が吹き、夜には東風が吹いた。夜半のころには南東風となって、勢いは盛んとなった。十日の暁には南風となって、勢いは衰えた。

十日が明けると、被害が明らかになってきた。地方の被害は報告されてこなかったが、京内の大小の屋舎や門は顛破し、人畜は多く打たれて死んだ。頭中将源隆国《たかくに》の宅では西板屋が顛倒《てんとう》し、下人《げにん》多数が下敷きになって、雑仕女《ぞうしめ》とその児が死去した。経頼が内裏に参入すると、門や廊、舎屋が、皆、顛倒していた。また、淀《よど》川のあちこちで洪水が発生し、人畜や屋財が多く損死し、諸国の船も流れてしまった。

このような状況でも、この日に予定されていた定考《こうじょう》や釈奠《せきてん》といった行事をどうやって行なうかを算段している彼らは、本当に天晴《あっぱ》れな存在である（倉本一宏『平安京の下級官人』）。それにしても、上陸した台風が平安京を直撃することは少なかったと思われるが、古記録に記されることのない各地方がどのような被害を受けていたのか、経頼ならずとも気になるところである。

以上、『左経記』の記事を眺めてきた。道長の『御堂関白記』や行成の『権記』、実資の『小右記』のように、権力中枢の深奥に接することはなかった経頼であったが、朝廷の政務や儀式は、このような実務官人や、さらに下位の下級官人たちの連日連夜の奮闘によって支えられていたことは、容易に読み取ることができたものと思う。

5　『春記』と藤原資房

最後に、藤原実資《さねすけ》の嫡養子であった資平《すけひら》の嫡子、つまり小野宮《おののみや》家の嫡流である資房《すけふさ》の記録した『春記《しゆんき》』を見ていくことにしよう。

資房は、資平の嫡男として、寛弘《かんこう》四年（一〇〇七）に生まれた。母は藤原知章《ともあきら》の女《むすめ》。ただ、小野宮家には往年のように道長《みちなが》—頼通《よりみち》といった九条《くじよう》流に対抗するだけの勢威はなく、故実《こじつ》を記録する家として生き残るしかなくなっていた。道長長女の彰子《しようし》が一条《いちじよう》天皇の皇子を懐妊《かいにん》し、道長家の栄花が確立することになる寛弘四年に資房が生まれたというのも、まことに皮肉なことである。

資房も近衛府の次将（少将・中将）を歴任するという、当時の名門貴族のコースを歩み、長暦《ちようりやく》二年（一〇三八）に三十二歳で後朱雀《ごすざく》天皇の蔵人頭《くろうどのとう》に補され、長久《ちようきゆう》三年（一〇四二）に三十六歳で参議に任じられて公卿《くぎよう》の地位に上った。実資の存命中は順調に官位が進んだが、その後は春宮権大夫《とうぐうごんのだいぶ》として尊仁《たかひと》親王（後の後三条《ごさんじよう》天皇）と結びつき摂関《せつかん》家と対立する立場に立ったために不遇であった。加えて神経質でかつ病弱であった（『国史大辞典』による。龍福義友氏執筆）。結局、参議のままで据え置かれ、天喜《てんぎ》五年（一〇五七）、参議のまま、資平に先だって五十一歳で死去した。

資房の日記である『春記』は、「小野宮」と「資房」から各一字を取って『野房記《やぼうき》』、「資房」の各一部を取って『次戸記《じこき》』とも称される。『春記』の名は、資房が春宮権大夫を兼任していたことによる。欠巻が多く、また一年を通して遺《のこ》るものもない。万寿《まんじゅ》三年（一〇二六）から天喜二年（一〇五四）までの写本が断続的に伝存しているほか、九条家《くじょうけ》本や、多くの逸文《いつぶん》が知られている。蔵人頭としての後朱雀天皇と関白頼通との折衝などが詳細に記され、後期摂関政治を研究するうえでの重要史料である。

この時代は他に見るべき史料が少ないため、本記の史料的価値は高い。なかでも後朱雀天皇

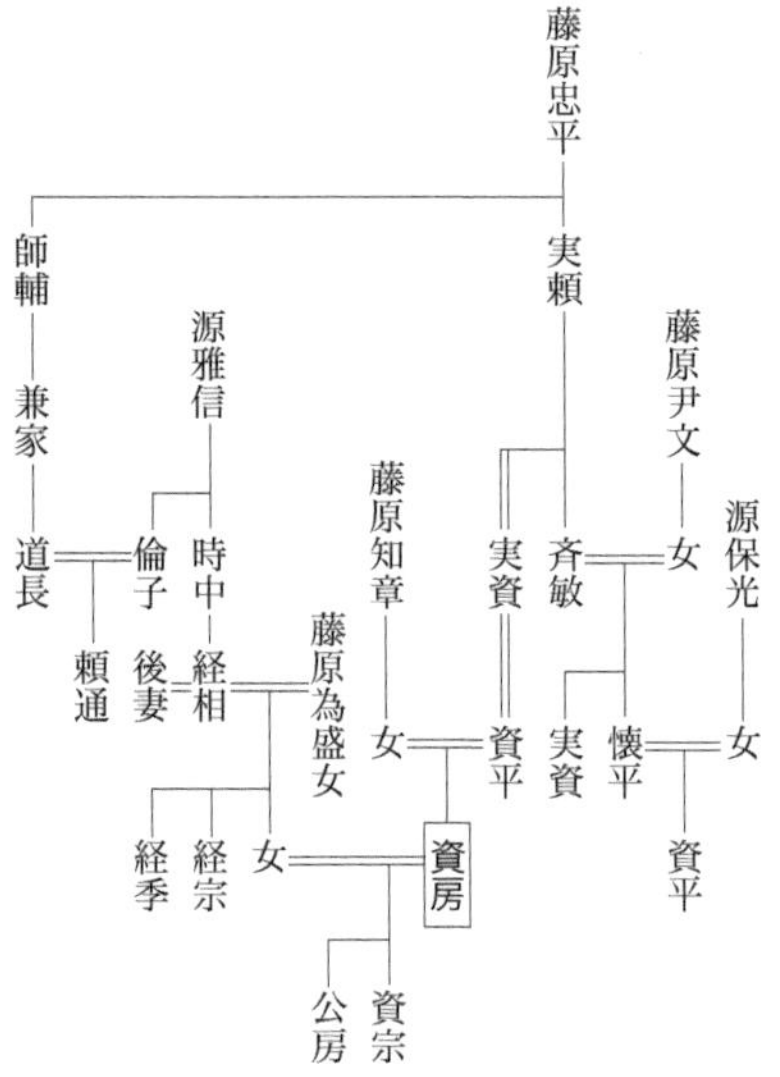

の長暦二～長久二年（一〇三八～四一）までの記は比較的まとまって伝わり、当時資房は蔵人頭の要職に任じられており、天皇と関白頼通の間を往反して政務・諸行事の実際に接していたため、本記によってはじめて頼通執政期の政情が明らかになる点が多い。

また、随所に頼通およびその近習《きんじゅう》に対する批判や、時勢への悲憤慷慨《ひふんこうがい》の言葉が記され、これが他の記録にない精彩を与えている。また頼通に対抗する藤原教通《のりみち》・能信《よしのぶ》らその兄弟の台頭など、摂関政治からやがて院政《いんせい》へと移行する時代の様相を記す点でも注目される。

主な古写本としては、平安時代末期書写の東寺《とうじ》旧蔵本が宮内庁書陵部《くないちょうしょりょうぶ》・京都国立博物館《きょうとこくりつはくぶつかん》・大谷大学《おおたにだいがく》に分蔵されているほか、書陵部所蔵九条家本《くじょうけ》（鎌倉時代写）、田中穣旧蔵本一巻（文化庁所蔵、同時代写）、尊経閣文庫《そんけいかくぶんこ》所蔵『花月百首撰歌《かげつひやくしゆせんか》』紙背《しはい》の永承《えいしょう》三年（一〇四八）記残簡《ざんかん》（鎌倉時代写）などがある（『平安時代史事典』による。山下克明氏執筆）。

それでは、いくつかの記事を見ていくことにしよう。本文は、丹鶴叢書《たんかくそうしょ》本を底本とした増補「史料大成」刊行会編『史料大成　春記』によるものとするが、意により文字や句読点を改めた場合もある。ちなみに、現存する四三九条、逸文二三〇条は、合わせて訓読文で五二万二九〇〇字である（一条あたり平均七八二字）。

年次	西暦	天皇	年齢	主な出来事
寛弘四	一〇〇七	一条	一	誕生
万寿二	一〇二五	後一条	一九	蔵人

三	一〇二六		二〇	右少将／日記始まる
長元二	一〇二九		二三	左少将
八	一〇三五		二九	左近権中将
長暦二	一〇三八	後朱雀	三三	蔵人頭
長久三	一〇四二		三六	参議
永承元	一〇四六	後冷泉	四〇	実資、薨去
天喜二	一〇五四		四八	日記終わる
五	一〇五七		五一	薨去

長暦三年（一〇三九）十月七日条（丹鶴叢書本・国立国会図書館蔵）　岳父の死と感慨

……参河守即世日也。寅剋許、家女来告㆓参州病危急由㆒。従㆓去夜㆒病悩。而不㆑令㆑知㆓外人㆒。只与㆓其妻㆒相忍病痛云々。極愚事也。予乍㆑驚向㆓其所㆒見㆑之。其病危急已在㆓一瞬㆒。予問云、病極重。存命太難。早可㆑被㆓出家㆒。又若有㆑所㆑思者、欲㆑聞㆓遺言㆒。其報云、更無㆑所㆑思。此外又無㆓言語㆒。已似㆑無㆓出家之心㆒。其舌已垂了、言語不㆑通。命不㆑可㆑過㆓漏剋㆒歟。仍且運㆓衣帯具并衣裳㆒、送㆓置督殿㆒。須㆑籠㆓其忌㆒也。然而身已為㆓蔵人頭㆒、尤有㆑憚。仍兼日皆有㆓此案㆒。先㆑不㆑触㆑穢、退所廻㆓思慮㆒也。相成為㆑令㆑服㆑薬来向。然而依㆓病危急㆒退出云々。寅三剋許、気息已絶了。其以前予退下了也。滅亡之事尤理也。然而必忽不㆑可㆑至㆓今日㆒也。悲慟之至、不レ知レ所レ為。予親附之後、十六ヶ年、于レ今雖二其志薄一、衣食等雑事、巨細皆在二彼人養顧一。又不レ異二父子一也。此二・三年以来、其心尋常、皆有二変改一。為二予等一一切無二懇志一。又為二子孫一如レ此之。是死命之譴近故歟。予須レ籠二其穢一也。且為レ報二其徳一、且又為二家途一也。而身已為二蔵人頭一。可レ難二進退一。又兼有二此案一。仍先所二退出一也。悲之又悲也。京蔵内已無二遺物一云々。縦雖レ有二少々一、彼妻可二推知一歟。没後事一切無レ所二定置一。只期二長久一、不レ存二死命一。今臨二危急一、言語不レ通。為二子孫一成二大愁一。是愚者之例事也。於レ今何為哉。所二徴置一之物等在二彼国一云々。而一切不レ令二運上一。此月子息雖レ諷二其由一、一切不二承引一云々。可レ然之運也。其妻、申二取関白一、下部可レ遣二彼国一云々。雖レ然為二子孫一有二何益一哉。……世路事已無二其計術一。但可レ任二運不一也。天道不レ断二其道一歟。相二遇経宗・経季等一。彼等云、遺物已如レ無。没後事等已以不レ足。又北方有二領之心一云々。是兼案也。……

……三河守《みかわのかみ》（源経相《のりすけ》）が死去した日である。寅刻《とら》（午前三時から五時）のころ、家の女房《にょうぼう》が来て、三河守の病が危急《ききゅう》であることを告げた。昨夜から病悩していた。ところが外の人に知らせなかった。「ただその妻と忍んで病痛していた」と云うことだ。極めて愚かな事である。私は驚きながらその所に向かい、これを見舞った。その病は危急であって、すでに死は一瞬のことである。私が問うて云ったことには、「病は極めて重い。存命は、はなはだ難しい。早く出家《しゅつけ》されるべきである。また、もし思うところが有るのならば、遺言《ゆいごん》を聞こうと思う」と。その報に云ったことには、「まったく思うところは無い」と。この他には、また言語は無かった。すでに出家の心は無いようである。その舌は、すでに垂れてしまっていて、言語は通じなかった。命は一刻を過ぎることはできないのではないか。そこでまずは衣帯《いたい》の具および衣裳《いしょう》を運んで、督殿《かんのとの》（藤原資平）の許《もと》に送って置いた。本来ならばその忌みに籠もらなければならないのである。ところが、我が身はすでに蔵人頭であって、籠もるのはもっとも憚《はばか》りが有る。そこであらかじめ、皆、この考えが有った。穢《けがれ》に触れない先に、退く所について思慮を廻《めぐ》らせたのである。「（和気《わけの》）相成《すけなり》が、薬を服用させる為に、来向した。ところが、病が危急であるので、退出した」と云うことだ。寅三刻（午前四時から四時半）のころ、呼吸はすでに絶えてしまった。それ以前に、私は退下《たいげ》したのである。死亡するというのは、もっとも道理である。ところが、必ず急に今日に至ることもなかったのである。悲慟《ひどう》の至りは、なすところを知らなかった。私が親附《しんぷ》された後、十六ヵ年、今はその志は薄いとはいっても、衣食などの雑事は、すべて皆、この人の養顧《ようこ》に頼っていた。また父子に異ならなかったのである。この二、三年来、その心は尋常ではあったが、皆、変改が有った。私たちの為に、一切、懇志《こんし》は無かった。また、子孫の為にも、そのようであった。これは死命《しめい》の責めが近い故であろうか。私は本来ならばその穢に籠もらなければならない。一つにはその徳に報いる為、一つにはまた、家の方策の為である。ところが我が身は、すでに蔵人頭である。進退は難しいであろう。また、あらかじめこの考えが有った。そこで先《ま》ず退出したものである。悲しみの、また悲しみである。「京内の蔵の内は、すでに遺った物は無い」と云うことだ。たとえ少々の物が有ったとしても、あの妻は、推して知るべきであろう。死後の事は、一切、定め置いたところは無い。ただ命が長いことを期し、死ぬことを知らなかった。今、危急に臨んで、言語は通じなかった。子孫の為に大いに愁いとなった。これは愚者《ぐしゃ》の通例の事である。今においては、何としよう。「任国《にんごく》で徴収して置いておいた物は、あの国にある」と云うことだ。「ところが一切、運び上げさせなかった。今月、子息がそのことを忠告したとはいっても、一切、承知しなかった」と云うことだ。そうなるべき運なのである。「その妻は、関白に申し取って、下《しも》部《べ》をあの国に遣わすことにした」と云うことだ。そうとはいっても、子孫の為に何の益が有るであろうか。……世渡りについては、すでにその計略は無い。但し運不運に任せるべきである。天道《てんどう》は、その道を断たないのではないか。（源）経宗《つねむね》と（源）経季《つねすえ》に会った。彼等が云ったことには、「遣った物は、すでに無いようなものです。没後の葬儀には、すでに足りません。また、北の方は、自分が領有する気持ちが有ります」と云うことだ。これはかねてから考えていたことである。……

資房は『小右記《しょうゆうき》』によれば十七歳で源経相の女と結婚し、この年、十六年が経《た》っていた。経相は宇多《うだ》源氏、時中《ときなか》の八男で、ということは道長の嫡妻《ちゃくさい》である倫子《りんし》の甥《おい》ということになる。『左経記《さけいき》』を記録した源経頼《つねより》とも姻戚《いんせき》となる。紀伊守《きいのかみ》、丹後守《たんごのかみ》、備前守《びぜんのかみ》、三河守を歴任し、この年、六十一歳で死去した。本条は、人の死の様子があたかも実況のように詳しく記録されている点が特徴的である。「ただ命が長いことを期し、死ぬことを知らなかった」というのも、人間の死というのは、まったくそういうものなのであろう。

資房は経相邸に婿入りして以来、ずっと経相に扶養されていた。しかし、この二、三年来、心は変改し、まったく懇志は無くなったという。

その原因は経相の妻にあるという。はじめ経相は藤原為盛《ためもり》の女と結婚したが、長元《ちようげん》三年（一〇三〇）にその妻を喪《うしな》った（『小右記』）。本条に見える妻は系譜不明の後妻である。その後妻が、経相が任地に残しておいた財物を独り占めして、経相の遺児も葬儀が営めない有り様だという（赤木志津子「藤原資房とその時代」）。

資房は『春記』で何度も、自身の健康状態や頼通の執政態度について愚痴《ぐち》を記録している。本条でも「我が身は、すでに蔵人頭である」と二度も記しているのが、その責任感と自意識を過剰に表わしている。しかし、もっとも身につまされるのは、その経済状況の困窮《こんきゆう》に関する記事である。こんなに勤務に精励しているのに、経済的に窮乏《きゆうぼう》しているというのは、とても他人とは思えない。

長久元年（一〇四〇）正月二十日条（九条家本・宮内庁書陵部蔵）　除目の有無

天晴。仰云、除目明日可レ行也。関白風病発動之由云々。今日間能加二療治一。明日必可二参入一之由、可レ仰二関白一者。予即参二彼殿一令レ申二此由一。被レ申云、風病不レ宜。雖レ然相扶可二参入一之由、可レ奏者。帰参令レ奏二此旨一了。即退レ蓬。未時許自二関白殿一有レ召。仍参入。此間内府

参入給。殿下相遇給被レ仰云、除目明日可レ被レ行也。右府可レ被レ参也。其由内々可二伝申一也。自風病頗宜。然而猶不快。今夜相試明日参入可レ随レ形也者。予参二彼殿一申二此由一了。右府被レ申二資頼給官事一。其事可レ不レ階歟。太不レ便事也。

天が晴れた。後朱雀天皇がおっしゃって云ったことには、「除目《じもく》を明日、行なうことになっている。『関白（頼通）は風病《ふうびょう》が発動したとのことだ』と云うことだ。今日の間に、よく治療を加えて、明日、必ず参入するよう、関白に伝えるように」ということだ。私はすぐに関白の邸第《ていだい》に参って、このことを申させた。申されて云ったことには、「風病は宜《よろ》しくない。そうであるとはいっても、我慢して参入するということを奏上するように」ということだ。帰り参って、この趣旨を奏上させた。すぐに拙宅に退出した。未《ひつじ》刻（午後一時から三時）のころ、関白殿から召しが有った。そこで参入した。このころ、内大臣（教通）が参入された。殿下《てんが》（頼通）は会われ、おっしゃられて云ったことには、「除目は明日、行なわれることになっている。右大臣（実資）が参られるべきである。そのことを内々に伝え申すように。私の風病は頗《すこぶ》る宜しい。ところがやはり不快である。今夜、試みて、明日、参入し、形どおりに行なうことにする」ということだ。私は右大臣の邸第に参って、このことを申した。右大臣は（藤原）資頼《すけより》の給官について申された。その事は、昇進されるべきではないのではないか。はなはだ都合の悪い事である。

本条は九条家本にのみ見られる記事で、『大日本史料』や『史料大成 春記』には収められていない。

翌二十一日に行なわれることになっている除目についての協議である。蔵人頭の資房は、後朱雀天皇、関白頼通、右大臣実資、内大臣教通の間の連絡にあたっている。連絡といっても、通信手段や交通手段のない当時、内裏やそれぞれの邸第を馳《は》せ回らなければならず、厳寒の候、その辛苦もいかばかりかと、同情を禁じ得ない。

なお、当時の内裏は京極院《きょうごくいん》（土御門第《つちみかどてい》）、頼通の邸第は高陽院《かやのいん》、教通の邸第は小《こ》二条第《にじょうてい》、実資の邸第は小《お》野宮《ののみや》、資房の邸第は小野宮北宅である。巻末の平安京図で確認して、資房に同情していただきたい。ついでに資頼の邸第は「五条六角《ごじょうろっかく》」とある。二箇所にあったということであろうか。

ちなみにこの年、後朱雀は三十二歳、即位後四年、頼通は四十九歳、摂関就任後二十三年、教通は四十五歳、内大臣就任後十九年、実資は八十四歳、右大臣就任後十九年、資頼は実資の養子（実父は実資の同母兄の懐平）で年齢不詳、摂津守《せっつのかみ》・伯耆守《ほうきのかみ》・美作守《みまさかのかみ》などを歴任した。

後朱雀の時代は、後朱雀が政治に対して積極的であったものの、頼通がようやく政治に飽きて、懈怠《けたい》が目立つようになってきたとされる（赤木志津子「藤原資房とその時代」）。尊仁親王を産んだ禎子《ていし》内親王の内裏参入を妨害し、強引に養女嫄子《げんし》を入内《じゅだい》させたものの、皇子女には恵まれず、天皇家とのミウチ関係の先行きに不安を感じ始めていた頼通の焦燥と諦観が読み取れる。その後継をうかがう教通も、儀式を主宰することには消極的で、特に官奏《かんそう》や除目といった重要

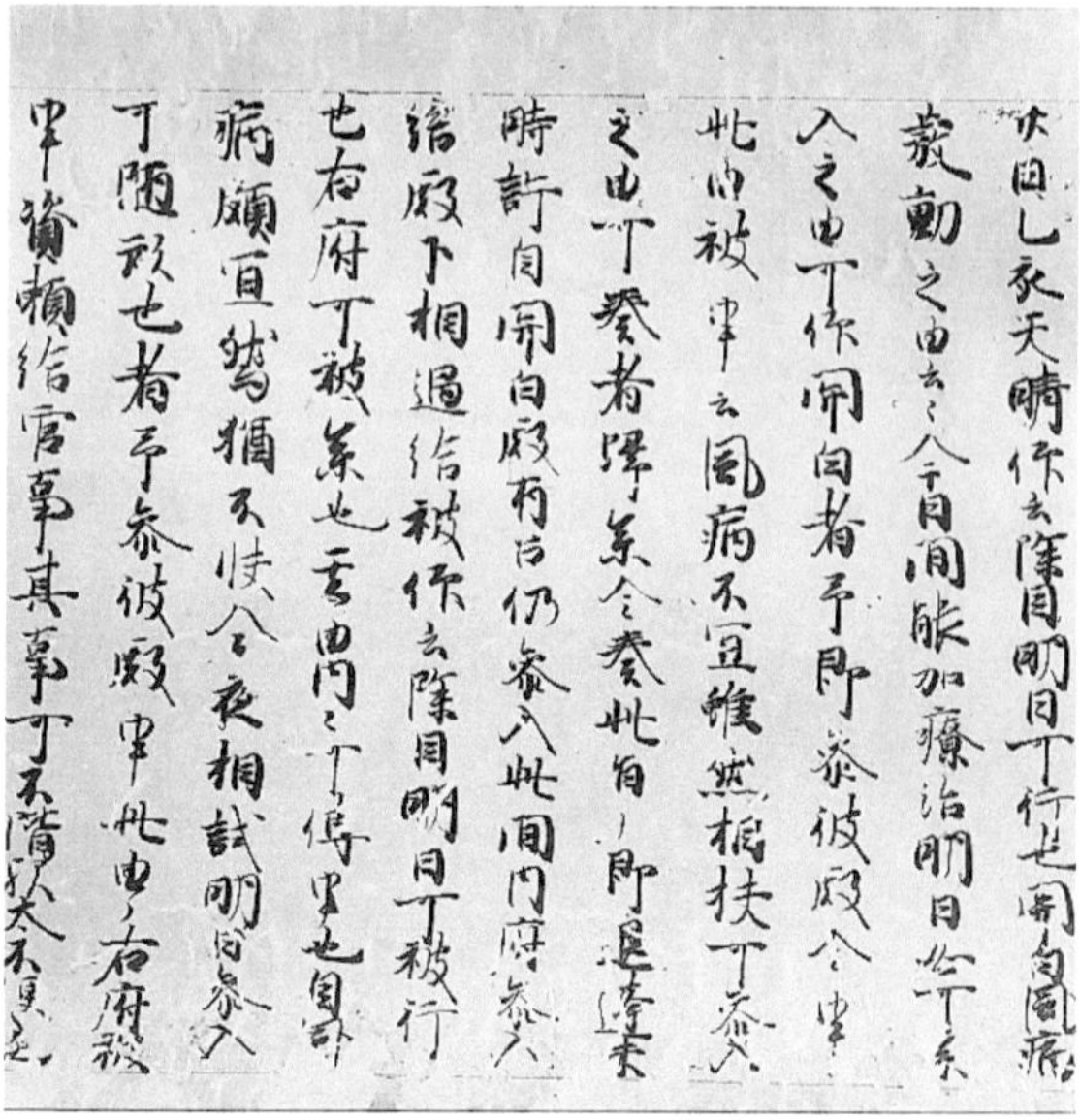

『春記』(九条家本．宮内庁書陵部蔵)

政務の上卿《しょうけい》を務めることを忌避《きひ》し続けた。二人とも実資頼みの運営だったのである。

結局、二十一日から行なわれた除目は、老いをおして参内《さんだい》した実資が執筆《しゅひつ》（除目の上卿）を務めた。除目の議が終わったのは、二十一日と二十二日は子《ね》二刻（午後十一時半から午前〇時）、二十三日と二十四日は後朱雀の物忌《ものいみ》だったので行なわれず、二十五日は何と、翌日の巳《み》刻（午前九時から十一時）であった。

資頼の任官については、これまでも実資が道長や頼通や彰子に依頼していたのだが、長元四年（一〇三一）に美作守の任にあって以降は史料に見えない。この年の除目でも、実資は頼通に何度も依頼したのであるが、頼通は難渋《なんじゅう》の意向を示し、結局、官に任じられることはなかった。伯耆守であった治安三年（一〇二三）に愁訴《しゅうそ》を行なった百姓《ひゃくせい》を放逐し、落書《らくしょ》が道長邸に寄せられたなどの「実績」が考慮されたのであろう。この除目では、同じく養子である資仲《すけなか》は右少弁に任じられ、資房も右京大夫を兼任しているのだが。

なお、後日、資房は実資が除目の際に多く礼を失したことを聞いて、「やはりこれは、老耄《ろうもう》されているのである。一家の大いなる愁いとするのである。これを如何《いかが》しよう」と嘆いている。やはり実資といえども老いるのであった。

長久元年（一〇四〇）九月十日条（丹鶴叢書本・国立国会図書館蔵）　神鏡と女官の夢想

……午時許関白命云、内侍所女官二人夢想云、一人夢云、彼本所有二小虵一、頗有二悩気一云々。一人夢云、彼本所有レ人云、吾相二離独身一在二此所一云々。博士命婦并他女官等相引向二本所一〈件所昨日依二関白命一垣籠二其廻一。為レ禁二濫入一也。〉。奉二鑿求一之処、如二金玉一求二得二粒一。即奉レ入レ絹奉二将向一。只今安二彼御辛櫃上一。未レ奉レ入也。事已有二霊験一。可二感嘆一、々々々。汝早参二向内侍所一可レ奉レ入。只以二古老女官一可レ令レ奉レ入。典侍・掌侍〈典侍藤原芳子、掌侍三善□子。〉、従二昨日一候二彼所一也。但典侍等殊不レ可レ令二相示一。只可レ用二女官一也。是主上仰也者。予即参二彼所一〈依レ仰不二束帯一了。〉。即以二博士命婦并古老女官〈称二河辺一了。〉一、奉レ開二御辛櫃并折櫃等一奉二加入一已了。又同奉レ結如レ初了。即参二御前一奏二事由一了〈主上着二御直衣。〉。関白命云、彼本所土壌尤有レ恐。不レ可二棄置一也。仍其方六七尺許土払取、入二新桶一暫安二置可レ然之所一、以二後日一可レ置二神祇官一也。其桶等可レ儲也者。予即令レ仰二内蔵寮一已了。

仰云、彼本所土事、汝罷向可㆑令㆓拾取㆒也。其次向㆓右大臣許㆒、可㆑問㆓此等案内㆒也者。予即参㆓関白御方㆒申㆓此由㆒。命云、左右近官人各一人・主殿官人一人・女官一人許相共行向、可㆑拾㆓入桶中㆒。以㆓其桶㆒可㆑置㆓南屋中㆒〈件屋本院庁屋也。此般不㆓焼亡㆒也。〉。此事非㆑可㆓強疑㆒。只為㆓余恐㆒也。宿直近衛各一人可㆑令㆓差候㆒也者。即仰㆓左右近㆒了〈自㆓今日㆒可㆓守護㆒由也。〉。但明日可㆑入㆑桶。……

……午《うま》刻（午前十一時から午後一時）のころ、関白（頼通）がおっしゃって云ったことには、「『内侍所《ないしどころ》の女官《にょうかん》二人に夢想《むそう》があった』と云っている。一人が夢に見て云ったことには、『神鏡《しんきょう》の本所に小蛇がいた。頗る病悩の様子が有った』と云うことだ。もう一人が夢に見て云ったことには、『神鏡の本所に人がいて云ったことには、「私は独りで身を離れてここにいる」と』とのことである。博士《はかせ》命婦《みょうぶ》や他の女官たちが連れ立って神鏡の本所に向かった〈その所は昨日、関白の命によって、垣をその廻りに立てて籠めさせた。濫入《らんにゅう》を禁じる為である。〉。掘り求め奉ったところ、金玉《きんぎょく》のごときもの二粒を捜し出した。すぐに絹に入れ奉って持ってきた。ただ今は、あの御唐櫃《からびつ》の上に安置してある。未《いま》だ唐櫃の中には入れてはいない。この事には、すでに霊験《れいげん》が有る。感嘆すべきである、感嘆すべきである。汝《なれ》（資房）は早く内侍所に参り向かって玉を唐櫃の中に入れてこい。ただ、古老《ころう》の女官に入れ奉らせるように。典侍《ないしのすけ》と掌侍《ないしのじょう》〈典侍は藤原芳子《ほうし》、掌侍は三善□子。〉が、昨日からその所に伺候《しこう》しているのである。しかし典侍たちに特に指示させてはならない。ただ女官を用いるように。これは主上《しゆじよう》（後朱雀天皇）の仰せである」とのことである。私はすぐにその所に参った〈仰せによって、束帯《そくたい》を着さなかった。〉。すぐに博士命婦および古老の女官〈「河辺《かわべ》」と称していた。〉を介して、御唐櫃および折櫃《おりびつ》を開き奉り、加え入れ奉った。また、同じく初めのように結び奉った。すぐに天皇の御前に参って、事情を奏上した〈主上は御直衣《のうし》を着していた。〉。関白がおっしゃって云ったことには、「あの本所の土壌は、もっとも恐れが有る。棄て置くことはできないのである。そこでその方角の、六、七尺ばかりの土を払い取り、新たな桶《おけ》に入れて、しばらくしかるべき所に安置し、後日に神祇官《じんぎかん》に置くべきである。その桶を準備するように」ということだ。私はすぐに内蔵寮《くらりよう》に命じておいた。命じて云ったことには、「あの本所の土について、汝は参り向かって、拾い取らせるように。そのついでに右大臣（実資）の許に向かい、これらの詳細を問うように」ということだ。私はすぐに関白の御方に参って、このことを申した。おっしゃって云ったことには、「左右近衛府の官人各一人、主殿寮《とのものつかさ》の官人一人、女官一人ほどと、一緒に行き向かい、桶の中に拾い入れるように。その桶を南屋の中に置くように〈この屋は、本院の庁屋である。今回、焼亡しなかったのである。〉。この事は、無理に疑ってはならない。ただ私（頼通）の恐れの為である。宿直《とのい》の近衛各一人を伺候させるように」ということだ。すぐに左右近衛府に命じておいた〈今日から守護するようにとのことである。〉。但し明日、桶に入れることにした。……

この年の重陽《ちようよう》である九月九日の丑《うし》三刻（午前二時から二時半）に京極院内裏（かつての道長の土御門殿）は焼亡し、それまで幾度かの内裏焼亡に際しても奇跡的に難を逃れた（ことになっている）神鏡が三たび火災に遭ってまったく原形を失い、わずかにその灰を集めて唐櫃に収められた。当時は「神鏡」という言い方がもっぱらで、「八咫鏡《やたのかがみ》」は記紀《きき》の神話に出てくるのみである。「三種の神器《じんぎ》」の成立も、さらに後のことであり、「剣璽《けんじ》」という言い方をしていた。ちなみに、剣は御剣《ぎよけん》でいいとして、「璽」は勾玉《まがたま》ではなく、天皇御璽《ぎよじ》のことであろう。

それはさておき、神鏡の焼損は日本古代王権にとっても、最重要の問題である。後朱雀天皇は「御嘆息が極まり無く、悲泣《ひきゆう》が休むことはなかった」という状態となり、皆は神鏡を捜し求めたが、まだ誰も取り出すことはできなかった。資房は、父の資平から、「汝の伺候していない時に火災が起こったのは幸いである。伺候していながら神鏡を取り出せなかったならば、深く非難を受けたところである」などと言われ、「自分一人が万事を行なわねばならないとは、愚頑《ぐがん》な私は迷乱《めいらん》するばかりだ」と、また愚痴をこぼしている。

翌十日、関白頼通から、神鏡を扱う内侍所の女官二人の夢想が資房に告げられた。一人は小蛇、もう一人は人を見たというのである。小蛇の方は一条天皇の時代の寛弘二年（一〇〇五）の内裏焼亡で神鏡が焼損した際、神鏡改鋳の可否を定める御前定《ごぜんのさだめ》において、白蛇が一条の御前から降りて内侍所の方向に向かい、諸卿がパニックになったという故実、およびこの年の八月二十七日に後朱雀が大蛇の夢を見たという記憶を踏まえたものであろう。夢に出てきた人というのも、よく夢説話に出てくる神の化身としての老人を想起させる。いずれにせよ、神鏡を護《まも》る立場の女官にとっては、職務を果たせなかったことに対する負い目があり、このような夢を見たのであろう。

神鏡を安置してあった賢所《かしこどころ》を捜してみると、神鏡（の残骸）の一部である金玉二粒が見つかったというのも、もともとそこにあったものなのであるから、当然と言えば当然である。

さて、この「神鏡」、十八日に付近の焦土を集め、二十八日に新造の唐櫃に収められた。安《あん》徳《とく》天皇とともに西海に沈んだのは、さらに百四十五年の後のことである。

長久二年（一〇四一）三月十四日条（丹鶴叢書本・国立国会図書館蔵）　衛士の濫行／関白頼通の本性

……了予即退レ私。忩々間家途事皆以棄置。万事不レ諧。弥以無レ術。日食太難。何為哉。入レ夜参二督殿一。命云、右衛門尉成通只今可レ被レ解二却見任一之由、経成含二綸言一仰二右大臣一已了。其故者近曾右衛門府衛士某丸妻、為二僧良了一被二打調一殆及二死門一、所々皆被レ疵。件僧住二前斎院御乳母宅一云々。仍先愁二申□関白殿一云、諸衛之士等相引可レ致二愁訴一。又可レ亡二件僧宅一由云々。関白殿大怒被レ仰二諸府年預官人一、令レ捕二進衛士一、令レ禁二獄所一已了。又依二此事一被レ勘二当季任・成通一云々。致二放言一之由、及二殿下早奏一事由被二解却一云々。事旨甚非常也。惣以無二術計一事也。即遣二召成通一。成通即参入。問二給案内一。成通云、一切無二此事一。只先日季任・成通相共罷二向豊道宅一各清談。季任申云、関白殿被二勘当一之旨不レ当。山僧濫行之日無二摂持之方一。何況於二衛士事一何為哉者。成通不レ加二一切之詞一。但申云、事已何為哉。只此許詞也。此外不レ交レ言。以二天道一為レ証。唯天之令レ然也。又何為。但先被レ召二問真偽一之後、可レ及二断罪一也。今無レ音被二解却一之事、極以不レ安事也。愁悶不レ可二云尽一。太不レ便事也。即参レ内。依レ召参二御前一。被レ仰云、此晩頭経成来云、関白令レ申云、年来奉二仕公家一為二下人一未レ被二罵辱一。而右衛門尉成通先日依二衛士事一、一日会二合右衛門尉豊道宅一、大致二放言一。其詞不レ可二勝計一。季任閉レ口不レ語。而豊道加二制止一云々。以二其事一豊道語二別当公成一、公成只今所二来申一也。此事更以不レ安事也。三位已上已為二証人一。不レ可レ有二事疑一。早被レ解二却見任一尤幸也者。仍不レ知二是非一、依レ請下二宣旨一已了。此事専不レ可レ然。縦誠雖レ致二放言一、何為レ及二解却一哉。又公成馳到告二此由一、尤奇怪事也。不レ異二児女子之心一。如二此外小人近習間一、尋常之人皆被二追放一。極以不レ便事也。又関白本性有二恵和之心一。是一之徳也。而今変二其心一、忽依二一言之談誤一、一旦損レ人。是世間之亡滅也。嘆而有レ余者。事之旨敢不レ可二申尽一。非常之又非常也。隆国・公成・経輔卿・兼房等日夜成二追従一、以二讒言一為二己任一、放二逐万人一。更不レ可レ措二手足一之代也。不レ如レ晦二跡於北山之北一。今夜宿侍。

……終わって私は、すぐに私第に退出した。急いでいたので、家の事は、皆、棄て置いた。万事、叶わない。いよいよ方策は無い。日々の食事は、はなはだ難しい。何としようか。

夜に入って、督殿（資平）の許に参った。おっしゃって云ったことには、「右衛門尉《えもんのじょう》（中原）成通《なりみち》は、ただ今、現任《げんにん》を解却《げきゃく》されることになるということについて、（源）経成《つねなり》が天皇の綸言《りんげん》を承って、すでに右大臣（実資）に伝えた。その理由は、近ごろ、右衛門府の衛《え》士《じ》某丸《なにがしまる》の妻が、僧良了《りょうりょう》の為に打擲《ちょうちゃく》され、ほとんど死門に及び、所々に皆、傷を蒙《こうむ》った。『この僧は、前斎院（選子《せんし》内親王）の御乳母《めのと》の宅に住んでいる』と云うことであった。そこで先ず関白殿に愁い申して云ったことには、『諸衛府《えふ》の士たちは、連れだって愁訴を行なうことになっています。また、この僧の宅を破却するようです』と云うことだ。『関白殿（頼通）は大いに怒り、諸衛府の年預《ねんよ》の官人に命じられて、衛士を捕らえて進上させ、すでに獄所《ごくしょ》に拘禁《こうきん》させた。また、この事によって、（藤原）季任《すえとう》と成通を勘当《かんどう》された』と云うことだ。放言《ほうごん》を行なったということについて、殿下（頼通）はすぐに事情を天皇に奏上するに及んで、解却された」と云うことだ。事の趣旨は、甚だ非常である。すべて手段の無い事である。関白はすぐに成通を遣わし召した。成通はすぐに参入した。関白は事情を問われた。成通が云ったことには、「一切、この事はありません。ただ、先日、季任と一緒に（粟田《あわたの》）豊道《とよみち》の宅に参り向かい、各々《おのおの》、清談《せいだん》しました。季任が申して云ったことには、『関白殿が勘当された趣旨は、当たっていない。山僧の濫行《らんぎょう》の日は、収める方策がない。どうしてましてや、衛士の事については、何とできようか』ということです。私（成通）は一切の言葉を加えませんでした。但し申して云ったことには、『事はすでに何としましょうか』と。ただこれだけの言葉でした。この他には、言葉を交えませんでした。天道を証拠とします。ただ天がそうさせたのです。また、何としましょう。但し先ず真偽を召し問われた後に、断罪《だんざい》に及ぶべきです。今、音も無く解却された事は、極めて穏やかでない事です。愁悶《しゅうもん》は言い尽くすことはできません。はなはだ都合の悪い事です」と。すぐに内裏に参った。召しによって、天皇の御前に参った。おっしゃられて云ったことには、「この晩方、経成が来て云ったことには、『関白が申させて云ったことには、「長年、朝廷《ちょうてい》に奉仕して、未だ下人《げにん》の為に罵辱《ばじょく》されたことはありません。ところが右衛門尉成通は、先般の衛士の事によって、先日、右衛門尉豊道の宅に会合し、大いに放言を行ないました。その言葉は、挙げて数えることはできません。『季任は口を閉じて語らなかった。ところが豊道は制止を加えた』と云うことでした。その事を、豊道は検非違使別当《けびいしべっとう》（藤原）公成《きんなり》に語り、公成がただ今、来て、申したものです。この事は、まったくもって穏やかでない事です。三位以上の者が、すでに証人です。事の疑いは有るはずはありません。早く現任を解却されたのは、もっとも幸いです」ということでした』と。そこで善悪を知らず、請うたことによって、すでに宣旨《せんじ》を下してしまった。この事は、専らそうであってはならない。たとえ誠に放言を行なったとはいっても、どうして解却に及ぶということがあろうか。また、公成が馳せ参って、このことを告げたのは、もっとも奇怪な事である。児女子の心に異ならない。この他の小人《しょうじん》は、近習の間のようである。尋常の人は、皆、追放された。極めて都合の悪い事である。また、関白の本性は、恵和《けいわ》の心が有る。これは一つの徳である。ところが今、その心を変えて、急に一言の諂《へつら》った言葉によって、一度に人を損なった。これは世間の滅亡である。嘆いて余り有る」ということだ。事の詳細は、敢《あ》えて申し尽くすことはできない。非常のまた、非常である。（源）隆国《たかくに》・公成・（藤原）経輔《つねすけ》卿・（藤原）

兼房《かねふさ》は、日夜、追従《ついしょう》を行ない、讒言《ざんげん》を自分の任として、万人を放逐《ほうちく》している。まったく手足を置くことのできない代である。足跡を北山《きたやま》の北に晦《くら》ますにこしたことはない。今夜、宿侍《しゅくじ》した。

本条は、右衛門府の衛士の妻が、僧の為に打ち調ぜられ、死にかけたという事件を発端にしている。そこでその衛士が関白頼通に、諸衛府の士たちが連れだって愁訴すべきこと、また僧の宅を破却すべきことを訴えた。それに対して頼通は大いに怒り、その衛士を捕らえて拘禁させた。また、藤原季任と右衛門尉中原成通（平忠常《ただつね》の乱の追討使《ついとうし》を解任された人）を勘当《かんどう》（お叱りを受けること）した。頼通は、放言を行なったということを、後朱雀天皇に奏上し、後朱雀は成通の官を解却した。

頼通は成通を呼びつけ、事情を説明させたが、成通は次のように釈明した。「自分は季任と一緒に粟田豊道の宅に行って、清談しました。季任は頼通に勘当されたことを非難しましたが、自分は『どうしようか』としか語りませんでした。突然に解却されたのは穏やかでない事で、愁悶は言い尽くすことができません。はなはだ都合の悪い事です」と。

一方、頼通が藤原経成を介して後朱雀に奏上させたことは、以下のとおりである。「長年、朝廷に奉仕して、下人に罵辱されたことはありません。ところが成通は、衛士の事によって、豊道の宅に会合して放言を行ないました。季任は何も語りませんでした。豊道は制止を加えました。それを豊道が検非違使別当の藤原公成に語り、公成が私（頼通）に申しました。早く現任を解却されたのは、もっとも幸いです」と。

後朱雀は、その経緯を聞いて反省し、次のように語った。「善悪がわからず、頼通が申したとおりに、すでに成通解却の宣旨を下してしまったが、この事は、そうであってはならない。たとえ本当に放言を行なったとはいっても、解却に及ぶことはない。公成が馳せ参ってこのことを告げたのは、奇怪な事である。まっとうな人が追放されたのは、都合の悪い事である。関白頼通の本性は、恵和の心が有る。これは一つの徳である。ところが今、心を変えて、一言の訣言《ゆげん》によって、一度に人を損《そこ》なった。これは世間の滅亡である。嘆いて余り有る」と。

これらの経緯を承《う》けて、資房は非常のまた非常であると、その感慨を記している。徐々に筆が走り、源隆国（俊賢《としかた》の嫡男）・藤原公成（公季《きんすえ》の嫡孫）・藤原経輔（隆家《たかいえ》の嫡男）・藤原兼房（道兼《みちかね》の嫡孫）は、追従・讒言を任として、万人を放逐しているとして、北山の北に隠遁《いんとん》するしかないと自嘲している。道長の時代の主役たちの子孫がこのようになってしまったことを、同じく主役であった実資の子孫が嘆くというのも、時代の変遷である。

また、ここに「頼通の本性」が「恵和の心」と語られているのは、後朱雀の認識として興味深い。実際、同母弟の教通や異母弟の能信などに比べれば、確かにそのとおりなのではあるが。

加えて、頼通が「下人」と認識しているのが、六位の右衛門尉という衛府の第三等官であることも、当時の執政者の認識として心に留《とど》めておくべきである。古記録《こきろく》に「下人」と出てきたからといって、それを平安京の庶民と考えてはならないことを教えてくれている。

永承七年（一〇五二）五月二十八日条（丹鶴叢書本・国立国会図書館蔵）　今宮社の創建

近曾西京住人夢称二神人一之者来云、吾是唐朝神也。無二住所一流三来此国一、已無レ所レ拠。吾所レ到悉以発二疫病一。若祭レ吾称レ作二住レ其所一了者、可レ留二病患一也。但吾表二瑞想一示レ汝。以二其所一可レ為二吾社一也者。件人又見三西京並寺傍有二光耀一。其体如レ鉤。其光下三居此所一云々。此事普告二郷里一云々。東西京人々相挙。仍向二其所一立二社屋一。又諸府人等□致二祭礼一、隣里郷党雲集響応云々。此夢不レ知二誰人一。為レ後記レ之。世号二今宮一云々。

近ごろ、西京《さいきょう》（右京）の住人の夢に、神人《じにん》と称する者が来て云うには、「吾はこれは唐《とう》朝の神である。住む所が無く、この国に流れて来たのだが、ここも居る所が無い。吾が到った所は、すべて疫病《えきびょう》を発する。もし『吾を祭って、その住む所を作ろう』と言ったならば、病患《びょうかん》を止めておこう。但し吾は、瑞想《ずいそう》を表わして汝に示そう。その所を吾の社《やしろ》とするように」ということだ。「その人はまた、西京と寺の傍らに光が耀いているのを見た。その様子は、鉤《かぎ》のようであった。その光は、この場所に下りて居る」ということだ。「この事は、広く郷里《ごうり》に告げた」ということだ。「東西の京の人々は、こぞってその場所に向かい、社屋を立てた。また、諸府の人たちも、□祭礼を行なった。近郷の人々は、雲のように集って響応《きょうおう》した」と云うことだ。この夢は、誰が見たのかを知らない。後の為に記しておく。

花園今宮社現況

「世にその社を今宮《いまみや》と称する」と云うことだ。

これは右京の住人の夢に出てきた（と称する）、今宮社の縁起譚《えんぎたん》である。「神人」なる者が出てきて言うには、中国渡来の疫神《えきしん》が祀《まつ》られるべき神社を、瑞想を示した場所に造営せよとのことである。

これが評判を呼び、人々はこぞって祭礼に参集したというのであるが、まるで『日本霊異記《にほんりょういき》』の寺社縁起譚を見ているような感覚を覚える。どう見ても、これは神社創建のための作り話であろう。資房が、誰が見た夢かを知らないと記しているように、この夢自体が、実際に誰かが見たものとは思えないのである。

ただ、中国から疫神が来るという経験は、遣唐使《けんとうし》の時代以来、日本の人々にとって、恐るべき歴史経験として認識されていたはずであり、この夢に現実性を与えているのである。

現在、京都市右京区花園の双ヶ岡《ならびがおか》の東麓、法金剛院《ほうこんごういん》の東に鎮座している今宮神社は、『小右記』長和《ちょうわ》四年（一〇一五）六月二十五日条によると、疫病流行に際して、「西洛人の夢想」、あるいは「疫神の託宣《たくせん》」によって創祀《そうし》されたものである。本条の永承七年の「今宮社」は、疫病の再流行に際して、同じ場所に復興されたものとされる。疫病が流行するたびに、このような夢想や託宣が再現されたのであろう。

なお、京都市北区紫野の船岡山《ふなおかやま》北麓に鎮座している、「夜須礼祭《やすらい》」（と〝あぶり餅〟）で有名な今宮神社は、正暦《しょうりゃく》五年（九九四）と長保《ちょうほう》三年（一〇〇一）に行なわれた御霊会《ごりょうえ》に起源を持っており、この話の「今宮社」とは別のものであるが、こちらの今宮神社にも、本殿の西隣に疫神社が祀られている。

以上、『春記』を見てきた。実は私は、『春記』があまり得意ではない。活字本が読みにくい『史料大成』しかないだけではなく、常に屈折した心身の記主《きしゅ》の記述を読むのは、こちらも気が滅入ってくるのである。やはり人間は、心身ともに健康が第一であると、『春記』を読むたびに思う今日このごろである。

おわりに

いかがであろうか、同じく日記という名で呼ばれていても、女の日記と男の日記は随分と違う事がおわかりいただけたものと思う。また同じ女の日記でも、もちろん同じ男の日記でも、時代によって立場によって、随分と異なるものであった。

それを実感したのは、原文に返り点を付けていたときであった。普段、私は古記録《こきろく》に返り点を付けることはないのだが、編集の方の要請で、角川の本にだけは付けることになっている。原文のまま読んでいると気づきにくいのだが、それぞれに返り点を付けていると、それぞれの記主《きしゅ》の文法が異なることを痛感するのである。『小右記《しょうゆうき》』のように正格な漢文に近いものもあれば、『御堂関白記《みどうかんぱくき》』のようにどうやって返り点を付ければいいのかわからないものもある。やはり記主の家柄と官歴と個性によるものなのであろう（実は学部の一年生の時から『御堂関白記』を読み続けているので、私は正格な漢文が苦手である）。

今回、この本の執筆に際して、五つの女房《にょうぼう》日記と十一の古記録の全文を、久しぶりに読み通した。紙幅の関係もあって、『平記《へいき》』と総称される実務官人系の古記録（『親信卿記《ちかのぶきょうき》』や『範国《のりくに》記《き》』など）や、院政《いんせい》期の古記録（『中右記《ちゅうゆうき》』や『後二条師通記《ごにじょうもろみちき》』など）について触れることができなかった。これから時間の余裕があれば、これらの古記録を読んで余生を過ごしたいものである。

最後に一つだけ、女房文学と古記録の重要性の差異についての、有名なエピソードを紹介しよう。たとえば近衛家《このえ》には『源氏物語《げんじものがたり》』の古い写本があったにもかかわらず、十五世紀の応《おう》仁《にん》・文明《ぶんめい》の乱に際して、『御堂関白記』をはじめとする家伝の古文書《こもんじょ》五十箱を京都北郊の岩倉《いわくら》に疎開させたが、『源氏物語』は置いたままにした。応仁・文明の乱で近衛家の邸第《ていだい》は焼失し、『源氏物語』も運命をともにしたが、『御堂関白記』や古文書類は難を逃れた。前近代の貴族における文学と古記録の地位がよくわかる例である。

このように、現在残されている古記録は、残ったのではなく、人々が必死の覚悟と努力で遺《のこ》したのである。人々には、「世界最高峰の文学」(この評価も後世のものである)よりも、先祖から伝わった古記録の方が、自分の家を存続させるための、はるかに重要な宝物だったのである。むしろ『御堂関白記』の自筆本は、摂関家《せっかん》にとってはご神体に近かったと称すべきかもしれない。

このような古記録が数多く伝えられているこの国に生まれた幸福を実感するとともに、これからもこれらを遺し続けてくれる国、そして古記録を読む人がいてくれる国であってほしいものであると述べて、この本を閉じることとしたい。

二〇二四年四月　多磨にて

著者識す

関係地図（平安京）

1 内裏
2 職御曹司
3 左衛門府
4 外記庁
5 大極殿
6 朝堂院
7 豊楽院
8 一条院（師輔→伊尹→為光→詮子→一条天皇）
9 藤原道綱母
10 染殿（良房→基経→忠平→師輔）
11 高倉殿（道長→頼通）
12 鷹司殿（源倫子）
13 土御門殿（源雅信→道長→彰子）
14 枇杷殿（基経→仲平→道長→妍子）
15 左獄
16 小一条院（冬嗣→良房→基経→済時→敦明親王）
17 花山院（良房→忠平→師輔→花山院）
18 本院（時平）
19 高陽院（頼通）
20 大炊御門第・小野宮北宅（隆家→実資→資平）
21 冷泉院
22 陽成院
23 小野宮（実頼→実資）
24 町尻殿（道兼）
25 小二条殿（実資→道長→威子）
26 堀河院（基経→兼通→顕光）
27 閑院（冬嗣→基経→公季）
28 東三条第（忠平→兼家→道長）
29 二条第（道隆→伊周・定子）
30 小二条殿（高子→師尹→教通）
31 南院（兼家・敦道親王→道長）
32 三条院（三条天皇→菅原孝標）
33 竹三条宮（脩子内親王→教通）
34 高松殿（源高明→俊賢・明子）
35 三条第（行成）
36 三条殿（頼忠）
37 西宮（源高明）
38 四条宮（頼忠→公任→頼通）
39 西五条第（忠平）
40 河原院・六条院（源融→宇多院）
41 亭子院（宇多院）
42 九条殿（基経→師輔）
43 堤第（為時・紫式部）
44 法成寺

『甦る平安京』を基に、加筆して作成

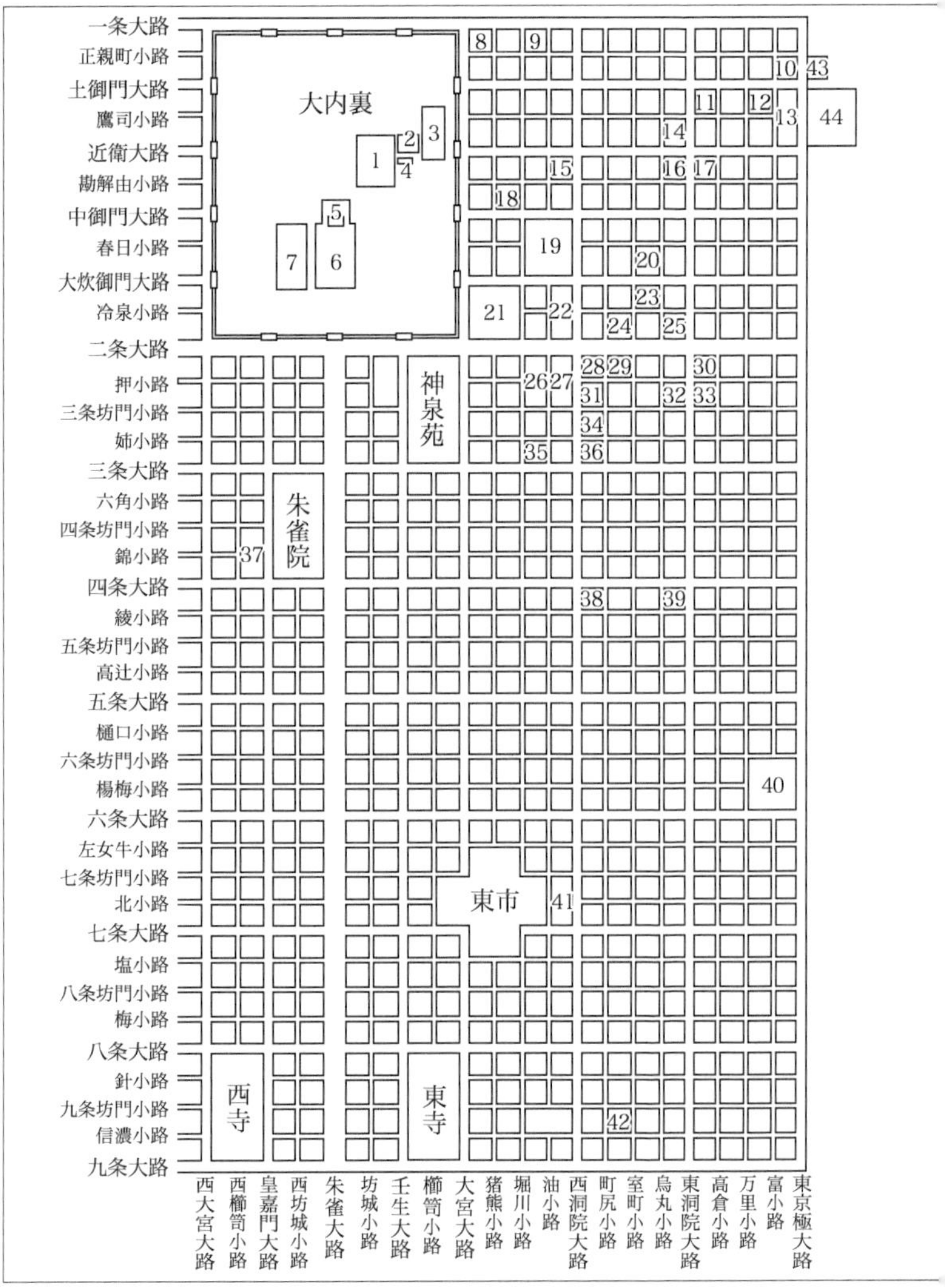
一条大路
正親町小路
土御門大路
鷹司小路
近衛大路
勘解由小路
中御門大路
春日小路
大炊御門大路
冷泉小路
二条大路
押小路
三条坊門小路
姉小路
三条大路
六角小路
四条坊門小路
錦小路
四条大路
綾小路
五条坊門小路
高辻小路
五条大路
樋口小路
六条坊門小路
楊梅小路
六条大路
左女牛小路
七条坊門小路
北小路
七条大路
塩小路
八条坊門小路
梅小路
八条大路
針小路
九条坊門小路
信濃小路
九条大路
西大宮大路
西櫛笥小路
皇嘉門大路
西坊城小路
朱雀大路
坊城小路
壬生大路
櫛笥小路
大宮大路
猪熊小路
堀川小路
油小路
西洞院大路
町尻小路
室町小路
烏丸小路
東洞院大路
高倉小路
万里小路
富小路
東京極大路
大内裏
神泉苑
朱雀院
東市
西寺
東寺
1
2
3
4
5
6
7
8
9
10
11
12
13
14
15
16
17
18
19
20
21
22
23
24
25
26
27
28
29
30
31
32
33
34
35
36
37
38
39
40
41
42
43
44

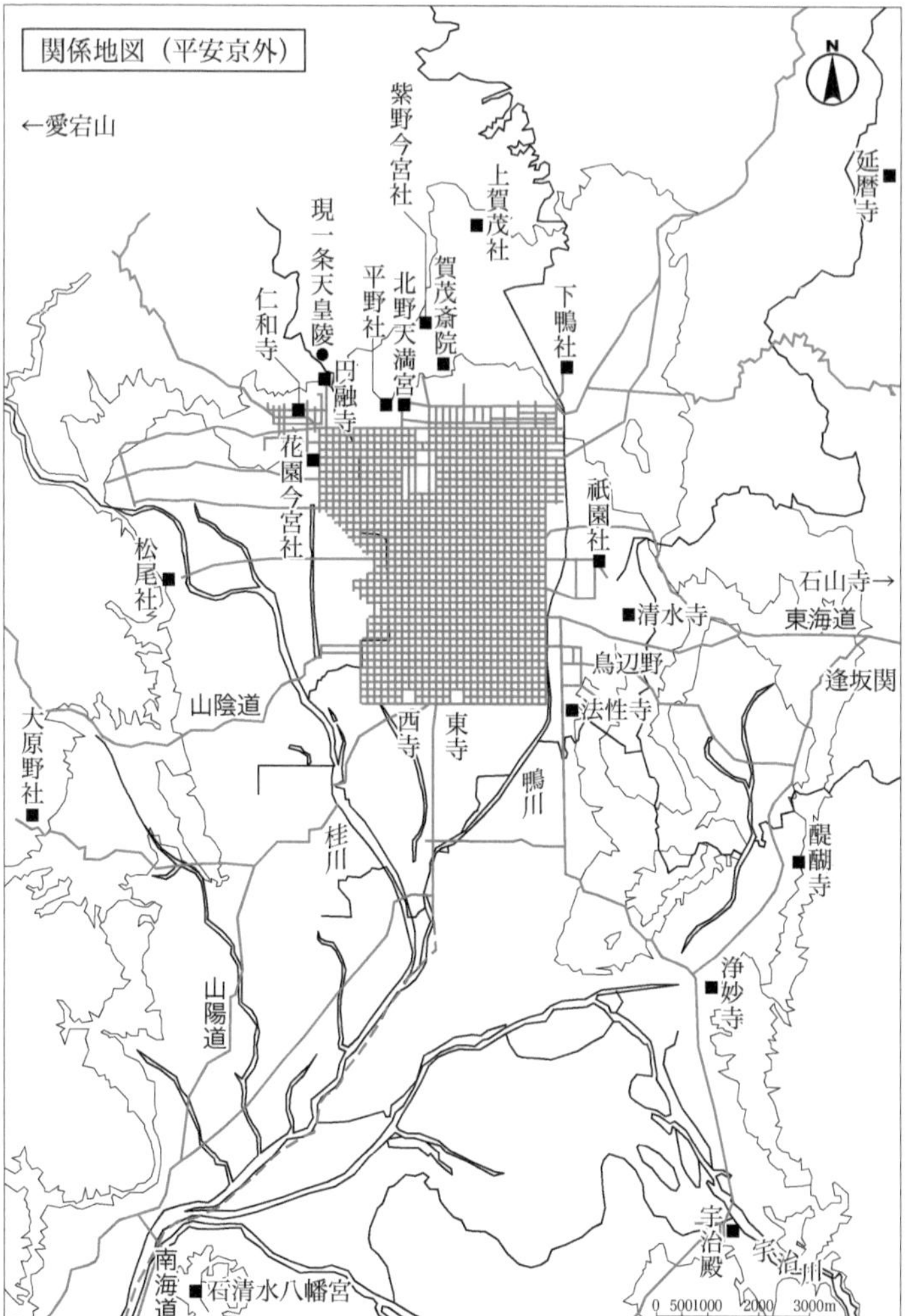

『平安京の下級官人』より（山本雅和「都の変貌」を基に、加筆して作成）

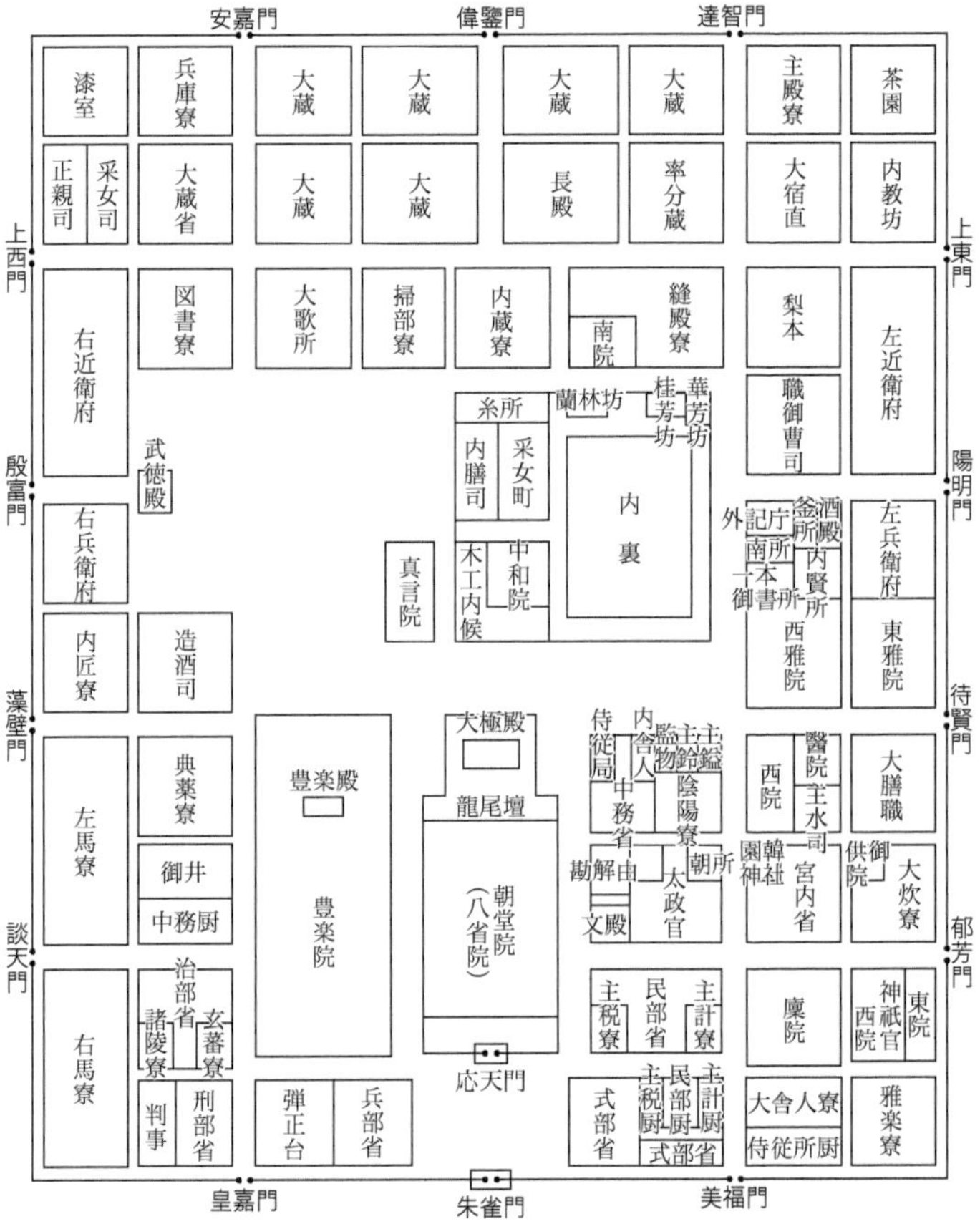

大内裏図（『平安京提要』を基に、加筆して作成）

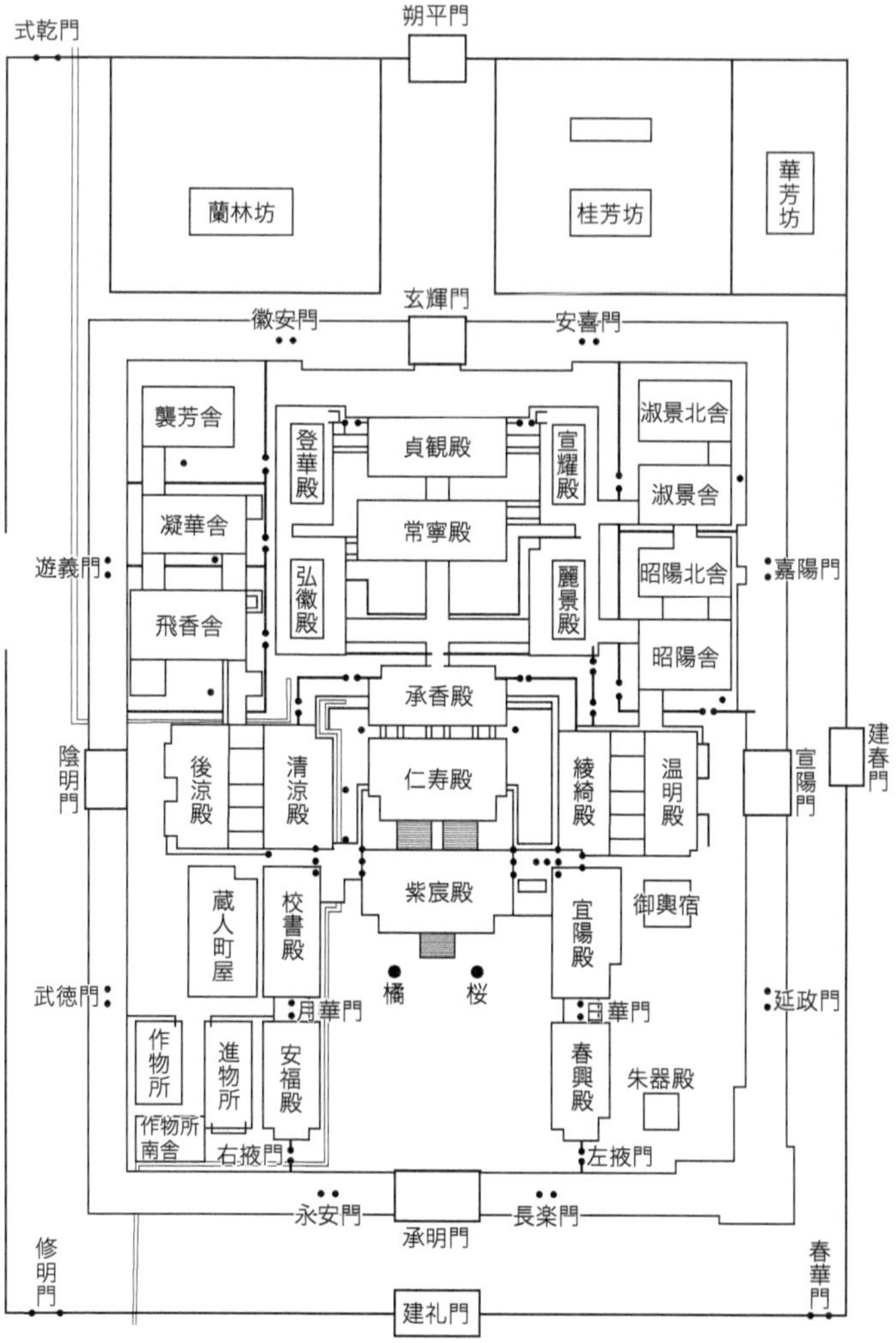

内裏図（『平安京提要』を基に、加筆して作成）

略年表

年次	西暦	天皇	主な出来事
貞観九	八六七	清和	宇多天皇誕生
元慶四	八八〇	陽成	藤原忠平誕生
仁和元	八八五	光孝	醍醐天皇誕生
三	八八七	宇多	『宇多天皇御記』始まる
			宇多天皇即位／阿衡の紛議
寛平九	八九七	醍醐	宇多天皇譲位／『宇多天皇御記』終わる
			醍醐天皇即位／『醍醐天皇御記』始まる
昌泰二	八九九		宇多天皇出家
三	九〇〇		藤原実頼誕生
延喜七	九〇七		『貞信公記』始まる
八	九〇八		藤原師輔誕生
一六	九一六		『清慎公記』始まる
延長四	九二六		村上天皇誕生
七	九二九		『醍醐天皇御記』終わる
八	九三〇	朱雀	醍醐天皇崩御／藤原忠平摂政
			『九暦』始まる
承平元	九三一		宇多法皇崩御

六	九三六		藤原道綱母誕生か
天慶四	九四一		藤原忠平関白太政大臣
九	九四六	村上	村上天皇即位／『村上天皇御記』始まる
天暦元	九四七		藤原師輔右大臣
二	九四八		『貞信公記』終わる
三	九四九		藤原忠平薨去
八	九五四		『蜻蛉日記』始まる
天徳元	九五七		藤原実資誕生
四	九六〇		『九暦』終わる／藤原師輔薨去
康保三	九六六		藤原道長誕生
			清少納言誕生か
四	九六七	冷泉	藤原実頼関白太政大臣
			『村上天皇御記』終わる／村上天皇崩御
安和二	九六九	円融	藤原実頼摂政
天禄元	九七〇		『清慎公記』終わる／藤原実頼薨去
三	九七二		藤原行成誕生
天延元	九七三		紫式部誕生か
二	九七四		『蜻蛉日記』終わる
貞元二	九七七		『小右記』始まる

天元元	九七八	円融	和泉式部誕生か
四	九八一		藤原実資蔵人頭
寛和元	九八五	花山	源経頼誕生
正暦二	九九一	一条	『権記』始まる
四	九九三		『枕草子』日記的章段始まる
長徳元	九九五		藤原道長内覧／『御堂関白記』始まる
			藤原行成蔵人頭
			藤原道綱母死去
長保二	一〇〇〇		『枕草子』終わる
三	一〇〇一		『源氏物語』起筆か
			藤原実資権大納言兼右大将
五	一〇〇三		『和泉式部日記』始まる
寛弘元	一〇〇四		『和泉式部日記』終わる
四	一〇〇七		藤原資房誕生
五	一〇〇八		藤原彰子、敦成親王を出産
			『紫式部日記』起筆
			『源氏物語』冊子作り
			菅原孝標女誕生
六	一〇〇九		『左経記』始まる

七	一〇一〇		『紫式部日記』消息文執筆
長和二	一〇一三	三条	『紫式部集』を編集
四	一〇一五		藤原道長准摂政左大臣
五	一〇一六	後一条	藤原道長摂政左大臣
寛仁元	一〇一七		藤原道長太政大臣
二	一〇一八		『更級日記』の回想始まる
三	一〇一九		藤原道長出家
四	一〇二〇		藤原行成権大納言
治安元	一〇二一		『御堂関白記』終わる
			藤原実資右大臣
万寿三	一〇二六		『権記』終わる
			『春記』始まる
四	一〇二七		藤原道長薨去
			藤原行成薨去
長元二	一〇二九		源経頼右大弁兼蔵人頭
三	一〇三〇		源経頼参議兼右大弁
長暦二	一〇三八	後朱雀	藤原資房蔵人頭
三	一〇三九		『左経記』終わる／源経頼薨去
長久元	一〇四〇		『小右記』終わる

三	一〇四二	後朱雀	藤原資房参議
永承元	一〇四六	後冷泉	藤原実資薨去
天喜二	一〇五四		『春記』終わる
三	一〇五五		菅原孝標女に阿弥陀来迎の夢想
五	一〇五七		藤原資房薨去

参考文献

菊地靖彦・木村正中・伊牟田経久校注／訳『新編日本古典文学全集 土佐日記 蜻蛉日記』小学館 一九九五年

藤岡忠美・中野幸一・犬養 廉・石井文夫校注／訳『新編日本古典文学全集 和泉式部日記 紫式部日記 更級日記 讃岐典侍日記』小学館 一九九四年

松尾 聰・永井和子校注／訳『新編日本古典文学全集 枕草子』小学館 一九九七年

所 功編『三代御記逸文集成』国書刊行会 一九八二年

増補「史料大成」刊行会編『増補史料大成 歴代宸記』臨川書店 一九六五年

東京大学史料編纂所編纂『大日本古記録 貞信公記』岩波書店 一九五六年

東京大学史料編纂所編纂『大日本古記録 九暦』岩波書店 一九五八年

渡辺直彦・厚谷和雄校訂『史料纂集 権記』続群書類従完成会・八木書店 一九七八〜九六年

増補「史料大成」刊行会編『増補史料大成 権記』臨川書店 一九六五年

倉本一宏編『藤原行成「権記」全現代語訳』（講談社学術文庫）講談社 二〇一一〜一二年

東京大学史料編纂所・陽明文庫編纂『大日本古記録 御堂関白記』岩波書店 一九五二〜五四年

倉本一宏編『藤原道長「御堂関白記」全現代語訳』(講談社学術文庫) 講談社 二〇〇九年
東京大学史料編纂所編纂『大日本古記録 小右記』岩波書店 一九五九〜九二年
倉本一宏編『現代語訳 小右記』吉川弘文館 二〇一五〜二三年
増補「史料大成」刊行会編『史料大成 左経記』臨川書店 一九六五年
増補「史料大成」刊行会編『史料大成 春記』臨川書店 一九六五年
東京大学史料編纂所編纂『大日本史料』第一篇之一〜二四・補遺一〜四 東京大学出版会 一九二二〜二〇〇六年
東京大学史料編纂所編纂『大日本史料』第二篇之一〜三三 東京大学出版会 一九二八〜二〇一九年
国際日本文化研究センター「摂関期古記録データベース」(https://rakusai.nichibun.ac.jp/kokiroku/)
国史大辞典編集委員会編『国史大辞典』吉川弘文館 一九七九〜九七年
角田文衞監修、古代学協会・古代学研究所編『平安時代史事典』角川書店 一九九四年
角田文衞総監修、古代学協会・古代学研究所編『平安京提要』角川書店 一九九四年
京都市編『甦る平安京 平安建都1200年記念』京都市 一九九四年
矢野桂司他作製「平安京オーバーレイマップ」(https://www.arc.ritsumei.ac.jp/archive01/theater/html/heian/)

池田亀鑑『宮廷女流日記文学』至文堂 一九二七年(初出一九二六年)
石川久美子『「ためし」から読む更級日記 漢文日記・土佐日記・蜻蛉日記からの展開』(日記で読む日本史) 臨川書店 二〇一八年

今井源衛『紫式部』（人物叢書）吉川弘文館　一九六六年
工藤重矩『源氏物語の結婚 平安朝の婚姻制度と恋愛譚』（中公新書）中央公論新社　二〇一二年
小谷野純一『更級日記全評釈』風間書房　一九九六年
芳賀矢一『国文学史十講』冨山房　一八九九年

榎本　渉『僧侶と海商たちの東シナ海』（講談社選書メチエ）講談社　二〇一〇年
川尻秋生『戦争の日本史4　平将門の乱』吉川弘文館　二〇〇七年
木本好信『平安朝日記と記録の研究』みつわ　一九八〇年
倉本一宏『摂関政治と王朝貴族』吉川弘文館　二〇〇〇年
倉本一宏『一条天皇』（人物叢書）吉川弘文館　二〇〇三年
倉本一宏『平安貴族の夢分析』吉川弘文館　二〇〇八年
倉本一宏『三条天皇』（ミネルヴァ日本評伝選）ミネルヴァ書房　二〇一〇年
倉本一宏『藤原道長の日常生活』（講談社現代新書）講談社　二〇一三年
倉本一宏『「旅」の誕生 平安—江戸時代の紀行文学を読む』河出書房新社　二〇一五年
倉本一宏『藤原伊周・隆家』（ミネルヴァ日本評伝選）ミネルヴァ書房　二〇一七年
倉本一宏『公家源氏 王権を支えた名族』（中公新書）中央公論新社　二〇一九年
倉本一宏編『ビギナーズ・クラシックス　日本の古典　古事談』（角川ソフィア文庫）KADOKAWA　二〇二〇年
倉本一宏『平安京の下級官人』（講談社現代新書）講談社　二〇二二年

倉本一宏『平氏 公家の盛衰、武家の興亡』（中公新書）中央公論新社　二〇二二年
倉本一宏編『ビギナーズ・クラシックス　日本の古典　小右記』（角川ソフィア文庫）KADOKAWA　二〇二三年
倉本一宏『紫式部と藤原道長』（講談社現代新書）講談社　二〇二三年
倉本一宏『敗者たちの平安王朝 皇位継承の闇』（角川ソフィア文庫）KADOKAWA　二〇二三年（初版『平安朝　皇位継承の闇』二〇一四年）
倉本一宏『藤原道長「御堂関白記」を読む』（講談社学術文庫）講談社　二〇二三年（初版二〇一三年）
倉本一宏『摂関期古記録の研究』思文閣出版　二〇二四年刊行予定
古藤真平『宇多天皇の日記を読む　天皇自身が記した皇位継承と政争』（日記で読む日本史）臨川書店　二〇一八年
西宮記研究会編『「儀式書を中心としてみた平安時代政治機構の総合的研究」平成2年度科学研究費補助金（総合研究A）成果報告書』名古屋大学（研究代表早川庄八）一九九一年
下向井龍彦『日本の歴史07　武士の成長と院政』講談社　二〇〇一年
野口　実『坂東武士団の成立と発展』弘生書林　一九八二年
服部敏良『王朝貴族の病状診断』吉川弘文館　一九七五年
林　陸朗『上代政治社会の研究』吉川弘文館　一九六九年
堀井佳代子『平安宮廷の日記の利用法『醍醐天皇御記』をめぐって』（日記で読む日本史）臨川書店　二〇一七年

松薗　斉『日記の家 中世国家の記録組織』吉川弘文館　一九九七年
赤木志津子「藤原資房とその時代」林陸朗編『論集日本歴史3　平安王朝』有精堂　一九七六年（初出一九五八年）
印南志帆「九条家旧蔵『諸道勘文 神鏡』所引、行成作「寛弘三年七月三日陣定文」の紹介と成立背景」田島公編『禁裏・公家文庫研究 第七輯』思文閣出版　二〇二〇年
今西祐一郎「仮名日記と日付」国際日本文化研究センター共同研究「日記の総合的研究」（代表倉本一宏）における研究発表（二〇一四年二月十五日）
倉本一宏「『将門記』の史実性」関幸彦編『軍記ハ史学ニ益アリ　軍記と史学の関係を探る』教育評論社　二〇二四年
黒板伸夫・永井路子・秋山虔・東隆眞（司会・編集倉本一宏）「平安時代の文学と仏教」黒板伸夫・永井路子編『黒板勝美の思い出と私たちの歴史探究』吉川弘文館　二〇一五年（初出二〇〇一年）
佐藤全敏「宇多天皇の文体」倉本一宏編『日記・古記録の世界』思文閣出版　二〇一五年
鈴木貞美「「日記」および「日記文学」概念をめぐる覚書」『日本研究』四四　二〇一一年
峰岸　明「古記録と文体」古代學協會編『後期摂関時代史の研究』吉川弘文館　一九九〇年
山本雅和「都の変貌」西山良平・鈴木久男編『古代の都3　恒久の都 平安京』吉川弘文館　二〇一〇年
渡辺　滋「冷泉朝における藤原実頼の立場―『清慎公記』逸文を中心に―」『日本歴史』七八七　二〇一三年

倉本一宏（くらもと・かずひろ）
1958年、三重県生まれ。東京大学文学部国史学専修課程卒業、同大学大学院人文科学研究科国史学専門課程博士課程単位修得退学。博士。国際日本文化研究センター名誉教授。専門は日本古代史、古記録学。主著に『ビギナーズ・クラシックス 日本の古典　小右記』『ビギナーズ・クラシックス 日本の古典　権記』（角川ソフィア文庫）、『一条天皇』『現代語訳 小右記』（吉川弘文館）、『藤原氏』（中公新書）、『藤原道長「御堂関白記」全現代語訳』『藤原行成「権記」全現代語訳』（講談社学術文庫）、『紫式部と藤原道長』（講談社現代新書）がある。

角川選書 672

平安時代《へいあんじだい》の男《おとこ》の日記《にっき》

令和6年7月31日　初版発行

著　者／倉本一宏《くらもとかずひろ》

発行者／山下直久

発　行／株式会社KADOKAWA
〒102-8177　東京都千代田区富士見2-13-3
電話 0570-002-301（ナビダイヤル）

印刷所／株式会社KADOKAWA

製本所／株式会社KADOKAWA

装　丁／片岡忠彦　　帯デザイン／Zapp!

ISBN 978-4-04-703728-1　C0321

◆◇◇

この書物を愛する人たちに

詩人科学者寺田寅彦は、銀座通りに林立する高層建築をたとえて「銀座アルプス」と呼んだ。
戦後日本の経済力は、どの都市にも「銀座アルプス」を造成した。
アルプスのなかに書店を求めて、立ち寄ると、高山植物が美しく花ひらくように、
書物が飾られている。

印刷技術の発達もあって、書物は美しく化粧され、通りすがりの人々の眼をひきつけている。
しかし、流行を追っての刊行物は、どれも類型的で、個性がない。
歴史という時間の厚みのなかで、流動する時代のすがたや、不易な生命をみつめてきた先輩たちの発言がある。
また静かに明日を語ろうとする現代人の科白がある。これらも、
銀座アルプスのお花畑のなかでは、雑草のようにまぎれ、人知れず開花するしかないのだろうか。
マス・セールの呼び声で、多量に売り出される書物群のなかにあって、
選ばれた時代の英知の書は、ささやかな「座」を占めることは不可能なのだろうか。
マス・セールの時勢に逆行する少数な刊行物であっても、この書物は耳を傾ける人々には、
飽くことなく語りつづけてくれるだろう。私はそういう書物をつぎつぎと発刊したい。
真に書物を愛する読者や、書店の人々の手で、こうした書物はどのように成育し、開花することだろうか。
私のひそかな祈りである。「一粒の麦もし死なずば」という言葉のように、
こうした書物を、銀座アルプスのお花畑のなかで、一雑草であらしめたくない。

一九六八年九月一日

角川源義